Frey · Die Projektmethode

Karl Frey

Die Projektmethode

Unter Mitarbeit von
Ulrich Schäfer, Michael Knoll, Angela Frey-Eiling,
Ulrich Heimlich und Klaus Mie

8. Auflage

Beltz Verlag · Weinheim und Basel

Quellennachweis der Fotografien

Ich habe die Fotografien aus den nachstehenden Quellen erhalten und möchte mich bei allen natürlichen und juristischen Personen für die Kooperationsbereitschaft und die Abdruckrechte bedanken.

Portraits der historischen Vorbilder
Pavel Petroviç Blonskij: Verlag Ferdinand Schöningh, Paderborn; aus P.P. Blonskij: Die Arbeitsschule; besorgt von Horst E. Wittig, 1973.
John Dewey: Georg Westermann Verlag, Braunschweig.
Hugo Gaudig: Suchland, Berlin, und Novalis-Verlag, Schaffhausen; nach J. Suchland, L. Jost: Wegbereiter einer neuen Schule. Die Pädagogik der Gaudig-Schule, 1978.
Dietrich Otto Haase: G. Haase, Hannover.
Georg Kerschensteiner: Stadtarchiv München.
William Heard Kilpatrick: New York Times News Service.
Hermann Lietz: Stiftung Deutsche Landerziehungsheime. Schloß Bieberstein, 6417 Hofbieber 6.
Anton Semenoviç Makarenko: Verlag Ferdinand Schöningh, Paderborn. Aus: A.S. Makarenko: Ausgewählte pädagogische Schriften; 2. Auflage, besorgt von Horst E. Wittig, 1969.
Berthold Otto: Ullstein-Bilderdienst, Berlin.
Peter Petersen: Verlag Ferdinand Schöningh, Paderborn. Aus: P. und E. Petersen: Die pädagogische Tatsachenforschung, besorgt von Theodor Rutt, 1965.

Foto in Kapitel 20: U. Hameyer

8., überarbeitete Auflage 1998

Lektorat: Peter E. Kalb

© 1982 Beltz Verlag · Weinheim und Basel
Herstellung: Klaus Kaltenberg
Satz: Satz- und Reprotechnik GmbH, Hemsbach
Druck: Druckhaus »Thomas Müntzer«, Bad Langensalza (Thüringen)
Umschlaggestaltung: Federico Luci, Köln
Printed in Germany

ISBN 3-407-25212-9

Inhaltsverzeichnis

Vorwort zur 8. Auflage

Freuden eines Autors

Die Freuden bei meiner ständigen Beschäftigung mit diesem Buch überwiegen. Es ist für mich eine Genugtuung zu sehen, daß die jahrelange Arbeit für ein Lehrbuch von den Leserinnen und Lesern geschätzt wird. Es ist schlicht ein erhebendes Gefühl, von Leserinnen und Lesern Rückmeldungen zu bekommen. Dafür möchte ich mich bedanken.

Mir liegt Menschenbildung am Herzen. Dabei träume ich auch heute mit 55 Jahren noch von der Vorstellung, daß Bildung selbstorganisiert, lebendig, ohne allzu viel Druck und mit Freude möglich sein muß. Deshalb freut es mich, daß das Grundschema dieser Projektmethode wohl über eine Million Mal abgedruckt, verbreitet und über das Fernsehen an Millionen von Zuschauer/innen herangetragen worden ist.

Es freut mich, daß das Buch verarbeitet, kritisiert und erforscht wird. Es ist schön zu sehen, daß über den Inhalt dieses Buches Dissertationen und Habilitationen geschrieben werden. Ich deute dies so: offensichtlich lohnt es sich, sich mit meiner Gedankenarbeit zu befassen.

Offensichtlich haben sich meine Anstrengungen 1980 bis 1982 ausgezahlt, als ich die erste Fassung geschrieben hatte, nämlich die Theorie des Projektunterrichts auf eine völlig neue Grundlage zu stellen und eine *Neukonzeption* der Projektmethode vorzunehmen. Die Neukonzeption konnte man nicht aus der „Geschichte ableiten" und auch nicht mit einer Definition oder einer Merkmalsliste starten. Das wäre methodologisch alles viel zu dünn und unsicher gewesen. So war ich gezwungen, meine Methodologie und die darunter liegende Methodik sauber herauszuarbeiten.

Ich hoffe, daß den Studierenden in den oberen Semestern diese besondere Qualität vermittelt werden kann und die schreibende Zunft auf die Theoriequalität von Literatur über die Projektmethode achtet. Nur so können wir Fortschritte erzielen und vermeiden, auf niederem Niveau zu perpetuieren.

Die Dauerarbeit

Es freut mich, daß alle zwei Jahre eine neue Auflage erscheint. Doch kaum ist die neue Auflage an die Druckerei geliefert, beginnen neue Recherchen, die Sichtung neu erscheinender Literatur und die Suche nach besseren Beispielen. So bin ich zusammen mit meinen Ko-Autoren ständig beschäftigt. Für diese 8. Auflage haben wir wieder zahlreiche Verbesserungen angebracht und insbesondere beim Kapitel über die Wirkungen neue Forschungserkenntnisse eingefügt. Wir haben aber nichts an der Konzeption oder am Ablauf geändert. An einigen Stellen habe ich die Methodologie herausgehoben, d. h. die Art und Weise des Vorgehens mit der entsprechenden Reflexion.

Zürich, den 22. September 1997 *Karl Frey*

Lesevorschläge zu diesem Buch

Einführung in die Projektmethode: Die Abschnitte 1 bis 5 werden Sie von Grund auf einführen. Nach dem Abschnitt 5 würde ich allerdings nicht direkt fortfahren. Mein Vorschlag wäre: Sie lesen hinten im Buch in der Beispielsammlung einige Berichte über abgelaufene Projekte. Die Beispiele zeigen Ihnen plastisch die Vielfalt der Projektmöglichkeiten. Dann könnten die 7 Komponenten folgen (Abschnitt 13 bis 19). Die Komponenten sind die Substanz der Projektmethode. Wenn man sie zusammenfügt, entsteht ein Projekt.

Verbesserung Ihrer bisherigen Projektmethode: Ich kann mir in zwei Richtungen Verbesserungen vorstellen:

a) Vertiefung Ihres Verständnisses der Projektmethode einschließlich der Grundlagen. Hierzu trägt wohl am ehesten das Kapitel »Warum Projektmethode?« bei (Abschnitte 6 bis 9).

b) Verbesserung Ihrer unmittelbaren Projektpraxis. Dazu ist das Kapitel über die Komponenten der Projektmethode geschrieben. Sie wählen dort eine der 7 Komponenten aus, in der Sie sich weiterbilden wollen.

Ein Tip: Versuchen Sie es einmal mit Abschnitt 7 über die historischen Vorbilder. Es ist erstaunlich, was für eine Vielfalt an Ideen und Erfahrungen die Pädagogen in den letzten hundert Jahren zusammengetragen haben.

Vielleicht steigen Sie über unsere drei Bände mit Beispielen ein: Münzinger/Frey: Chemie in Projekten (1996); Mie/Frey: Physik in Projekten (1996); Jüdes/Frey: Biologie in Projekten (1997).

Was ist Projektmethode?

1. Erste Umschreibung

Eine Gruppe von Lernenden bearbeitet ein Gebiet. Sie plant ihre Arbeiten selbst und führt sie auch aus. Oft steht am Ende ein sichtbares Produkt.

Die Projektgruppe besteht aus einer Klasse, einem Kurs oder einer ganzen Schule. Oft kommen Personen ausschließlich für ein Projektvorhaben zusammen, z.b. im Quartierverein, im Jugendclub, in der Seniorenriege oder in der Betriebseinheit.

Lernen nach der Projektmethode erstreckt sich meistens über mehrere, möglichst zusammenhängende Stunden.

Am Anfang eines Projektes steht eine Projektinitiative. Der Lehrplan, die Lehrerin oder ein Gruppenmitglied schlagen ein Projekt vor.

Die Auseinandersetzung mit dieser Projektinitiative, die Auswahl des endgültigen Gebietes und die gemeinsame Entwicklung des Betätigungsgebietes sind Bestandteil des Projektes. Sie sind wesentliche Lernprozesse. Sie sind die bildenden Elemente. Sie machen aus üblichem Tun bildendes Tun.

Die Lerngebiete im Projekt entstammen dem Erfahrungsbereich der Teilnehmer/innen. Häufig ist der Anlaß eine aktuelle Begebenheit außerhalb der jeweiligen Bildungsinstitution, also außerhalb von Volkshochschule, Schule, Betrieb oder Universität. Das Gebiet kann auch innerhalb von Fächern behandelt werden, meistens überspannt es mehrere Fächer.

In der Projektmethode spielen die Bedürfnisse, Neigungen

12

und Interessen der Teilnehmer/innen eine Rolle. Sie fließen in die Entwicklung des Betätigungsgebietes ein. Die Zusammenarbeit mehrerer Projektleiter/innen ist vorteilhaft, jedoch nicht nötig.

In der Projektmethode bearbeiten die Teilnehmer/innen das Gebiet oft so, daß am Schluß ein vorzeigbares oder für sie verwendbares Produkt vorliegt.

2. Die Ausdrücke Projekt und Projektmethode

Der Begriff gehört zum gängigen Wortschatz der deutschen Sprache. Die Architektin verfolgt ein Bau-Projekt. Der Forscher arbeitet an einem Projekt. Jemand spricht von einem Projekt, das er in Aussicht hat. Er meint vielleicht ein geschäftliches Unternehmen, einen Auslandsaufenthalt oder ein anderes größeres Vorhaben.

Um solche Projekte geht es auch in dieser Schrift. Nämlich um Unterricht, den sich eine Lerngruppe (inklusive Lehrer/in) vorgenommen hat. Es geht um die Planung eines in Aussicht genommenen Unterrichts. Oder genauer: um die Entwicklung von Unterricht durch die Beteiligten.

In der Pädagogik hat das Wort »Projekt« eine etwa 300jährige Geschichte. Zuerst wurde es von Architekten benutzt, die ihre Entwürfe zeichneten und berechneten. Man nannte die Entwürfe in Italienisch »progetti«, in Französisch »projets«, später in Deutsch »Projekte«. Die ersten Vorläufer, die das Wort in etwa in unserem Sinne verwendet haben, findet man in der amerikanischen Reformpädagogik am Anfang unseres Jahrhunderts.

Die deutschsprachige Schulpädagogik kennt die Ausdrücke »Projektunterricht«, »projektartiger Unterricht« und auch schlicht »Projekt«.

Die vorliegende Schrift trägt den Titel »Die Projektmethode« und erinnert damit an den bekannten Aufsatz von William H. Kilpatrick mit der Überschrift »The Project Method« von

13

1918. Peter Petersen hat Kilpatricks Aufsatz als »Die Projekt-Methode« übersetzen lassen und 1935 zusammen mit Schriften von John Dewey und Ellsworth Collings in dem Band »Der Projekt-Plan. Grundlegung und Praxis« herausgegeben. Der Titel »Die Projektmethode« meiner Schrift soll signalisieren, daß sie der amerikanischen Tradition viel verdankt und ohne diese so nie zustandegekommen wäre.

Ich habe meinen Band nicht mit »Projektunterricht« überschrieben, weil Konzeption und Beispiele über institutionell organisierten Unterricht hinausgehen. An zahlreichen Stellen wird die Projektmethode in der Erwachsenenbildung, der außerschulischen Jugendarbeit und in der beruflichen Weiterbildung behandelt. Der Titel »Projektmethode« sollte also ein allgemeines Verständnis andeuten. Die Projektmethode ist ein Weg zur Bildung. Sie ist eine Form der lernenden Betätigung, die bildend wirkt.

Entscheidend dabei ist, daß sich die Lernenden ein Betätigungsgebiet vornehmen, sich darin über die geplanten Betätigungen verständigen, das Betätigungsgebiet entwickeln und die dann folgenden verstärkten Aktivitäten im Betätigungsgebiet zu einem sinnvollen Ende führen. Oft entsteht ein vorzeigbares Produkt.

Übrigens bedeutet »Projektmethode« wortgeschichtlich ziemlich genau das, was hier als Konzeption entfaltet wird. Das Wort *Projekt* stammt vom lateinischen projicere ab und bedeutet vorauswerfen, entwerfen, planen, sich vornehmen.

Methode hat altgriechischen Ursprung. Das Wort lautete μέϑοδος und meinte den Weg der Untersuchung, den Weg, das anzugehen, was man sich vornimmt oder vorgenommen hat.

Beim Wort »Methode« darf man ein wichtiges Bedeutungselement nicht vergessen. Die Methode als Weg der Untersuchung schloß die Konzeption des ganzen Vorhabens und die Fragestellung ein. Die Methode ist auch »inhaltlich« gefüllt.

Erst in jüngerer Zeit kam auch die Auffassung von Methode als etwas Formalem, für sich Bestehendem auf. In der Wissenschaft hielt dieses Verständnis erst vor vierhundert Jahren Einzug, als die exakten Naturwissenschaften dem Forscher Methoden gaben, die er an das Objekt »Natur« anlegen konnte. Die Aufklärungsphilosophen Roger Bacon (1561 bis 1626) und René Descartes (1596 bis 1650) haben dazu passende Wissenschaftslehren verfaßt.

Die Projektmethode bleibt beim ursprünglichen Verständnis. Sie möchte die Methode nicht als eine verselbständigte Größe ansehen und damit auch nicht der Trennung von »Was« und »Wie« Vorschub leisten, wie dies durch die begriffliche Scheidung von Didaktik und Methodik in der deutschen Pädagogik unglückseligerweise geschieht.

Die Konzeption der Projektmethode andererseits verlangte die Heraushebung des Vorgehens, um meine Wissensproduktion diskutier- und kritisierbar zu machen. Allerdings verselbständigt sie sich nicht, sondern löst sich selber dort wieder auf, wo sie Handlungsanleitung wird. Das zeigt der Abschnitt über den idealen Curriculumprozeß.

Terminologische Festlegung für diese Schrift
1. Wie schon im Titel angedeutet, steht im Mittelpunkt der Begriff *Projektmethode*. Der Begriff meint den Weg, den Lehrende und Lernende gehen, wenn sie sich bilden wollen.
2. Die Projektgruppe führt ein *Projekt* durch. Das ist das konkrete Lernunternehmen, das eine Gruppe aushandelt, plant, anpackt, durchhält oder auch abbricht.
3. Oft entspricht ihr Tun nicht voll der Projektmethode oder stützt sich nur auf zwei oder drei ihrer Komponenten. Dies ist *projektartiges Lernen.*

Das ist schon alles, was an Festlegungen anfällt. Mir ist es am liebsten und für die Projektmethode wohl am konsequentesten, wenn Sie sich als Leser/in nicht lange um (Nominal-)Definitionen von Begriffen kümmern, um dafür um so intensiver handelnd und nachdenkend in die Projektmethode einzusteigen. Zu diesem Zweck folgt nun eine Liste mit Merkmalen des projektmäßigen Tuns.

3. Merkmale der Projektmethode

Die nachfolgenden Merkmale sind typisch für die Projektmethode. Sie kennzeichnen einzeln oder als Gruppe von Merkmalen die Unterschiede zu anderen Lernmethoden.

Die Teilnehmer/innen an einem Projekt

...greifen eine Projektinitiative von jemandem auf (z.b. ein Thema, Erlebnis, Tagesereignis, Faktum, Problem);

...verständigen sich auf gewisse Umgangsformen miteinander (Interaktionsformen);

...entwickeln die Projektinitiative zu einem sinnvollen Betätigungsgebiet für die Beteiligten;

...organisieren sich in einem begrenzten zeitlichen Rahmen selbst;

...nutzen die veranschlagte Zeit, z.b. durch Planen und Einteilen, für die verschiedenen Tätigkeiten;

...informieren sich gegenseitig in gewissen Abständen. Die gegenseitige Information bezieht sich auf Aktivitäten, Arbeitsbedingungen und eventuell auf -ergebnisse;

...beschäftigen sich mit einem relativ offenen Betätigungsgebiet. Dieses ist nicht zum voraus in kleine Lernaufgaben und -schritte aufbereitet;

...arbeiten soziale oder individuelle Prozesse und Konstellationen auf, die während des Projektablaufs auftreten;

...setzen gewisse Arbeitsziele oder vereinbaren einen Arbeitsrahmen;

...entwickeln selbst Methoden für die Auseinandersetzung mit Aufgaben, eigenen Betätigungswünschen und Problemen;

…versuchen in der Regel, die gesetzten Ziele im Betätigungsgebiet zu erreichen;

…decken zu Beginn und im Verlauf des Projektes eigene persönliche und gruppenmäßige Interessen unter Berücksichtigung des Ausgleichs zwischen beiden auf und entwickeln diese kritisch weiter;

…verstehen ihr Tun als Probehandeln unter pädagogischen Bedingungen;

…spüren auftretende Spannungen und Konflikte auf, um sie zu lösen;

…helfen in verschiedenen Situationen aus, auch wenn das eigene Interesse nicht im Vordergrund steht;

…befassen sich mit realen Situationen und Gegenständen, die ähnlich auch außerhalb der momentanen Lernsituation vorkommen;

…setzen sich auch mit aktuellen und sie selbst betreffenden Fragen auseinander.

Ein vollständiges, lebendiges Bild kann durch derartige Merkmale nicht erreicht werden. Die Projektmethode ist eine offene Lernform. Sie nimmt auf die lokale Situation und auf Teilnehmerinteressen Rücksicht. Die Projektmethode läßt sich folglich auch nicht durch eine präzise Definition beschreiben.

Erst Miterleben und Mitgestalten vieler Projekte vermitteln die ganze Vielfalt.

Deshalb nähert man sich der Projektmethode am besten durch Mittun oder Nachvollziehen und durch gleichzeitiges Herausarbeiten von Merkmalen.

Die Projektmethode mit einer Merkmalsliste fassen zu wollen ist jedoch theoretisch nicht tragfähig. Alle Merkmalslisten, die ich kenne, gelten auch für alltägliche Aktivitäten wie Altenhilfe oder Pfadfindertätigkeit. Auf der praktischen Ebene versagen sie, weil ihnen das handlungsstiftende oder handlungsermöglichende Potential fehlt.

17

LIT Ergänzende, z.T. auch alternative Merkmalslisten der Projektmethode: Flechsig (1991) mit einem Akzent auf Interdisziplinarität; ähnlich, zusätzlich aber mit dem Element Sozialrelevanz: Otto 1974; oder Pütt (1982) mit Übersichten über Merkmalskataloge.

4. Ablaufbeispiele

Die folgenden Seiten zeigen beispielhaft drei Projekte im Ablauf. Jeder Ablauf wurde einem tatsächlichen Projekt nachgezeichnet. Sie veranschaulichen typische Muster des Unterrichts, wenn die Projektmethode angewendet wird.

Phase 1:
Einfälle äussern
▼
Phase 2:
Ideen erklären
▼
Phase 3:
Wünsche prüfen und werten
▼
Phase 4:
Bedürfnisse veranschaulichen
▼
Phase 5:
Vorstellungen beurteilen
▼
Phase 6:
Entscheide fällen
▼
Phase 7:
Ausführung planen
▼
Phase 8:
Vorhaben verwirklichen
▼
Phase 9:
Verwirklichung erfahren
▼
Phase 10:
Projekt überdenken

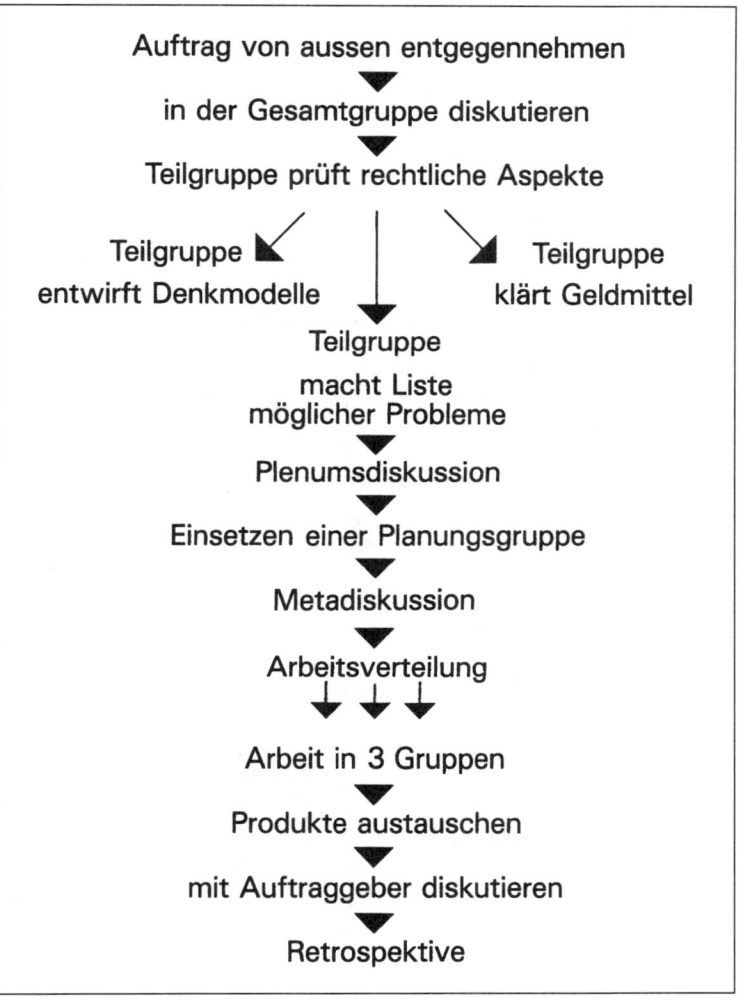

Von diesem Projekt existiert ein Videoband, umgearbeitet als Lehrfilm für die Projektmethode (Bezugsquelle im Abschnitt 34 über AV-Medien, dort unter dem Titel»Wohnen/Drei Höfe/SO«).

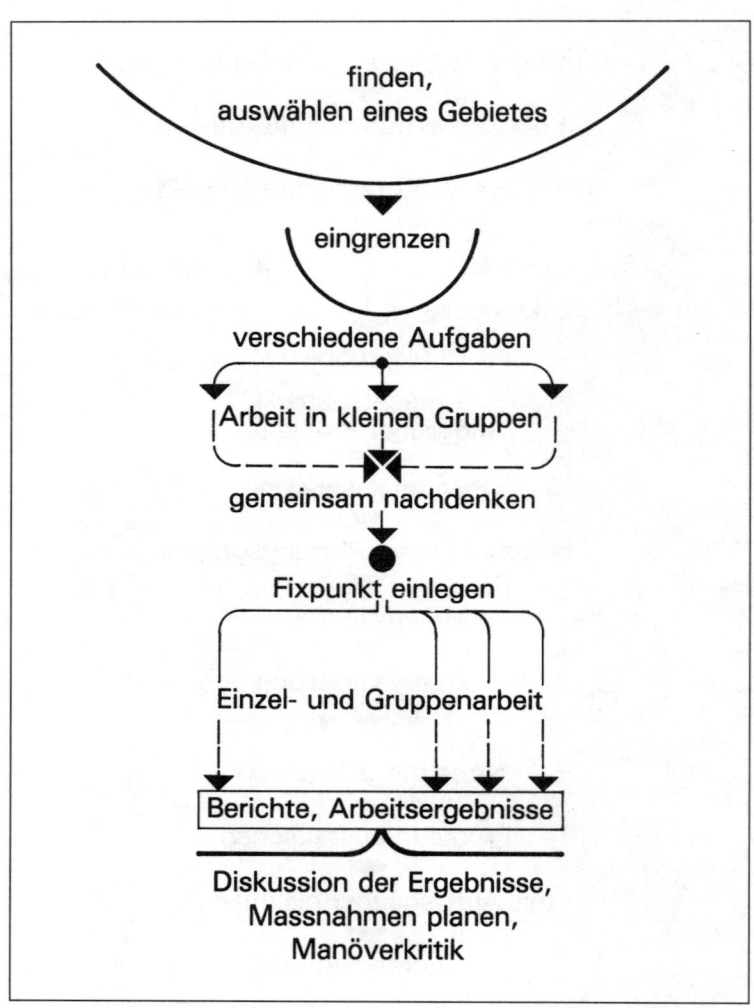

finden,
auswählen eines Gebietes

eingrenzen

verschiedene Aufgaben

Arbeit in kleinen Gruppen

gemeinsam nachdenken

Fixpunkt einlegen

Einzel- und Gruppenarbeit

Berichte, Arbeitsergebnisse

Diskussion der Ergebnisse,
Massnahmen planen,
Manöverkritik

Gemeinsamkeiten

Was ist den drei Ablaufmustern gemeinsam?
1. Es gibt jedesmal eine Projektinitiative.
2. Die Projektteilnehmer/innen beraten über diese Initiative. Sie verständigen sich über das, was sie tun wollen.
3. Die Teilnehmer/innen entwickeln ihr Betätigungsgebiet (durch Eingrenzen, Vorplanen etc.).
4. Die Betätigungen werden unterbrochen, um über das eigene Tun nachzudenken, darüber zu reden (Fixpunkte, Metadiskussion oder Metainteraktion).
5. Die Betätigung endet in einem bewußt gesetzten Abschluß oder Übergang zu anderen Aktivitäten.

Im weiteren Verlauf dieses Buches wird noch deutlich werden, daß es bei den einzelnen Aktivitäten auch um das »Wie« geht. So lassen erst bestimmte Formen des Aushandelns einer Projektinitiative das Tun zum bildenden Tun werden. Für einen Bildungsvorgang nach der Projektmethode ist also nicht das Ablaufschema entscheidend. Auch eine bestimmte Schrittfolge des Tuns erzeugt noch nicht Bildung. Die Sachlage ist dieselbe wie beim Herbartianismus. Einige Nachfahren von Johann Friedrich Herbart (1776 bis 1841) nahmen nur noch den Phasenablauf einer Unterrichtsstunde ernst. Wilhelm Rein (1847 bis 1929) nannte ihn »Vorbereitung, Darbietung, Verknüpfung, Zusammenfassung, Anwendung«. Die Überbetonung solcher Phasenfolgen oder Artikulationsschemata unterstützt nicht nur routinehaften, monotonen Unterricht, sondern gefährdet den Bildungsprozeß überhaupt.

In dieser Schrift kommt der Ablauf der Projektmethode nochmals in den Abschnitten 10 und 11 zur Sprache. Dort wird ein idealisierter Projektablauf vorgestellt.

5. *Dauer und Umfang von Projekten*

Die folgende Übersicht umfaßt *Kleinprojekte, Mittelprojekte* und *Großprojekte.*

➡ Kleinprojekte

Die Kleinprojekte dauern vielleicht 2 bis 6 Stunden. Die Zeit dafür bieten z.B. eine Doppelstunde, ein Block mit 2 bis 3 Stunden, eine Serie von 2 bis 6 Einzelstunden oder eine Abendveranstaltung. Kleinprojekte stützen sich oft nur auf 2 oder 3 Komponenten und entsprechen damit eher dem *projektartigen Lernen*. Der Abschnitt »Beispielsammlung« am Ende der Schrift enthält auch Kleinprojekte:

Beispiel 1: Deutsch, 9. Gymnasialklasse in Niedersachsen, 2 Wochen mit je einer Doppelstunde und einer Einzelstunde pro Woche; total 6 Stunden, eine Klasse mit 32 Schüler/innen und einem Lehrer. Die Schüler verfassen Selbst- und Fremdbeschreibungen (der Mitschüler) und arbeiten ihr Selbstbild auf.

Beispiel 2: Leistungskurs Geschichte der gymnasialen Oberstufe (12. Schuljahr); eine Klasse, eine Lehrerin; 6 Stunden; Gebiet: Das Zusammenleben von Deutschen und Juden in der Geschichte des Kreises Heilbronn (in dem die Schule liegt).

➡ Mittelprojekte

Die Mittelprojekte dauern insgesamt ein bis zwei Tage, vielleicht eine Woche oder 40 Stunden, verteilt auf ein Quartal. In Schule, Hochschule und in der allgemeinen Erwachsenenbildung erscheinen die Mittelprojekte gewissermaßen als Normalfall.

Beispiel 1: Eine Jugendgruppe in Hessen mit einigen Jugendgruppenleitern; mehrere Seminare an Wochenenden; Gebiet: Identifizieren ökologisch problematischer Entwicklungen in der »eigenen lokalen Realität«.

Beispiel 2: Teildisziplin; Vegetationsgeographie; ein Geländepraktikum von Universitätsstudenten; 20 Studierende, 2 Dozenten; Gebiet: Eichung eines Bioindikators.

➡ Großprojekte
Sie sind in der Öffentlichkeit bekannt. Über sie spricht man. Die Dauer von Großprojekten: mindestens eine Woche (Projektwoche), oft Jahre; nicht selten unter Beteiligung mehrerer Gruppen oder Institutionen.

Beispiel 1: »Wohnen Drei Höfe/SO« (Kanton Solothurn); eine Volksschulklasse mit Kindern der Klassen 1 bis 4 und Eltern erkunden eine vorübergehend leerstehende Wohnung der Gemeinde, planen die Benutzung als Kinderhaus, richten sie zusammen mit Erwachsenen (auch mit Vertretern der Gemeindeverwaltung) ein. Das Projekt schließt Mittelbeschaffung, rechtliche Klärung usw. mit ein. Benutzung für einige Tage; Dauer: in unregelmäßigen Abständen insgesamt ca. 1/2 Jahr.

Beispiel 2: »Projekt Lausen«; in Lausen (Kanton Basel-Land) gestalten 320 Kinder unter Mithilfe ihrer Lehrer/innen, einer Gruppe von Seminaristen des Lehrerseminars Liestal (Schweiz) und mehrerer Erwachsenengruppen der Gemeinde ihren Pausen- und Spielplatz neu. Ein Lehrerstudent war früher Architekt. Die Kinder – als Nutzer – werden in den gesamten, sich über ein Jahr erstreckenden Prozeß der Planung und Gestaltung mit einbezogen (Toggweiler 1978).

Basis der Dreier-Einteilung

Hinter der Einteilung in diese drei Gruppen steht keine Theorie. Die Gliederung hat auch keine Tradition.

Zur Einteilung bin ich über folgende Erfahrungen und Überlegungen gekommen: Viele Lehrpersonen an Schulen (weniger in Erwachsenenbildung und betrieblicher Ausbildung) stellen sich unter einem Projekt ein umfangreiches Unternehmen vor. Die Wortverknüpfungen »Projektwoche«, »Projekttage« verstärken diesen Bedeutungshof.

Die Großprojekte erregen Aufsehen. Sie heben die Routine des Alltags merklich auf. Sie erlangen oft durch Ausstellungen, Dokumentationen und Vorführungen Publizität. Berichterstattungen in Lokalblättern, Betriebszeitschriften und Fachorganen der Pädagogik haben diese Art von Projekten häufig zum Gegenstand. Die vielen kleinen Projekte, die sich über einen Morgen oder zwei Doppelstunden erstrecken, können weniger Aufmerksamkeit auf sich ziehen. So kennen viele Lehrpersonen sie nicht. Und vor den Großprojekten schrecken sie nicht selten zurück. Eine ältere Kollegin sagte mir: »Projekte sind etwas für die Jungen. Die große Vorbereitung möchte ich nicht auf mich nehmen ... und erst die langdauernden Verpflichtungen ...«. Die Kollegin dachte typischerweise an Großprojekte, die sich über mehrere Tage ausdehnen und deren Ende oft nicht zum voraus abzusehen ist.

Ich habe mich dann gefragt, ob die Konzeption der Projektmethode zeitliche Maßstäbe setze.

Grenzen nach oben und unten?

Nach oben gibt es wohl keine, nach unten schon.

Man kann 10 Minuten nach der Methode des Programmierten Unterrichts lernen. Ein viertelstündiges, mäeutisches Gespräch im Stile Platons mag sinnvoll sein. Das 20-Minuten-Projekt dagegen wäre ein unmögliches Unterfangen. Müssen die Beteiligten – wie im vorliegenden Konzept – das Projekt erst entwickeln und aushandelnd rechtfertigen, benötigt ein Projekt ein Vielfaches dieser Zeit.

Die Frage der Dauer von Projekten wird im Abschnitt 20 über die »Zeitdisposition« ausführlich besprochen und mit Beispielen illustriert.

Warum Projektmethode?

6. Ein idealer Curriculumprozeß

Eine Leseanregung vorneweg

Wer hauptsächlich wissen möchte, wie die Projektmethode funktioniert und zu praktizieren ist, kann diesen Abschnitt überschlagen. Viel Theorie wird zwar nicht entfaltet. Zu lernen sind vier Begriffe und ein dazu passender Oberbegriff. Sie führen über grundsätzliche Überlegungen an die Projektmethode heran.

Wer wissen möchte, wie ich wissenschaftlich vorgegangen bin, um das vorliegende Konzept der Projektmethode zu entwickeln, sollte zuerst den Abschnitt 8c über die Methodologie lesen. Die Curriculumtheorie dieses Abschnittes 6 spielt darin eine wichtige Rolle.

Konzeptionelle Grundlage: Allgemeine Curriculumtheorie

Die Curriculumtheorie ist nichts anderes als eine Theorie der Bildung. Sie beantwortet die Fragen: Was ist Bildung? Was unterscheidet Bildung von anderen gesellschaftlichen Prozessen und Zuständen – also von Staatsgeschäften, von Demokratie, von Handel, Philosophie und Kriegsführung?

Auch die Didaktik beantwortet diese Frage. Der Unterschied besteht nur darin, daß die Curriculumtheorie umfassender ist. Die geisteswissenschaftliche Didaktik geht von Bildungsgegenständen aus, dem Gedicht von Goethe oder dem

Satz von Pythagoras. Die besondere Qualität oder Aneignung dieses Gegenstandes macht dann die Bildung aus. Die bekannteste Formulierung dieses Ansatzes sind die Fragen zur Unterrichtsvorbereitung von Klafki (1969).

Die Curriculumtheorie legt sich nicht auf Gegenstände und vorgefaßte Ziele bildenden Tuns fest. Sie gewinnt die Vorstellung von Bildung auch nicht als Interpretation von abgelaufenen Ereignissen. Sie sagt dagegen: alles kann Bildung werden. Es muß nicht ein Goethegedicht sein. Es muß nicht ein ehrenwertes Ziel sein, auch nicht ein Nachdenken über das, was Bildung sein könnte, indem man die didaktischen Analysefragen von Klafki oder die Strukturgitterfragen von Blankertz (1975) beantwortet. Würde man nämlich Klafki oder Blankertz folgen, würde sich Didaktik oder Bildung selber auflösen.

Auch die folgenden Einstiege führen in die Aporie, d.h. auf den Holzweg.

Es gibt keinen Satz von Gegenständen, den alle Menschen als bildungsrelevant ansehen. Was bedeutet Goethe für einen Hirten in der Mandschurei?

Es gibt auf der Welt auch keinen Satz von Zielen für Bildung, den alle als zentral anschauen. Dafür liegen die Religionen zu weit auseinander. Dafür sind die Traditionen, die existenziellen Nöte und Freiheitsvorstellungen zu unterschiedlich. Es wird auch kein universelles Ziel werden, daß alle Menschen lesen, schreiben und nach unserer Art rechnen können.

Der einzige Weg, über den Bildung bestimmt werden könnte, sofern sie überhaupt etwas Besonderes (und nicht identisch mit einem anderen gesellschaftlichen Feld) sein soll, ist die Entstehung der Bildung – genauer: die Art und Weise, wie es zu dem kommt, was man Bildungsveranstaltung oder an deren Ende Bildung nennen könnte. Oder als Formel: die Qualität der Generierung von beabsichtigten Lehr- und Lernsituationen.

Der Curriculumprozeß

Der Curriculumprozeß beginnt mit der Absicht, eine Situation zu schaffen, in der jemand etwas lernen können soll. Anfänge von Curriculumsprozessen sind z.b. das Gesetz zur obligatorischen Schulpflicht, die Verlagsentscheidung für eine naturkundliche Jugendzeitschrift, die Berufung einer Lehrplankommission, das Lehrerangebot für eine Arbeitsgemeinschaft (in der Schule) oder die Initiative für ein neues Lehrbuch. Idealerweise sind die zu Bildenden schon in die Beratung solcher Anfänge einbezogen. Die Projektmethode sieht dies vor. Die Initiative geht häufig von den Beteiligten aus. Liegt eine Initiative für ein Projekt vor, setzt eine Diskussion über die Wünschbarkeit ein. Die Teilnehmer/innen äußern ihre Bildungsinteressen. Sie fragen nach den Ursachen und Gründen für den Vorschlag, erörtern Sinn und Nutzen der Initiative. Sie benennen die Gebiete, die sie bearbeiten möchten.

Danach versuchen die Teilnehmer/innen, sich über die Vorhaben und Vorschläge zu *verständigen*. Pläne werden entworfen, Varianten skizziert. Häufig legen die Beteiligten einen Rahmen fest, in dem diese Beratungen ablaufen sollen. Das sind Gesprächsregeln, Zeitlimit und ähnliches. Es findet eine Verständigung über die Form der Beratungen statt.

Auf jeden Fall treten die Teilnehmer/innen in eine *Auseinandersetzung*, in eine *Interaktion* ein. Es entstehen dialogische Prozesse. Die Lernsituation ist nicht einseitig verordnet. Sie entsteht auch nicht durch Interessensausgleich wie z.b. parlamentarische Demokratie. Sie fußt nicht nur auf der Unterrichtsvorbereitung der Lehrenden. Die Projektmethode sieht eine Auseinandersetzung in einem vereinbarten Rahmen vor. Diesen Vorgang bezeichne ich als

Interaktion nach vorheriger Verständigung
oder vereinfacht: *in einem vorher vereinbarten Rahmen.*

Sie hat in der Projektmethode ihren festen Platz. Zunächst tritt sie am Anfang des Projektes auf. Die Teilnehmer/innen legen den Rahmen fest, innerhalb dessen sie die Entscheidung über die Projektinitiative finden wollen. Dann setzen sie sich mit der Projektinitiative auseinander.

Ihr nächster Platz kommt kurze Zeit später, nämlich dann, wenn eine Projektinitiative aufgegriffen wurde und eine erste Projektskizze erstellt worden ist. In diesem Moment beginnt eine neue Phase der Interaktion, die Entwicklung der Projektskizze zu einem Betätigungs- oder Projektplan. Darüber hinaus sollte aber die unmittelbare Projekttätigkeit in regelmäßigen Abständen innehalten. Die Teilnehmer/innen berichten dann über ihre Aktivitäten, Erfolge und Probleme. Sie halten Rückblick und überlegen die nächsten Schritte. Sie heben sich über die Normaltätigkeit hinaus. Sie reden über ihr gemeinsames Lerngeschäft. In diesen Phasen verhandeln die Beteiligten über das, was sie tun. Deshalb könnte man auch von Metainteraktion sprechen (Meta = darüber, danach; Interaktion = hin und her handeln, sich auseinandersetzen über). Solche Phasen tragen dazu bei, daß ein Projekt nicht nur Alltagshandeln bleibt. Erst wenn man sich von der bloßen Routine löst, entsteht Bildung. Sie braucht etwas Distanz zur gegebenen Situation. Distanz zur Situation ermöglicht Bildung. Noch mehr: Sie ist Voraussetzung von Bildung; sie macht aus Tun bildendes Tun. In der »Allgemeinen Curriculumtheorie« bezeichne ich dieses Tun als »situative Distanz«.

Situative Distanz

Situative Distanz ist neben der Interaktion in einem vorher vereinbarten Rahmen das zweite Element, das aus alltäglichem Handeln bildendes Handeln macht. Oft bedeutet situative Distanz ein kritisches Befragen von vorfindlichen Gegebenheiten, oft ein Entwickeln von Alternativen. Situative Distanz kann aber auch Bejahung heißen. Die Auseinandersetzung mit dem Gegebenen kann zur vorbehaltlosen Zustimmung führen. Dabei muß ein solcher Einklang nicht nur auf Vernunft und Argumentation gründen. Er kann in Überzeugung und Gefühl zum Ausdruck gebracht werden. Genauso müssen Abkehr und abhebende Distanz nicht nur die rationalen Wege von Hermeneutik, Ideologiekritik oder Analyse der referentiellen Bedingtheit im Sinne von Luhmann (1976) gehen. Die Psychologie hat viele andere menschliche Ausdrucksformen herausgearbeitet, die in uns angelegt, aber oft verschüttet sind. Dazu gehören die nonverbale Kommunikation, d.h. die nicht gesprochene Mitteilung, die kontemplative Beschäftigung oder die Meditation. Einige dieser menschlichen Betätigungsformen werden im Verlauf der Schrift erläutert.

Vielleicht müßte an dieser Stelle die Bedeutung von Gefühlen, körperlicher Betätigung, Phantasie und zwischenmenschlichem Umgang hervorgehoben werden. Der begründende Gedankengang hierzu lautet: Wer allseitige Menschenbildung betreiben will, muß auch Gefühle und körperlichen Ausdruck zulassen. Und zwar darf er diesen nicht nur in seiner Theorie einen Platz zuweisen. Selbst in der Anthropologie bleibt die Theorie eine *Lehre* vom Menschen. Sie folgt Regeln der Rationalität. Hier hat auch die gängige Allgemeine Didaktik als Bildungstheorie ihre Grenzen. Sie hat das erzieherische Verhältnis nie soweit durchdacht, daß sie sich als Denkprodukt selbst für Handeln Grenzen setzt. D.h. sie müßte in sich selber Barrieren gegen die eigene Reproduktion einbauen. Dies fand ich aber nirgends bei Weniger, Litt, Klafki, Blankertz oder den anderen Bildungstheoretikern.

Deshalb mußte die Didaktik (als Bildungs- und Unterrichtslehre) zur Curriculumtheorie weiterentwickelt werden. Erst wenn man die vielfältigen Formen menschlichen Ausdrucks auch in der Entstehung von Lernsituationen zum Zuge kommen läßt, kann man der Variabilität des Menschen gerecht werden. Und deshalb liegen in der Projektmethode hervorragende pädagogische Kräfte. Sie ist ein Weg, auf dem die Lernenden Wirklichkeit selbst mitschaffen.

Die Lernenden entwickeln ihre Lernsituation selbst mit. Sie treten für ihre Bildung in Verantwortung ein.

In den letzten Ausführungen scheinen deutlich normative Vorstellungen oder präziser »meine Zielorientierungen« durch. Die Kernpunkte lauten: Selbständig werden, sich mit der realen Welt um uns auseinandersetzen, möglichst viele menschliche Ausdrucksformen aktivieren, im Handeln auf den Nächsten achten. Die Abschnitte 1 und 3 dieser Schrift bestehen aus Katalogen weiterer Wert- und Zielvorstellungen der Projektmethode. Diese müssen erkennbar werden, damit sich die Auseinandersetzung der Beteiligten darauf beziehen kann. Im übrigen haben unsere Weltorganisationen und Regionalgesellschaften gewisse Normen vereinbart, die niemand mißachten kann. Ich denke an die Menschenrechte nach der Deklaration der UNO von 1948 oder die entsprechenden Rechte des Kindes von 1958. Europa hat zudem 1952 eine teilweise noch anspruchsvollere Konvention verabschiedet. Diese Konventionen sind auch Zielorientierungen für curriculares Tun.

Zielorientierungen

Zielorientierungen können nicht unmittelbar als Zweck für Tun stehen, weil ihre Ausgestaltung immer auf die historische Bedingung des einzelnen angewiesen ist. Daher rührt auch die Forderung nach der Interaktion in einem vorher vereinbarten Rahmen.

Derartige Zielorientierungen kommen auch in der Projektmethode vor. Und zwar beschäftigen sich die Beteiligten mit ihnen bei der Auseinandersetzung über die Projektinitiative, in der Entwicklung des Betätigungsgebietes, in der Metainteraktion und in der Abschlußphase.

Deshalb findet in der Projektmethode ein idealer Curriculumprozeß statt. Darüber hinaus versammeln viele Merkmale der Projektmethode unmittelbare pädagogische Evidenz in sich. Sie treffen auf allgemein anerkannte Zielorientierungen wie Solidarität, Autonomie, Verantwortung als Bürger/in, Traditionsbewußtsein. In der Projektmethode tragen vor allem die Verfahren und die Handlungsformen zur Verwirklichung dieser Zielorientierungen bei. Vereinfacht: Die Werte stecken auch im Verfahren, im Wie, in der Methode. Es gibt nicht zuerst das Was, dann das Wie, nicht zuerst die Didaktik, dann die Methodik und nicht den Zweck, der die Mittel heiligt. Nur die geisteswissenschaftliche Didaktik kann eine derartige Zweiteilung behaupten, weil sie dem Kultur- oder Zivilisationsprodukt und seiner Sinndeutung Priorität vor dem menschlichen Tun gibt.

Zielorientierung ist neben der Interaktion im vorher vereinbarten Rahmen und neben situativer Distanzierung ein weiteres Element des curricularen Prozesses. Es qualifiziert im Verbund mit den anderen Elementen alltägliches Handeln zum curricularen Handeln, d.h. zum bildenden Handeln.

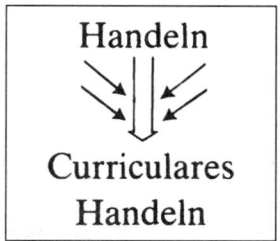

Spezifische Reflexion

Das vierte und letzte Element ist die spezifische Reflexion. Diese Formel meint folgendes: Berücksichtigen von Wissen und Bewußtsein zu dem Gebiet, das sich aus den drei anderen Elementen ergeben hat; abwägendes Nachdenken über das Gebiet; theoretisches oder anderes vernünftiges Beschäftigen mit Aspekten des ablaufenden curricularen Prozesses.

In der Projektmethode findet diese spezifische Reflexion

oft zusammen mit Interaktion in einem vorher vereinbarten Rahmen oder mit situativer Distanzierung statt. Das Spezifische an der Reflexion besteht darin, daß sie sich nicht von den anderen drei Elementen löst. Sie darf ihnen nicht widersprechen. Dieses vierte Element garantiert ein minimales Bewußtsein im curricularen Prozeß. Es besagt, daß die Entwicklung von Lernsituationen aus mehr als Spontaneität und bloßem gutem Willen besteht. Die Projektmethode unterstützt spezifische Reflexion. Sie betont diese allerdings unter interaktiven Bedingungen. Insofern spiegelt sie vor allem die gruppenbezogene Ausprägung wider.

Zusammenfassung

Ich habe bisher die vier Elemente beschrieben, welche Handeln zum curricularen Handeln machen:

1. Zielorientierung;
2. Interaktion (in einem vorher vereinbarten Rahmen);
3. Situative Distanz;
4. Spezifische Reflexion.

Ich habe versucht darzulegen, warum die Projektmethode diese Konstitutionselemente intensiv berücksichtigt und somit einen idealen Curriculumprozeß repräsentiert.

Möchte man Projektmethode flächenmäßig oder über viele Jahre bei denselben Personen durchführen, muß man auch die entsprechenden Strukturen schaffen. Diese Strukturen liegen sozusagen der Verwirklichung der Konstitutionselemente stützend zugrunde.

Die vier qualifizierenden Elemente sind Ausfluß von Prämissen der Allgemeinen Curriculumtheorie wie Priorität der Zöglinge gegenüber den Erziehern oder Lehrpersonen, begrenzte Reproduktion, Postulat des Dialogischen.

7. Historische Vorbilder

Vorbemerkung zu den historischen Abschnitten ab der 5. Auflage

(1) Transparenz. Für die Projektmethode ist Transparenz selbstverständlich. Diese Transparenz möchte ich auch hier schaffen. Ich möchte den Stellenwert der Geschichte für meine Arbeit nachvollziehbar machen. Seit der ersten Auflage 1982 hat sich unser Wissen über die Historie weiterentwickelt. Daraus sind in die geschichtlichen Abschnitte der 3. Auflage neue Erkenntnisse eingeflossen und danach wieder in die 5. Auflage. Damit sich historisch Interessierte über die allmähliche Entwicklung informieren können, habe ich eine Vorbemerkung zur 3. Auflage eingefügt. Wenn Sie an all diesen Dingen nicht interessiert sind, steuern Sie einfach direkt auf jene Kapitel zu, die es Ihnen angetan haben.

Eine ganz neue Geschichte des pädagogischen Projektes

Die Hauptverbesserung in der 5. Auflage galt der Geschichte. Genauer der Geschichte des Wortes Projekt in pädagogischen Institutionen.

Was ist passiert? In der ersten Auflage äußerte ich zu Beginn des historischen Kapitels den Wunsch, eines Tages möge ein professioneller Historiker die Geschichte der Projektmethode neu schreiben. Ich selber bin kein Historiker, habe aber die alte Wissenschaftlergewohnheit, bei allen wesentlichen Teilen meiner Publikationen nicht aus Sekundärliteratur zu zitieren. So war es auch mit den Ursprüngen der Projektmethode.

Der Verdacht

Der deutsche Sammelband von Peter Petersen »Der Projekt-Plan. Grundlegung und Praxis. Von John Dewey und William H. Kilpatrick« aus dem Jahre 1935 erschien mir z.T. falsch übersetzt, unvollständig und historisch ohne Einbettung. Ungereimtheiten zeigten sich auch in den amerikanischen Darstellungen, die man in jedem Lehrbuch über Unterrichtsmethoden lesen konnte. Auch die deutsche Literatur war unsauber recherchiert.

Michael Knoll

Bereits einige Monate nach Erscheinen der ersten Auflage meldete sich Michael Knoll, damals Lehrer in Salem am Bodensee und bekannt als Historiker, der unter anderem die Schriften von Kurt Hahn herausgegeben hatte. Knoll kritisierte einige meiner Geschichtsteile und wollte den Weg auf sich nehmen, die Spuren der Projektmethode zurückzuverfolgen – bis zu den Anfängen.

Mit Unterstützung der Deutschen Forschungsgemeinschaft und des Schweizerischen Nationalfonds hat Michael Knoll mehrere Jahre lang einschlägige Bibliotheken und Archive in Europa und den Vereinigten Staaten durchgearbeitet. Er hat Journale, Jahrbücher, Tagungsberichte, Vorlesungsverzeichnisse, aber auch Manuskripte, Briefe und Tagebücher ausgewertet. Sogar Zeitzeugen hat er in den USA befragt. Die Befunde darf man wohl als kleine Sensation bezeichnen. Sie ergeben eine ganz neue Geschichte des Wortes Projekt im pädagogischen Raum.

Eine kleine historische Sensation

Der Ausdruck Projekt taucht nicht zum erstenmal 1900 auf, sondern 200 Jahre früher; nicht in Amerika, sondern ganz woanders. Am Anfang hatte er nichts mit Bildung zu tun. Der Ausdruck Projekt kam in Wirklichkeit als Import in die USA; und zwar nicht im Schulbereich, wie man vermuten könnte. In den USA hat sich das Projekt in pädagogischen Institutionen weit verbreitet und viele Variationen entwickelt; sowohl praktisch wie konzeptionell. Eine Spielart war jene von William Heard Kilpatrick, die dann Peter Petersen 1935 nach Old Europe brachte.

Die Folgen

An der Projektmethode, wie sie hier in diesem Buch dargestellt ist, ändert das nichts. Sie war bereits für die erste Auflage als Neukonzeption angelegt. Die Geschichte spielte eine wichtige Rolle. Deshalb umfaßte auch schon die erste Auflage einen Abschnitt über die historischen Vorbilder und einen Abschnitt, in dem ich beschrieb, was ich von diesen übernahm.

Ich kam aber ab der 5. Auflage einer Empfehlung nach, die Ulrich Schäfer schon für die vierte Auflage vorbrachte. Ich widmete einen eigenen Abschnitt (8b) der Vorgehensweise, nach der ich die Projektmethode für die erste Auflage dieses Buches konzipierte. Die Hinweise auf das Vorgehen standen schon alle in der ersten Auflage. Zu Recht hat aber mein Mitautor Schäfer kritisiert, daß diese Stellen zu versteckt waren.

(2) Wissenschaftsmethodik. Vorbemerkung für Leserinnen und Leser, die wissenschaftstheoretisch interessiert sind. Die Projektmethode, wie sie in diesem Buch beschrieben ist, habe ich damals vor der ersten Auflage neu konzipiert. Selbstverständlich habe ich viel aus der Geschichte gelernt und von historischen Vorbildern übernommen. Eine weitere Rahmenvorgabe für die Neukonzeption war die benutzte Curriculumtheorie. Wie ich die verschiedenen Teile zusammengefügt habe,

steht im Abschnitt 8b über Methodologie, d.h. über die Lehre von der Vorgehensweise. Dort können Sie nachlesen, welche Rolle die Geschichte des Wortes »Projekt« und die historischen Vorbilder spielen.

(3) Bedeutung der Geschichte für »Die Projektmethode«. Das Wesentliche in historischer Hinsicht möchte ich schon hier mitteilen, damit keine Konfusionen mehr entstehen. Ich wiederhole es auch zu Beginn der anderen Abschnitte. Die Projektmethode in diesem Buch ist eine Neukonzeption auf der Basis bestimmter historischer Vorbilder. Nicht alle diese Vorbilder haben das Wort »Projekt« oder »Projektmethode« benutzt. Aber Sie haben mich stimuliert und Gedanken entworfen, die ich gerne übernahm. Diese Gedanken lagen oft näher an der vorliegenden Projektmethode als gewisse Praktiken, die unter dem Signet »Projekt« liefen und laufen. Meine Projektkonzeption ist also keine Summe der Geschichte. Jede theoretisch arbeitende Person weiß sowieso, daß man aus der Geschichte allein keine Neukonzeption oder Rekonzeptualisierung erstellen kann. Meine geistige Ahnengalerie können Sie in diesem Abschnitt über »historische Vorbilder« betrachten. Sie sehen darin auch, daß mich John Dewey und William Heard Kilpatrick besonders beeinflußt haben; Dewey nicht zuletzt, um meine eigenen Gedanken klarer zu fassen.

a) Anfänge und Entwicklung

Sucht man nach dem Erfinder der Projektmethode, wird man nicht fündig werden. Fragt man jedoch nach historischen Konstellationen, die projektartiges Lernen hervorgebracht oder seine Komponenten geprägt haben, so findet man mehrere.

In den Jugendkulturen und Initiationsvorgängen der vorindustriellen Zeit lassen sich ohne Zweifel Merkmale oder Merkmalsgruppen des projektartigen Lernens feststellen. Die

36

pädagogischen Klassiker Jean-Jacques Rousseau (1712–1778), Heinrich Pestalozzi (1746–1827) und Friedrich Fröbel (1782–1852) haben Ideenskizzen verfaßt, die der Projektmethode nach unserem heutigen Verständnis ähnlich sind. Wir können also keinen Zeitpunkt in der Pädagogikgeschichte festmachen, in dem auf einmal Konzeption und Praxis projektmethodischer Bildung geschaffen wurden. Anders sieht es mit dem Ausdruck Projekt aus. In Verbindung mit Unterricht ist er Mitte des 18. Jahrhunderts zuerst gebraucht worden. An den Kunstakademien Italiens und Frankreichs sprach man von Projekten, wenn die Architekturstudenten des höheren Semesters die Aufgabe bekamen, ein Portal, eine Fassade, eine Kirche selbständig zu entwerfen. Von den Kunstakademien verbreitete sich die Idee des Lernens am Projekt auf die technischen Hochschulen, die Anfang des 19. Jahrhunderts in Europa und den USA entstanden. Projektarbeit war auch Teil der Abschlußprüfung.»Um ein Diplom zu erhalten«, hieß es etwa im Gründungsstatut der Eidgenössischen Technischen Hochschule in Zürich von 1854, »muß der Bewerber ein Projekt nach einem festgesetzten Programm, mit den ihm angewiesenen Hilfsmitteln und in der vorgeschriebenen Zeit befriedigend ausarbeiten.« Wie die Entwicklung in Europa weiterverlief ist bisher noch nicht erforscht. Aber wir wissen, daß Calvin M. Woodward von der Washington University in St. Louis, Missouri, um 1880 den Projektbegriff auf die höhere Schule übertragen hat. Woodward ließ Projekte nicht nur am Zeichentisch entwerfen, sondern auch tatsächlich durchführen. Die Schüler an seiner Manual Training School tischlerten zum Beispiel Bücherregale, schmiedeten Leuchter und bauten Motoren. Um 1900, als Werken auch Teil des Elementarschulunterrichts wurde, kam es zu einer zweiten Neuerung. Charles R. Richards vom Teachers College, Columbia University in New York verlangte nun vom Lehrer, daß er »den höchsten Grad absichtsvoller Selbsttätigkeit erregt, indem er direkt an das Leben des Kindes appelliert«. Die strikte Trennung zwischen

Lehrgang und Projekt sollte aufgehoben und der gesamte Werkunterricht auf Projektarbeit umgestellt werden. Richards Konzept wurde an der Horace Mann School von Teachers College verwirklicht. Die Schüler der zweiten Klasse etwa beschlossen unter Beteiligung des Lehrers, ein Indianer-Projekt durchzuführen. Sie lasen Longfellows Gedicht »Hiawatha«. Sie besprachen die Gebräuche und Riten der Indianer und besuchten das Naturkundemuseum. Dann bauten sie Zelte, schneiderten Kostüme und schnitzten Pfeil und Bogen, um schließlich einen Tag als Indianer zu leben. Die Schüler erwarben Kenntnisse und Fertigkeiten, wenn sie sie zur Durchführung des Projekts brauchten. Woodward und Richards haben die beiden Grundformen der Projektmethode entwickelt, die wir heute noch kennen.

Exkurs zur Quellenlage

Seit dem Erscheinen der ersten Auflage hat sich die Lage entscheidend verbessert. Wir sind nicht mehr allein auf Nelson L. Bossings Kapitel »The Project Method« aus seinem Buch »Progressive Methods of Teaching in Secondary Schools« von 1935 angewiesen. Für die Projektarbeit an den Kunstakademien und Technischen Hochschulen in Italien und Frankreich kann auf die Bücher von Drexler (1977), Hager (1982), Weiss (1982) und Pérouse de Montclos (1984) zurückgegriffen werden. Einen Überblick über die Geschichte des Lernens am Projekt, wie sie sich in Europa und in den Vereinigten Staaten von 1700 bis 1925 entwickelt hat, geben die Aufsätze von Michael Knoll von 1991. Während Gerhard Krauth (1985) die Projektansätze in Deutschland während der Weimarer Zeit vorstellt, informiert Holmes (1991) über die Projektansätze, die in der Sowjetunion vor 1931 diskutiert wurden. Trotzdem sind die Lücken noch groß. Über die Entwicklung in Deutschland gibt es immer noch keinen zusammenfassenden Überblick. Zudem fehlen Studien, die die

Geschichte der Projektmethode in den Niederlanden, England, Indien und anderen europäischen und außereuropäischen Ländern aufarbeiten. Die Skizzen aus »historischer Laienhand« haben wir belassen, wie sie waren. Nur an einigen Stellen hat Michael Knoll etwas geändert, ergänzt oder gestrichen.

Fünf allgemeine Sätze

1. Die Idee des Lernens am Projekt entsteht Anfang des 18. Jahrhunderts, als im Gefolge der beginnenden industriellen und wissenschaftlichen Revolution die Hochschulen und Schulen ihr Studienangebot erweitern und Architektur und Technik in ihren Fächerkanon aufnehmen.
2. Die Projektidee stammt ursprünglich aus Italien. Mit der zunehmenden Professionalisierung und Verschulung der handwerklichen Berufe verbreitet sie sich dann über den ganzen Kontinent und in die Vereinigten Staaten. Die Projektmethode ist somit Teil einer internationalen Bewegung, sie nimmt aber je nach den Vorstellungen und Bedürfnissen ihrer Vertreter verschiedene Inhalte und Formen an.
3. Ziel der Projektmethode ist es, die Distanz zwischen Schule und Leben, Wissenschaft und Beruf, Theorie und Praxis zu verringern. Die Studierenden und Schüler/innen sollen die Möglichkeit haben, die Prinzipien und Kenntnisse, die sie im Lehrgang erworben haben, im Projekt eigenständig und schöpferisch auf den konkreten Fall anzuwenden.
4. Ende des vorigen Jahrhunderts entwickelt sich unter dem Einfluß der Kindergartenpädagogik ein zweites Modell. Das Projekt rückt vom Ende in den Mittelpunkt des Unterrichts, gemäß der Devise der neuen Erziehung, daß »natürliche Ganzheiten« Gegenstand des Lernens sein müssen, damit Interesse und Einsicht entstehen können. Der Lehrgang ist hier dem Projekt nicht vorgeschaltet, vielmehr ist er in das Projekt integriert.

5. Unter Führung des kindzentrierten Flügels der amerikanischen Reformpädagogik verliert der Projektbegriff Anfang des 20. Jahrhunderts seine enge Bindung an den technischen Bereich. Das Projekt wird nun weit als Vorhaben, Plan und Entwurf definiert, manchmal unabhängig davon, ob am Ende des Lernprozesses ein konkretes oder abstraktes Ergebnis stehen soll. Lernen am Projekt kann danach in jedem Fach und in jedem Bereich stattfinden.

[LIT] Wer über die Entwicklung des Wortes und Begriffs »Projekt« in Europa und Amerika mehr wissen und die Literatur genauer studieren will, sollte zunächt die drei Aufsätze von Knoll von 1991 zur Hand nehmen. Für die Projektarbeit an den Akademien und Hochschulen in Rom und Paris sei auf die Bücher von Drexler 1977, Hager 1982, Weiss 1982 und Pérouse de Montclos 1984 verwiesen. Über Kilpatrick, Dewey und Collings informieren am besten Bohnsack 1979, Schäfer 1985, Knoll 1992 und 1993 sowie Röhrs 1996. Unentbehrlich auch für den Historiker ist die große Bibliographie von Schäfer 1988.

Idee und Praxis der Projektmethode hingen in den letzten einhundert Jahren auch von allgemeinen pädagogischen Absichten und vom Selbstverständnis der Lehrenden in den Bildungseinrichtungen ab. Die organisatorischen Möglichkeiten sind mitbestimmend. Die Projektmethode kann nicht beliebig eingesetzt werden. Sie ist keine »neutrale Lehrtechnik«. Sie benötigt eine gewisse pädagogische Umgebung, sozusagen ein pädagogisches Ambiente.

Um das Gemeinte etwas deutlicher zu machen, möchte ich kurz einige historische Konstellationen vorstellen. Der Übersicht, aber auch eines gewissen inneren Zusammenhanges halber versuche ich, diese zu gruppieren:

- Reformpädagogik in Deutschland
- Pragmatismus in den USA
- Arbeitsschulkonzepte in Rußland
- Innovationszeit der sechziger und siebziger Jahre in Europa

b) Reformpädagogik in Deutschland

Die übergeordneten Charakteristiken könnten heißen:

● Erziehung durch lebendiges Leben (statt durch Schulweisheit und künstliches Einzelwissen)
● Integration von Schülern verschiedenen Alters im gemeinsamen Handeln
● Persönlichkeitsbildung durch Verwirklichung von Wünschen der einzelnen Schüler.

Die Zeit der Reformpädagogik wird etwa zwischen 1895 und 1933 angesetzt. Für die Entfaltung des Projektgedankens sind von allem die letzten Jahre fruchtbar gewesen. Das sind die zwanziger und dreißiger Jahre. Die früheren Jahre stützten die Projektidee durch Kritik am 19. Jahrhundert. Diese kritische Phase ist für das Verständnis der Projektbewegung entscheidend.

Die Kritik gilt dem nutzlosen Schulwissen des Bildungsphilisters (geäußert von Nietzsche 1874), dem absterbenden deutschen Geist in »Rembrandt-Deutschen« (geäußert von Langbehn 1890) oder dem Methodenmonismus der Herbartianer (geäußert von der Pädagogik »vom Kind aus« im Anschluß an Key 1900). Diese Kritiken waren zugleich allgemeine Kultur- und Gesellschaftskritik. Sie lehnten die Lebensteilung zwischen Schule und übriger Welt ab. Gefordert wurden neue Lehr- und Lernformen.

Die konstruktiven Vorstellungen entwickelten sich dann in ganz unterschiedliche Richtungen. Idealistische Schriften wechselten mit praktischen Versuchen. Es entstanden Vereinigungen. Die berühmteste war wohl der »Bund entschiedener Schulreformer« mit seinem Wortführer Paul Oestreich (1878 bis 1959), der auch Überlegungen zu einer »Produktionsschule« anstellte. Damals gründeten Individualisten und Vereine Landerziehungsheime. Im Zusammenhang mit dem »Bund entschiedener Schulreformer« gründete zum Beispiel Blume die Schulfarm Scharfenberg.

Ich stelle im folgenden acht Pädagogen vor, die in Richtung Projektmethode gewirkt haben. Die meisten von ihnen haben sich nicht vorgenommen, die Projektmethode als eigenen Bildungsansatz herauszuarbeiten. Aber alle haben wesentliche Elemente projektmethodischen Lernens begründet und praktiziert, so daß sie für mich historische Vorbilder wurden. Sie sind Vorläufer und Wegbereiter. Ich versuche, ihre zentralen Beiträge zur Projektmethode in knappster Form zu referieren.

Berthold Otto (1859 bis 1933)

Er hat keine überdauernden Bildungskategorien postuliert und keinen festen Bildungskanon angenommen. Nach seiner Auffassung bringen historische Veränderungen einen ständigen Wandel der Bildung mit sich. Überdies haben Kinder und Jugendliche eigene Formen des Weltverständnisses und vor allem des Sprechens miteinander. Will man dies berücksichtigen, muß man die spontane Frage der Kinder und Jugendlichen aufgreifen. An dieser spontanen Frage hat sich der Unterricht entlang zu entfalten. Otto hat deshalb in seiner Schule in Lichterfelde einen *Gesamtunterricht* eingeführt. Dieser Gesamtunterricht faßt mehrere Wochenstunden zusammen. Die ganze Schule versammelt sich. Schüler fragen Schüler. Der Lehrer agiert als Moderator. Unter aufklärenden, weiterführenden, beratenden Betreuungen des Lehrers betreiben die Schüler in diesem Gesamtunterricht selbst Volksbildung.

Hugo Gaudig (1860 bis 1923)

Die größte Gefahr für Bildung entsteht durch allzu festgefügtes Wissen, das nur reproduziert werden kann. Freie Entfaltungsmöglichkeiten in größeren Gesellschaften und besonders im einzelnen werden dadurch behindert. Deshalb ist schon im Schulbereich eine »freie geistige Tätigkeit« erforderlich. Sie führt automatisch zu einer Persönlichkeitsbildung, die in der Fähigkeit, sich selbst zu entfalten, ein wesentliches Konstitutivum besitzt. Nach Gaudig ist diese geistige Tätigkeit und Mobilität nur zu erreichen, wenn man die Kinder und Jugendlichen sich selbst betätigen läßt. Die Konsequenz: *Planung* des Unterrichts *durch Schüler/innen*. Vorgefertigte Wissenserwerbstücke verbauen die Phantasie. Dagegen eröffnen die Arbeitsformen, die man erlernt, und die ständig praktizierte Selbsttätigkeit neue Horizonte.

Hermann Lietz (1868 bis 1919)

Das öffentliche Bildungswesen schien ihm nicht mehr korrigierbar zu sein. Das Auswendiglernen und Wiedervergessen, die intellektuelle Einseitigkeit konnte er nicht mehr ertragen. Deshalb folgte er Fichtes Idee und baute die Erziehung fernab der nach seiner Auffassung sittenlosen Welt der Erwachsenen neu auf. Er gründete Landerziehungsheime mit dem Wahlspruch »Licht-Liebe-Leben«. Die Schüler sollten darin lernen, selbständig zu handeln. »Körperliche und landwirtschaftliche Arbeit, das Herstellen von Möbeln, die Ausgestaltung des eigenen Wohnraumes, der Ausbau der Heime, die Verantwortung bei der Planung und Durchführung großer Fahrten – das alles hatte in den Heimen einen Ernstcharakter« (Lassahn 1970, 186). Die Schüler hatten etwas zu wagen und zu tun. Sie sollten lernen, das Leben als Ganzes zu begreifen und auch die Freizeit selbst zu gestalten.

Peter Petersen (1884 bis 1952)

Er sieht Schule als Gefüge unterschiedlicher Betätigungsformen und -felder. Das sind Spiel und Fest, straffe Kurse des Wissenserwerbs, Individualarbeit, Arbeit in kleinen oder großen Gruppen und in ganzen Schulgemeinden. Alle diese Aktivitäten führen zusammen in die eigengestaltete Solidarität der Gemeinschaft. Diese und viele weitere Ideen haben sich in einem Schulplan von Jena (Jenaplan) verdichtet. In diesem Schulplan nimmt die Projektarbeit eine zentrale Rolle ein. In ihr haben sich mehrere Schüler und Lehrer zu arrangieren. Sie entwerfen für sich eine Aufgabe. Sie geben sich Richtlinien für die Aufgabenerfüllung. Die Auseinandersetzung mit den Dingen des Alltags und den Mitschülern führt den Lernenden in seine eigene Geschichtlichkeit ein. Er wird in die Geschichte eingebunden.

Georg Kerschensteiner
(1854 bis 1932)

Bei ihm steht die Forderung nach konstruktiver Betätigung im Vordergrund. Kerschensteiner versteht darunter wesentlich manuelle Betätigung, in der der Jugendliche sein eigenes Handwerkszeug gebrauchen lernt. Damit soll er der Sache gerecht werden. Zielvolle Aufgabenerfüllung, Material- und Funktionsgerechtigkeit bilden die Maßstäbe. Kerschensteiner erhebt diesen Ansatz unter anderen in seinen Vorschlägen für die Berufsschulen in München zum allgemeinen Programm der Arbeitsschule. Es gibt ein berühmt gewordenes Beispiel von Kerschensteiner für seine Methode, die Planung und Herstellung eines Starenkastens.

Fritz Karsen (1885 bis 1951)

Karsen hat als erster in Deutschland den Begriff »Projekt« für den eigenen Ansatz verwendet. Er versteht den Begriff im weiten Sinne. »Das zentrale Projekt«, sagt er, zielt darauf ab, »die Gesellschaft selber auf eine menschlich höhere Stufe der Kultur zu heben.« Für Karsen ist die Schule eine »soziale Arbeitsschule«. Sie ist wie eine »moderne Werkstatt« genossenschaftlich organisiert. Die Ziele werden daher nicht von außen vorgegeben, sondern von den Mitgliedern selbst festgelegt.

45

Ein Komitee aus Lehrern und Schülern entwickelt am Beginn des Schuljahres einen Projektplan für die ganze Schule. Die einzelnen Klassen überlegen dann, welche Projekte sie im Rahmen dieses Planes durchführen wollen. Damit will Karsen erreichen, daß die Schüler die Schularbeit als sinnvoll erfahren und lernen, wie durch Zusammenarbeit und Arbeitsteilung Aufgaben und Probleme wirksam bewältigt werden können. Karsen verlangt, daß die Projekte in der Anfertigung »vorweisbarer Produkte« ihren Höhepunkt finden; denn am Ende des Schuljahres sollen sie in einer Ausstellung vereinigt und kritisch gewürdigt werden.

Otto Haase (1893 bis 1961)

Haase hat für die Projektmethode Vorbildfunktion durch seinen Begriff Vorhaben. Das Vorhaben sollte neben Training (der Kulturtechniken) und Gesamtunterricht (im Stile Berthold Ottos) als dritte methodische Grundform die Grundschule gestalten. Diesen Vorschlag veröffentlichte Haase 1932 in der Zeitschrift »Die Volksschule«. In der damaligen Ausdrucksweise verlangte er, daß die Schüler »zupacken«, »ein Werk schaffen«, »eine Arbeit vollenden«. Die Kinder sollen also Hand anlegen und etwas tun. Übungen an künstlichen Objekten schienen ihm pädagogisch nicht förderlich. Deshalb sollte die Schule Ernstsituationen hereinholen. Der Lehrer ist im wesentlichen dafür verantwortlich, daß die Schüler die ihnen angemessenen Aufgaben erhalten. Haase beschränkt die Gebiete für Vorhaben nicht, referiert im übrigen aber Standardthemen wie Vorbereiten eines Schulfestes,

Schülerzeitung, Kinderspiele. Das Vorhaben beginnt nicht unbedingt mit der Planung. Die Lehrperson kann auch spontan »Vorhaben« von Kindern erlauben (vgl. auch Odenbach 1963).

Adolf Reichwein
(1898 bis 1944)

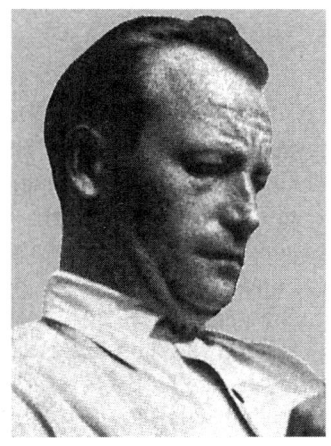

Auch Reichwein spricht von Vorhaben. Anders als Haase macht er jedoch das Vorhaben zum Angelpunkt des gesamten Unterrichts. Für Reichwein ist es die Verwirklichung einer »selbsttätigen Erziehungsgemeinschaft«. Schüler/innen und Lehrer/innen arbeiten – wie in der mittelalterlichen Gilde – zusammen, um ein gemeinsames Werk zu schaffen. Damit wird der »alte Gegensatz« zwischen Denken und Handeln überwunden. Es entsteht der ganzheitlich gebildete Mensch. Es wird aber auch – wie bei Dewey – die ideale Gesellschaft vorweggenommen. »Die kindliche Gemeinschaft vermag in reiner Form das vorzustellen, was wir fürs Volk als Ganzes und Großes erstreben.«

Reichwein unterscheidet Werkvorhaben und Jahresvorhaben. Die Werkvorhaben entstehen aus »lebendigen Anlässen«, aus »Spiel und Versuch«. Denn »das Wissen«, sagt Reichwein, das »aus der persönlichen Begegnung mit der Sache« erwächst, ist »nicht toter Besitz«, sondern ist »in das kindliche Sein als Erfahrung eingegangen«. Die Werkvorhaben sind um Themen wie »Wir bauen einen Bauernhof« fächerübergreifend angelegt. Sie fügen sich unter der Leitung des Lehrers zu den Jahresvorhaben zusammen – »die ländliche Welt«, »der gemeinschaftliche Mensch«. Die Fertigkeiten, die notwendig

47

sind, um das Werk zu schaffen, werden vorher eingeübt. Denn der Vollendung des Werkes mißt Reichwein große Bedeutung zu.

LIT Petersen 1927; Kerschensteiner 1908; Gaudig 1922; Otto 1914, Haase 1932, Karsen 1930; Reichwein 1937/1993. Einen Überblick über die Geschichte der Reformpädagogik in Deutschland geben Nohl 1935, Scheibe 1994, Oelkers 1996 und Röhrs 1997. Wittenbruch 1981 informiert über Reichweins Vorhabenmethode, und Krauth 1985 vergleicht die Konzepte von Haase, Karsen und Reichwein.

c) Pragmatismus in den USA

Die übergeordneten Charakteristika könnten heißen:

● planvolles Handeln als Verwirklichung von Individuen in der Gesellschaft;
● realer, sozialer Kontext als Lernmedium;
● eigene Lösungsbeiträge liefern.

In den USA hat sich eine Bewegung entwickelt, die man Pragmatismus nennt, weil sie die Pragmatik, d.h. die Tätigkeit oder Praxis der Wissenschaft oder Theorie überordnet. Nicht die theoretische Gültigkeit oder Konsistenz stellen den letzten Wert dar. Der Sinn im praktischen Tun entscheidet über gut und schlecht. Dabei meinen Tun oder Praxis als pädagogische Zielbegriffe etwas wie erfülltes Leben in der Gesellschaft. Für den pädagogischen Bereich verbindet sich der Pragmatismus vor allem mit dem Namen von John Dewey.

John Dewey (1859 bis 1952)

Er hat sich vor allem mit Fragen der Wissenschaft und Forschung auseinandergesetzt und dabei den Gegensatz von Moral und Wissenschaft im Sinne der empirischen Wissenschaftstheorien zu überwinden versucht. Dewey anerkennt den Wert empirischer Wissenschaften und möchte sie als Instrument und Vorbild für Handeln verstanden wissen.  So soll sich denn auch die Demokratie im Sinne einer großen Forscherfamilie als ständige Experimentiergemeinschaft weiterentwikkeln. Jeder ist handelnd, d.h. experimentierend, auf sich gestellt. Niemand besitzt allein Wahrheit oder auch das einzig richtige, pädagogische Wissen. Daraus folgt, daß sich Volksbildung und überhaupt jeder Unterricht auch an Lebenspraxis zu orientieren haben. Aufgaben mit Lebensnähe, d.h. mit möglichst geringem Anteil an künstlich hergestellten Anteilen, bieten die ideale Ausgangsbasis für Bildung. Apriorische Erkenntnisse und Intoleranz sind nicht wünschenswert; beide werden jedoch durch eine eindeutige Überordnung der Lehrerperson über die Schüler/innen und durch die Weitervermittlung unkritisierbaren oder unüberprüfbaren Wissens gefördert. Dem muß nach Dewey entgegengewirkt werden.

Dewey lehnt systematisches Wissen nicht ab. Mit diesem allein ist aber nicht Bildung im Sinne einer demokratischen Gesellschaft zu erzeugen. Insbesondere kann das vorliegende, festgefügte Wissen nicht allein Auskunft über das Gesamt des Lehrplans der Schule und des individuellen Schülers geben. Deshalb schlägt Dewey schon in seiner Schrift »Demokratie und Erziehung« (1916) praxisorientierte Curriculumentwicklung vor. Dazu gehört der Einbezug möglichst realistischer Aufgaben aus dem alltäglichen Leben.

Wer nach Dewey Projekte durchführt oder sich lernend mit Situationen oder Problemen befaßt, schafft damit auch Wirklichkeit. Er übernimmt nicht nur Wirklichkeit in Form von

Wissen anderer. Nach der pragmatischen Konzeption kann die Beschäftigung mit einer Aufgabe nicht willkürlich sein. Sie kann sich nicht mit Kritik der Aufgabenstellung begnügen. Es ist vielmehr erforderlich, einen Lösungsbeitrag zum Problem zu bieten. Wie Dewey sich die Bearbeitung einer Aufgabe vorgestellt hat, muß man seinen psychologischen Schriften über den vollständigen Denkakt entnehmen. Der vollständige Denkakt besteht nach Dewey aus dem Präzisieren des Problems, aus dem Entwerfen des Lösungsansatzes, dem Simulieren der Lösung, d.h. logisch probieren, experimentell überprüfen (1933, 7). Die Arbeit an der Aufgabe sollte also zielgerecht und planvoll sein. Damit wird wertvolles Leben gelebt. Dewey hat mit diesem Verständnis Unterricht an seiner Universitätsschule in Chicago durchgeführt.

William Heard Kilpatrick
(1871 bis 1965)

Kilpatrick weist vor allem auf die charakterbildenden Leistungen des Projektes hin. Die realen Aufgaben des Projektes führen in demokratisches Leben ein. Vor allem sozial problemhaltige und subjektiv stark empfundene Situationen stimulieren handlungsrelevantes Lernen. Sie sind nicht durch Wissen aus Einzel-disziplinen, sondern nur durch fächerübergreifende Kooperation zu bewältigen. Die realen Lebenssituationen verpflichten die Lernenden, sich mit der lokalen Gemeinde, mit Verwaltungen und mit Instanzen außerhalb des Lernortes Schule auseinanderzusetzen. Dadurch wird die Schulgemeinde zur offenen Lebensgemeinde, was auch auf der Linie von Dewey liegt. Kilpatrick legt im Projektlernen besonderen Wert auf die Realisierung individueller Existenz. Allerdings muß man wissen, daß sich jede Existenz nach Kilpatrick in vorfindlichen Aufgaben und Problemen erweisen muß. Dabei hat der Lernende einen bestimmten Grad des Könnens zu erreichen; er hat bei sich eine geistige Unordnung zu beseitigen; er hat einen Gedanken zu formen und in die Tat umzusetzen. Kilpatrick schließt daneben Erfahrungslernen nicht ganz aus. Er mißt dem Erleben und Genießen aber nur eine nebensächliche Rolle zu.

Nach Kilpatrick ist ein pädagogisches Projekt »eine aus ganzem Herzen gewollte, absichtsvolle Tätigkeit« (wholehearted purposeful activity) die in einer sozialen Umgebung stattfindet. Er benutzt auch die Formel »eine von Herzen kommende, absichtsvolle Handlung« (hearty purposeful act). Dahinter steht die Maxime vom gemeinsamen Leben. Das gemeinsame Leben, das wir nach Kilpatrick alle erstreben und auf das wir angewiesen sind, ist die gemeinsame Basis für Erziehung. Die soziale Situation der zwanziger Jahre in den Vereinigten Staaten hat diese Vorstellung mitgeprägt. Viele Völker trafen sich im gleichen Lebensraum und beanspruchten ihn. Allen sollte Lebensrecht gewährt werden. Somit muß das Leben ernsthaft und planvoll sein. Und es muß allen eine Chance einräumen. Genau diese Lebensanschauung schlägt sich im Projektbegriff von Kilpatrick nieder.

LIT Dewey 1916 (eines seiner Hauptwerke mit allgemeinen Gedanken zu Erziehung und Gesellschaft); Kilpatrick 1918 »The Project Method«; diesen Aufsatz und mehrere Beiträge von Dewey hat Peter Petersen auf Deutsch herausgegeben in dem Band Dewey/Kilpatrick 1935: »Der Projektplan«.
Als Sekundärliteratur empfehle ich Bohnsack 1976 und Schilmöller 1995 (über Deweys Erziehungstheorie); Kost 1977; Knoll 1992 und 1993 (über Deweys, Kilpatricks und Collings' Projektvorstellungen); Schäfer 1985 (über Dewey und seine Laborschule). Einen Überblick über die Geschichte der amerikanischen Reformpädagogik gibt Röhrs 1996.

d) Arbeitsschulkonzepte in Rußland

Die herausragenden Charakteristiken in Hinsicht auf die Projektmethode könnte man folgendermaßen formulieren:
- produktive Betätigung als bildendes Element,
- Bildung an Realitäten der Gegenwart,
- Versuche zur Annäherung von Kopf- und Handarbeit.

Mit diesen Merkmalen sind Elemente des Industrieschulkonzeptes von Blonskij und der Kolonie-Arbeitsschulerziehung von Makarenko gemeint. Ich behandele diese zwei Pädagogen, weil sie einige vorbildhafte Lehr- und Lernformen für die Projektmethode entwickelt haben. Besser als meine geraffte Darstellung ist natürlich die Lektüre der Autoren selbst. Für mich ist sie jedesmal belehrend und ernüchternd zugleich.

Pavel Petrovič Blonskij
(1884 bis 1941)
Blonskij steht hier in der Galerie der Vorbilder durch sein pädagogisches Hauptwerk: die »Arbeitsschule«. Er entwarf sie in Moskau 1918. Der Entwurf beruht auf der Forderung nach einer klassenlosen Gesellschaft, dem marxschen Arbeitsbegriff und vor allem auf einer radikalen Kritik an der »alten Schule«. Im übrigen bezieht er sich auf  pädagogische Klassiker, vor allem auf Comenius, Pestalozzi und Froebel. Er beschäftigt sich mit den Zeitgenossen Montessori, Scharrelmann und Gansberg.

Die Klosterschulen, die humanistischen Gymnasien und die Berufsfachschulen einigten ihm die Menschen zu wenig. Sie trennten Kultur und Arbeit. Beides wollte er integrieren. Integrationsort sollte die Arbeitsschule werden, die alle Kinder und Jugendlichen vom 3. bis 18. Lebensjahr zu besuchen hätten.

Blonskij sieht die Möglichkeit der Integration in Anlehnung an den Arbeitsbegriff von Karl Marx. »Arbeit ist derjenige Prozeß zwischen Mensch und Natur, durch den der Mensch die Natur seinem Willen unterwirft, sie zwingt, menschlichen Bedürfnissen zu dienen... Die Arbeitserziehung dieser Art besteht darin, daß sich das Kind planmäßig und organisiert in einer zweckmäßigen Tätigkeit übt durch welche aus gegebenen Gegenständen für die Menschheit nützliche Gegenstände geschaffen werden, nämlich solche, die einen Gebrauchswert besitzen. Indem das Kind eine Arbeitserziehung erhält, entwickelt es sich zu einem Wesen, das in der Lage ist, die Natur zu zwingen, menschlichen Bedürfnissen zu dienen. Die Arbeitserziehung ist eine Erziehung zum Beherrscher über die Natur« (Blonskij 1919/1973, 9).

Blonskij skizziert auf dieser Grundlage lehrplanähnliche Themen für alle Stufen. Zum Beispiel das Thema »Heimindustrie« für das 8. bis 13. Schuljahr.

Das Thema »Heimindustrie« muß man sich als eine Art Gesamtunterricht vorstellen. Auch die Bauhausidee des Gesamtkunstwerkes könnte man ersatzweise assoziieren. P.P. Blonskij regt zum Gebiet Landwirtschaft das Studium der Maschinen an. Der Kreis der Beschäftigung mit den Maschinen umfaßt Nachzeichnen, Nachbauen, auf Exkursionen besuchen, Geschichten erzählen und lesen. Der Kreis der Themen und Fragestellungen soll möglichst reichhaltig sein. Die sozialen Aspekte dürfen nicht fehlen (1919/1973, 112ff.).

Blonskij beschreibt detailliert und an verschiedenen Stellen, wie Lernprozesse zu organisieren sind. Folgendes scheint mir der zentrale Punkt zu sein: Die Lernprozesse sollen die Schüler ins Kollektiv einordnen helfen. Sie sollen die wirtschaftliche Abhängigkeit des einzelnen vom Kollektiv ins Bewußtsein bringen. Jeder einzelne muß gehorchen und ausführen lernen. Deshalb sollen nach Blonskij Kommandanten aus der Reihe der Schüler eingesetzt werden, deren Anweisungen der einzelne oder eine kleine Gruppe befolgt. Die Kommandanten werden von Zeit zu Zeit ausgewechselt, so daß viele Schüler lernen, Befehle zu erteilen und auszuführen.

Das Vorbildhafte an Blonskijs »Arbeitsschule« sind

1. die Vorschläge für eine Schule, die Wohnraum, Arbeitsraum, Vergnügungsraum, überhaupt Lebensraum ist und nicht zu einer arbeitsteiligen Sozialeinrichtung verkümmert;
2. die Idee vom (werk-)tätigen Menschen als Ausgangspunkt für curriculare Überlegungen. Damit wird der Weg frei für Themen, die Kultur und Produktion vereinen. Hier gibt es Probleme, wie im nächsten Hauptabschnitt zu zeigen sein wird.

Blonskijs Ideen zu einer »Arbeitsschule« haben unmittelbar nach der Oktoberrevolution ein breites Echo gefunden. Offensichtlich bot dieses Buch die einzig umfassende Pädagogik, die in die revolutionäre Frühzeit Rußlands paßte (Anweiler 1978). Blonskij hat als Bildungspolitiker und als Mitglied einer Lehrplankommission zahlreiche Vorstellungen populär machen können. Andere Umsetzungen durch ihn sind nicht bekannt. Er wandte sich später der psychologischen Forschung zu.

Anton Semenovič Makarenko (1888 bis 1939)

Er arbeitete mit Unterbrechungen von 1905 bis 1920 als Lehrer. Unter dem Einfluß der damaligen Reformpädagogik und dem Maxim Gorkis bemühte er sich um eine Auflockerung des drillhaften Unterrichts. Er gründete an seiner Schule unter anderem ein Blasorchester und legte einen größeren Schulgarten an. Solche Aktionen waren charakteristisch für sein Wirken. Er versuchte, die Schüler und Zöglinge durch gemeinschaftliches Tun zu erziehen. Gebiete und Gestaltungsmöglichkeiten sollten sachlich motivieren und den Nutzen von Arbeit anschaulich vor Augen führen. Die Welt außerhalb des Schulhauses sollte die Schulstubenarbeit erweitern. Ab 1920 bot sich Makarenko die große Möglichkeit, die früheren Ansätze konsequent zu verwirklichen. Er wurde Leiter einer Kolonie obdachloser, gewalttätiger, verwahrloster und vor allem hungernder Jugendlicher (von denen es damals in der Sowjetunion wohl mehrere Millionen gab). Er nannte die Anstalt zu Ehren seines geistigen Vorbildes »Gorki-Kolonie«. Makarenko suchte die Verständigung mit den Zöglingen. Diese sollte Gemeinsamkeit stiften. Gerade die schwierige Anfangsphase der Gorki-Kolonie mit bunt zusammengewürfelten, zwangsweise zusammengeführten Jugendlichen rief nach Verständigung. Man kann in Makarenkos Hauptwerk, »Ein pädagogisches Poem«, nachlesen, wie er sich mühte. Er hielt Verständigung bis hin zu Grenzsituationen aufrecht. Und darin steht Makarenko als Vorbild für die Projektmethode. Das zweite Vorbildhafte ist der Gegenstand, über den Makarenko mit seinen Zöglingen Verständigung suchte, nämlich über das Tun.

Er unterhielt sich mit den Mitgliedern der Kolonie nicht nur über Ziele, Themen oder Bedingungen, sondern über die Tätigkeiten, über das Wie, Wann und Wo von Tun und Lassen. Es ging in der Kolonie z.b. um Holzfällen, Schuheherstellen oder Pferdepflegen.

Im übrigen herrschte in der Gorki-Kolonie (1920 bis 1928) und später auch in der »Dzeržinskij-Kommune« (1928 bis 1935) ein streng geordneter Betrieb. Er hat wenig Verwandtes mit der hier entworfenen Projektmethode. Man stellt sich am besten ein sozialtherapeutisches Zentrum für die Behandlung Drogenabhängiger (mit streng geregeltem Tagesablauf und Aufgabenzuteilungen) vor. Auch eine Rekrutenschule für Pioniere könnte die Organisation gut illustrieren. So bestellten die Leiter selbst dann, wenn nur zwei Zöglinge etwas gemeinsam zu erledigen hatten, einen zum Kommandanten, d.h. zum Verantwortlichen.

Makarenko hat alle Zöglinge in Abteilungen eingeteilt. Dies tat er nach der positiven Erfahrung mit einer gut kooperierenden Gruppe beim Holzsammeln und in Anlehnung an die Abteilungen der früheren autonomen Partisanenabteilungen der Roten Armee. Jeder Abteilung stand ein Kommandant vor. Die festen Abteilungen spezialisierten sich. Sie konnten nach längerem Bestand der Kolonie nicht mehr alle Aufgaben wahrnehmen. Daraufhin schuf Makarenko die »Einsatzabteilungen«. Sie sind das dritte vorbildhafte Element für die Projektmethode. Mitglieder der Abteilungen kommen in der »Einsatzabteilung« zusammen, um eine bestimmte Sache zu erledigen. Sie trennen sich nach Abschluß der Aufgabe. Feste Strukturen werden also von Zeit zu Zeit dynamisiert.

Makarenko hat sich ausführlich mit der Frage von Schule und Beruf befaßt. In der Dzerzinskij-Komune besuchten die Jugendlichen eine 10jährige Volksschule. Daneben erlernten sie einen Beruf. Makarenko lehnte die Integration von Studium und Arbeit ab. Er nannte das System absichtlich »halbe Arbeit, halber Unterricht«. Die Abgänger waren also doppelqualifiziert. Diese besondere Form polytechnischer Unterweisung ist nicht als vorbildhaft für die Projektmethode zu betrachten. Ein Aspekt davon ist aber doch typisch. Handwerkliche, industrielle und andere berufliche Betätigungen sind potentielle Bildungsgegenstände. Sie sind Teil menschlichen Lebens und damit auch bildungsrelevant. Dieser Gedanke ist neuerdings in der westeuropäischen Pädagogik wieder ins Gespräch gekommen.

Man darf aber nicht vergessen, daß Teile unserer Bevölkerung die Verknüpfung nie anders gesehen und gelebt haben. Ich denke vor allem an die Landbevölkerung.

LIT Ich würde eigentlich am ehesten die Lektüre der Originaltexte empfehlen. Teile der Arbeitsschulkonzepte in Rußland auf dem Hintergrund der reformpädagogischen pragmatischen Ansätze beschreibt Blonskij 1919/1973; Makarenko 1933–35/1969. Hinweise zur Geschichte unserer Thematik in der Sowjetunion finden sich in Anweiler 1978 und Holmes 1991.

e) Innovationszeit der sechziger und siebziger Jahre in Europa

Als allgemeine Charakteristika könnte man vielleich hervorheben:

● Wiedervereinigung von Kopf- und Handarbeit;
● Überwindung institutioneller Entfremdung durch kollektive Betätigung;
● Hinnehmen des Alltagslebens in Bildungsinstitutionen.

Nach dem Zweiten Weltkrieg knüpften die Pädagogen in Deutschland zunächst an das reformpädagogische Erbe an. Vor allem Haases Vorhaben erlebte eine Renaissance. Doch in den sechziger Jahren vollzog sich ein Umschwung. Nicht nur in Deutschland, sondern in ganz Europa suchte man nach neuen Wegen. Ohne Übertreibung kann man die sechziger und siebziger Jahre als »Innovationszeit« bezeichnen.

Von allen Seiten wurden nun grundlegende Bildungs- und Erziehungsreformen gefordert – von Politikern, Philosophen und Pädagogen, von sozial Engagierten und den vielen neuen Kräften, die in der großen Phase der Bildungsexplosion als Lehrer/innen und Erzieher/innen vor allem im Bereich des Kindergartens, der Sekundarstufe II und der tertiären Bildung eine Anstellung fanden.

Die Reformen zielten auf eine qualitative und quantitative Ausweitung der Bildung ab. Ohne Belastung durch Theorie und Administration sollten alternative Schulen und Bildungsmodelle entwickelt werden. Die Gestaltung von Lernsituationen verstand sich nicht primär als Geschäft des Nachdenkens, sondern als tätige Erneuerung, als Innovation.

Europaweite Innovationen

Die Reforminitiativen dieser Zeit sind fast unüberschaubar: in Italien entstand die Bewegung für die »scuola nuova«; in Großbritannien entwickelte man Programme für basisnahe Curricula, in der Schweiz Pläne für eine »Lehrerbildung von morgen«, in Belgien Modelle zur Integration der allgemeinen und beruflichen Bildung; und in Deutschland nahm man sich unter anderem vor, den naturwissenschaftlichen Unterricht, das Studium und die gymnasiale Oberstufe neu zu gestalten.

Bei all diesen Bemühungen beriefen sich die Reformer in der einen oder anderen Form auf die Projektmethode. Der Projektgedanke stand als Programm gegen die Verkalkung von Institutionen und die Versteinerung von Inhalten. Er stand als Symbol der Hoffnung auf mehr Demokratie, größere Gerechtigkeit und höheren Gewinn für das Leben. Suin de Boutemard (1973) weist darauf hin, daß die Studentenbewegung von 1968 das Projekt aufgenommen hat, um ihre allgemein politischen Ziele zu verwirklichen. Damals entstand auch die Forderung, jedes Projekt solle eine sozialkritische Fragestellung behandeln (z.B. Göttinger Kollektiv 1973). Daneben gab es Projektbewegungen, die primär auf die Stärkung des Subjekts und die Emanzipation des Menschen abzielten (z.B. Schweingruber 1972).

Die Innovationszeit hat den Projektgedanken und die Projektpraxis populär gemacht. Die Fülle der Reformen und Innovationen dieser internationalen Pädagogikepoche ist übergroß. Erst eine systematisch recherchierte Geschichte wird im Detail zeigen können, wie sich die Projektmethode in dieser Epoche entwickelt und verbreitet hat.

Andere Ansätze

Psychologisch orientierte Pädagogen versuchten, die Gruppenarbeit zu entwickeln. Lehrpersonen, Professoren und Psychologen schlossen sich zu Interessengemeinschaften zusammen. Sie vertieften ihre Konzeptionen. Sie ermutigten zurückhaltende Praktiker mit Tips und Regelsätzen zum Mittun. Es gab ganze Schulregionen, die sich über Jahre in »Themenzentrierter Interaktion« nach Ruth Cohn (1974) übten. Die beteiligten Lehrer/innen übernahmen Verhaltensmuster und qualifizierten sich für projektartiges Lernen.

Eine andere Bewegung breitete sich über fast alle Industriestaaten aus: Die Beschäftigung mit der Institutionalisierung. Sie wurzelte in der Sorge um eine freie und offene Menschenbildung. Die Bürokratie, die Organisation der Massenschule, die Planung und Kontrolle von Unterricht schienen die Bildung zu überfremden. Die Verdinglichung der zwischenmenschlichen Beziehungen schien auch die Menschen sich selbst zu entfremden. Die Auffassung war, sogar Schulen und Universitäten förderten eher Entfremdung als Entfaltung.

Diese Einschätzung fand zwei markante Niederschläge. Die radikale Schulkritik forderte sogenannte Offenere Lernstrukturen. Im Zuge der Schul- und Institutionenkritik befaßten sich vor allem jüngere Erziehungswissenschaftler wieder mit dem Kapitel »Institutionen« der klassischen Pädagogik.

Sozusagen als Pendant erlebten die Konzepte des lebensnahen Lernens eine Renaissance. Alte pädagogische Kulturen erwachten zu neuem Leben. Ein Beispiel war das Lernen im Stile der dänischen Volkshochschulen im Geiste Grundtvigs. Danach nehmen sich die Lernenden ein Thema vor und bearbeiten es als Stück des täglichen Tuns. Dieser Ansatz schien vielen Pädagogen an der Tvindschule in Dänemark vorbildlich verwirklicht.Wieder andere orientieren sich als Spezialformen der Waldorfschulen, am EPA-Projekt Liverpool, an Europaschulen oder alternativen Gymnasien.

Soweit ich es übersehen kann, wurde das Projekt als Integrationsmöglichkeit verschiedener Betätigungs- und Selbstaktualisierungswünsche gesehen. Auf dieser Linie stufte Gunther Otto (1974) das Projekt als integrierende Form des schulischen Lernens ein. Kurse, Individualarbeit und andere Lernformen bekamen eine unterstützende Funktion gegenüber dem Projekt zugewiesen.

Die Innovationszeit hat den Projektgedanken und die Projektpraxis populär gemacht. Allerdings rief der Projektbegriff auch Abwehrreaktionen hervor. Diese wandten sich vor allem gegen die Absicht, mit dem Projekt die allgemeinen Produktionsverhältnisse zu durchleuchten und zu verändern. Vor allem das Projektstudium an Universitäten schien den Kritikern verdächtig, weil befürchtet wurde, die Studierenden würden zu zeitaufwendig lernen und ohne Wissensbasis handeln (vgl. etwa Klink 1975). In der Tat brachte die zeitliche Organisation beim ersten Anlauf in den sechziger Jahren zahlreiche Probleme mit sich.

Dennoch hat gerade in dieser Zeit die Projektmethode im Hochschulbereich eine starke Verbreitung gefunden. Eine besondere Betonung erhielt die Projektmethode in der Lehrerfortbildung. Sie folgte zum Teil in dieser Zeit ausschließlich der Projektmethode. Gegenüber früheren Zeiten gewann die Projektmethode nicht nur in der Grundschule, sondern auch in der Sekundarstufe I und zum Teil in der Sekundarstufe II an Boden.

LIT Suin de Boutemard 1975 (die wohl differenzierteste theoretische Schrift zu dieser Epoche); Kaiser/Kaiser 1977 (mit vielen Beispielen quer durch Konzeptionen und Institutionen); Becker/Jungblut/Voegelin 1972; Stubenrauch 1978; Geisler/Scholz/Schwelm 1978 (zum institutionellen Aspekt mit enger Verbindung zu den Ideen der Gesamtschule); Otto 1974; Kost 1977; Meyer 1969 (zur Gruppenpädagogik in dieser Epoche); Lister 1974, Höhn 1980 (zur Institutionalisierung); Brunner/Hering/Zalfen 1976 (zur Hochschule allgemein); Bundesassistentenkonferenz 1973 (mit der vollständigsten

Sammlung von Konzepten in der Bundesrepublik Deutschland); Laubis 1976; Bastian/Gudjons 1993 und 1994 sowie Hänsel 1995 und 1997 (beide mit interessanten schulpraktischen Einführungen). Eine historische Übersicht über die Entwicklung des Lernens in Projekten in Deutschland nach 1945 geben Hahne und Schäfer 1997.

8. Verhältnis zu den historischen Vorbildern

a) Übernahme und Weiterführung

In diesem Abschnitt vergleiche ich die historischen Vorbilder mit meiner Konzeption der Projektmethode. Damit wird dreierlei deutlich: Was ist gemeinsam? Wo liegen die Differenzen? Wo habe ich Elemente der Vorbilder weitergeführt? Ich behandle nur die hervorstechendsten Elemente. Alle können freilich noch nicht vorkommen, weil sonst die nachfolgenden Abschnitte hier schon im Kern vorweg aufträten. Ein solcher Kurzauftritt hinterließe auch viele Fehleindrücke.

Der Vergleich mit den historischen Vorbildern gilt vor allem jenen Pädagogen, die sich konzeptionell geäußert und Beispiele gegeben haben. Deshalb konzentriere ich mich zunächst auf Kilpatrick/Dewey und Blonskij/Makarenko. Auf die deutschen Reformpädagogen gehe ich später ein.

Der folgende Abschnitt setzt die Kenntnis des vorhergehenden voraus, da ich hier die Aussagen nicht speziell begründe.

Wenn Sie wissenschaftlich interessiert sind, sollten Sie den Methodologieabschnitt 8b lesen; sofern sie es nicht schon getan haben.

John Dewey

Gemeinsamkeiten in Stichworten

1. Umfassender Gegenstand bzw. umfassendes Gebiet (kein unnötiges Lernen parzellierter, nicht integrierbarer Fertig-

keiten, kein dauerndes Üben an nutzlosen, künstlichen Übungsstücken).

2. Eigene Planung und Abstimmung über nötige Arbeitsteilung.

3. Beteiligte haben von Anfang bis Schluß Einsicht in Planung, Ausführung etc. (keine bedingungslose Ausführung zentraler Befehle wie bei Blonskijs Kommandanten).

4. Wechsel der Sozialformen (Kleingruppen, Großgruppen, Berichte im Plenum, auch Einzelarbeit).

Konzeptioneller Vergleich

1. John Dewey vertrat folgende Auffassungen: Sinn und Wert entstehen durch die Beschäftigung mit Problemen, wie sie alltäglich vorkommen. Allerdings muß die Problemlösung dem Muster folgen, das Naturwissenschaftler anwenden (Hypothesen bilden, Lösungen entwerfen, ausprobieren). Dieses Vorgehen entspricht einem »vollständigen Denkakt«.
Wenn man so vorgeht, bilden sich Lebenssinn und Demokratie. Erst das experimentierende Umgehen mit Kulturgütern (z.B. Latein, Mathematik) stiftet Wert, Sinn, Bildung, Demokratie – und nicht das Kulturgut an sich.
Die Konzeption in diesem Buch deckt sich nur in einem Punkt mit Dewey. Er betrifft den letzten Satz der vorausgehenden Ausführungen: Theorie, Wissenschaft, Kulturgüter, wie sie unsere Schulfächer anbieten, sind aus sich heraus noch nicht Bildung und nicht von vornherein mit pädagogischem Sinn ausgestattet. Ich kann mir aber nicht vorstellen, daß man mit Dewey dann zu Lebenssinn und Demokratie gelangt, wenn man die Methode des experimentierenden Wissenschaftlers auf alle Lebensbereiche ausbreitet. Folglich kann sich nach meiner Konzeption die Projektmethode nicht allein auf das experimentierende Tun stützen.

2. Sofern kulturelle Schöpfungen nicht aus sich heraus Sinn stiften, bietet auch Deweys experimentierende Demokratie

keinen Ersatz. Auch die Erfahrung im spezifisch dewey-schen Verständnis löst das Problem nicht. Es entsteht näm-lich eine Kluft zwischen Denken und Tun.

Vielmehr ist curriculare Legitimation gefragt. Diese ent-steht im Projekt unter anderem durch folgende Maßnah-men: Die Beteiligten beraten über die Projektinitiative. Sie verständigen sich auf das weitere Vorgehen und entwickeln abgestimmt ihr Betätigungsgebiet.

3. Die theoretischen Unterschiede zwischen dieser Konzepti-on und der von Dewey und Kilpatrick greifen recht tief. Hier stiftet die Legitimation durch die Beteiligten Sinn, dort die Zielgerichtetheit und Offensichtlichkeit des Pro-blems. Hier sind Interaktion und auch Verständigung mit Externen grundlegend, dort muß das Projekt als effektive Lösung des Problems stattfinden. Hier wird Gutes durch die Selbstäußerung der Beteiligten in einem Verständi-gungsrahmen erwartet, dort von der Verallgemeinerung der experimentellen Methode auf alle Lebenslagen. Hier sollen der Wechsel von Tätigkeiten und Metainteraktion, dort die Abfolge von selbsterstelltem Plan und geordneter Ausfüh-rung bildende Kraft erzeugen.

Die ganzseitige Gegenüberstellung in diesem Abschnitt mag die Unterschiede und Gemeinsamkeiten weiter verdeutli-chen.

Eine besondere Problematik bei Dewey

ruft seine Verbindung des Projekts mit der Denkpsychologie hervor. Die Verknüpfung ist in sich schon problematisch. Zwar werden die meisten menschlichen Aktivitäten durch einen denkerischen Vorlauf (cognitive mapping u.ä.) gesteuert. Vie-le Handlungen decken sich mit kognitiven Prozessen. Aber ebensoviele emotionale, motorische und interaktive Disposi-tionen des Menschen müssen verkümmern, wenn man die Projekte nach Deweys »vollständigem Denkakt« aufbaute.

Projekt nach John Dewey		Projektmethode nach der Konzeption in dieser Schrift
Beginn durch gestelltes oder offensichtliches Problem aus Erfahrungsraum der Teilnehmer	↔	Beginn durch Projektinitiative; jede Person kann Idee, Anregung, Aufgabe, Stimmung, Problem, Erlebnis, Betätigungswunsch o.ä. vorschlagen
Durch Problem ist allgemeines Bildungsziel gegeben; Bildungsprozeß hat begonnen	↔	Projektinitiative ist noch offen (neutral); Bildungsprozeß muß sich erst allmählich konstituieren
Besondere Verständigung nicht vorgesehen (z.T. durch Anerkennung des Problems vorausgesetzt)	↔	Verständigung über Form der Interaktion zwischen den mittelbar (und unmittelbar) Beteiligten (damit Legitimation des Bildungsprozesses)
Legitimatorisches Element nicht als solches herausgestellt (dafür Bildungsrelevanz des Tuns, z.T. durch Problem, Planerstellung und Experiment gegeben)	↔	Vertiefung der Legitimation (auf der Basis von Verständigung über Interaktion) durch Bedürfnisäußerung der Beteiligten, Diskussion des Zusammenhangs der Projektinitiative und durch Verständigung über Fassung der Projektinitiative
Erstellen eines Planes zur Problemlösung, dadurch Präzisieren der Zielrichtung (damit auch mehr eigene Motivation)	↔	Nicht in dieser Form vorgesehen; erweitert zu:
Nicht vorgesehen	↔	Weiterentwicklung der Projektinitiative zu Betätigungsgebiet(en) (einschl. Projektplan als Beschreibung der Qualität der Tätigkeit
Experimentierendes Tun (Simulieren, Probieren der Problemlösung)	↔	Nicht speziell vorgesehen
Ausführen des Planes als Problemlösung oder Einstellung eines Produtes	↔	Verstärkte Aktivitäten im Betätigungsgebiet; Realisieren des Vorhabens
Nicht vorgesehen: Diskussion über Sach- und Beziehungsprobleme	↔	Metainteraktion und Fixpunkte in mehr oder weniger regelmäßigen Abständen
Bei Bedarf abgestimmte arbeitsteilige Ausführung	↔	Bei Bedarf abgestimmtes arbeitsteiliges Tun
Praktische Nutzung des Ergebnisses und Übergang zu neuem Projekt	↔	Ende des Projektes – bewußter Abschluß (evtl. Produkt) oder – Auslaufen lassen oder – Rückkoppeln zur Projektinitiative

Dieser sieht folgendermaßen aus:
1. Begegnung mit der Schwierigkeit
2. Lokalisierung, Präzisierung
3. Lösungsansatz
4. Simulation der logischen Lösungsmöglichkeiten
5. Experimentelle Prüfung der Lösungsansätze (1933, 107ff.).

Einer so strukturierten Projektpraxis stünde dasselbe Ende bevor wie dem Herbartianismus. Es entstünde ein dürres Ablaufgerüst, das die Beteiligten nach dem 5. oder 6. Projekt langweilen würde. Deshalb sollten auch meine Vorschläge nicht sehr strikt und nicht immer in derselben Reihenfolge angewandt werden. Übrigens betrachtete auch Dewey Denken und Unterricht nicht als schematische Abläufe.

Deweys Ansatz ist in gewisser Weise stark vereinfachend. Obwohl er die Bedeutung von Kommunikation und Partizipation hervorhebt, sieht er in seinem Unterrichtskonzept keine organisatorischen Strukturen wie Metainteraktion und Fixpunkte vor. Überspitzt gesagt geht es bei Deweys Unterricht allein um Sachprobleme, den Beziehungsaspekt und die Ebene des sich selbst reflektierenden Subjekts thematisiert er nicht. Seine Pädagogik fußt auf einer kognitiven Theorie des Problemlösens (Bonne, 1980).

Ein weiterer Unterschied. Probleme sind für Dewey einfach da. Nach dem Go-West-Motto:»Es gibt viel zu tun. Packen wir's an!« Die Definition des Problemraumes, die soziale Konstruktion des Problems und die je subjektive Beteiligung daran sind für ihn kein Thema.

Pavel Blonskij/Anton Makarenko

Gemeinsamkeit in Stichworten

1. Die Lernenden sollen der Welt als Ganzheit begegnen lernen.

2. Die schönen Künste, die Kultur und Freizeit sollen der Arbeit näherkommen und umgekehrt. Sie sollen aber nicht zu einem ständigen Amalgam werden.

3. Arbeitsteilung muß ihre Vorteile ausweisen. Sie hat nicht zum voraus das Prädikat »gut«. Sie verbucht nicht automatisch einen Gewinn für Menschlichkeit.

4. Körperliche Betätigung, Gefühlsäußerung, intellektuelle Aktivierung und auch zwischenmenschliche Beziehung sind möglichst integrierte Bestandteile des Curriculums.

Konzeptioneller Vergleich

1. Kultur und Arbeit sollten möglichst zusammenkommen, ineinander übergehen (P. Blonskij, A. Makarenko). Angestrebt wird eine umfassende Menschenbildung, die Kopf und Hand vereint. Das vorliegende Konzept möchte aber nicht nur entfremdende Trennung von Kopf- und Handarbeit im Sinne von Blonskij und Makarenko kleinhalten. Es geht weiter. Es orientiert sich eher an Johann H. Pestalozzis Menschenbildung. Allerdings haben Interaktion und Tätigkeit einen erheblich höheren Stellenwert als bei Pestalozzi. Soll zudem das erzieherische Verhältnis im Sinne der geisteswissenschaftlichen Pädagogik nach Wilhelm Dilthey curriculares Handeln leiten, darf der Pädagoge die Vorstellungen von Menschenbildung nicht in so scharfen Konturen wie Pestalozzi vorzeichnen.

2. Will man Kopf- und Handarbeit, Kultur und Arbeit einander näherbringen, ist der marxsche Arbeitsbegriff als Denkgrundlage nicht ausreichend. Diese Kritik gilt vor allem dem Arbeitsbegriff in den späteren Schriften. Der junge Marx dagegen hat in den ökonomischen Analysen der Arbeit anthropologische Fragestellungen verfolgt, die im Sinne des letzten Abschnittes 1. eher pädagogisch tragen. Dasselbe gilt für den Arbeitsbegriff Makarenkos, obwohl er von Gorki beeinflußt ist. Anstelle des Arbeitsbegriffes muß ein

offener Begriff menschlicher Tätigkeit treten (vgl. Walgenbach 1979). Der Tätigkeitsbegriff wiederum hat seine Grundbestimmung im genannten erzieherischen Verhältnis.

3. Auch der Arbeitsbegriff im blonskijschen Sinne als »Soziale Arbeit« ist zu eng geführt. Er ist auf den ökonomischen Aspekt abgestellt. Er besitzt Analysekraft für Makrostrukturen des Bildungswesens. Er kann dem erzieherischen Verhältnis theoretisch aber nicht gerecht werden. (Bei dieser Kritik muß eine Differenzierung beachtet werden, sonst entsteht ein Mißverständnis: Wenn ich den Begriff Arbeit als unpädagogisch bezeichne und dies mit dem erzieherischen Verhältnis und dem danach folgenden Curriculumkonzept begründe, dann ist der Ausdruck als begrifflich-theoretische Größe, insbesondere als theoretisches Fundament der Pädagogik gemeint. Diese Kritik kann dem Rang von Blonskij, Makarenko oder Marx als pädagogischen Autoren keinen Abbruch tun. Makarenko, Blonskij und auch der junge Marx haben pädagogische Haltungen, Phänomene, Episoden und Fehlformen geschildert, die Aspekte des erzieherischen Verhältnisses aufs Schönste veranschaulichen.)

4. In der Projektmethode kommen keine eingesetzten Kommandanten wie bei Blonskij und Makarenko vor. Weder »Gehorchen« und »zentrale Anordnungen ausführen«, noch »Befehle erteilen« sind wichtige Ziele der Projektmethode. In diesem Punkt setzt sich unser Konzept auch von der kerschensteinerschen Arbeitsschule ab. Die Highlights der hier vorgetragenen Konzeption sind vielmehr: Kooperation, Aushilfe und abgestimmte Arbeitsteilung, wo sie als sinnvoll erachtet werden.

5. Makarenkos produktionsorientierter, polytechnischer Unterricht und Blonskijs Industrieschule sind keine notwendig strukturellen Voraussetzungen der Projektmethode. Auch der umgekehrte Zusammenhang besteht nicht grundsätzlich.

b) *Exkurs: Methodologie*

Ich möchte hier kurz zusammenfassen, wie ich zu der Projektmethode gekommen bin, wie sie in diesem Buch erscheint. Vor allem Ulrich Schäfer hat mehrmals darauf hingewiesen, ich solle die Differenz zwischen meiner Konzeption, den historischen Vorbildern und anderen Konzeptionen noch deutlicher herausarbeiten. Diesem Wunsch will ich dadurch nachkommen, daß ich die Vorgehensweise in Stichworten zusammenfasse.

1. Konzeption und Gestalt der Projektmethode sind in diesem Buch neu, d.h. ich habe nicht die Summe aus allen historisch vorfindlichen Ideen und Praktiken im Einzugsbereich des Ausdruckes Projekt gebildet. Ich habe auch nicht eine mittlere Linie ohne die Extrempositionen gesucht. Ich habe auch nicht die Geschichte der Projektmethode fortgeschrieben, denn die Geschichte enthält viel zu viele Variationen. Man kann sie nicht extrapolieren. Das sehen Sie im Abschnitt über die Wortgeschichte zum Projekt. Zudem kann man als Theoretiker nicht so mit Geschichte umgehen. Das mindeste wäre ein hermeneutisches Vorgehen. Angesichts der Vielfalt von Ideen und Praktiken zur Projektmethode hätte ein solches Buch praktisch Interessierte eher handlungsunfähig gemacht, als ihnen Handlungsoptionen eröffnet.
   Somit habe ich eine Neukonzeption vorgelegt.
2. Die Neukonzeption wurde nicht von Null weg entwickelt. Vielmehr habe ich drei Fundamente benutzt. Anstatt Fundamente könnte man auch sagen: gedankliche Quellen oder formierende Referenzen. Für die theoretische Basis war ich in einer komfortablen Lage. Ich konnte meine eigene Allgemeine Curriculumtheorie benutzen, die damals schon ausgearbeitet war.
3. Erste formierende Referenz: die Allgemeine Curriculumtheorie. Sie ist eine neue Art allgemeiner Bildungstheo-

rie. Der Anwendungsteil mit einer ganz kurzen Einführung steht im Abschnitt »Idealer Curriculumprozeß«. Die Entwicklung meiner Projektmethode ist somit in einem Bildungsbegriff verortet. Nur ist es eben nicht ein herkömmlicher Bildungsbegriff, sondern ein curriculumtheoretischer. Der genannte Abschnitt erklärt die Differenz zwischen herkömmlichem und neuem Bildungsbegriff.

4. Die zweite formierende Referenz sind die historischen Vorbilder, und zwar diejenigen, die der entsprechende Abschnitt über historische Vorbilder aufführt. Dort nenne ich auch bei jeder Persönlichkeit jene Aspekte, die ich wahrgenommen hatte und die mit dem curriculumtheoretischen Rahmen nicht in Widerspruch gerieten. Die Allgemeine Curriculumtheorie hatte nämlich bei mir Priorität vor einem bestimmten historischen Vorbild. Es ging ja um eine Neukonzeption. Zudem kann man als Theoretiker nicht anders vorgehen. Das ist mit ein Grund dafür, warum ich mir erlauben konnte, auch jemanden wie Lietz oder Makarenko zum Vorbild zu erklären, obwohl sie in einer Wortgeschichte gar nicht auftauchen würden.

Bei diesen historischen Vorbildern gab es also solche mit näherer und entfernterer Verwandtschaft zu mir. Der curriculare Rahmen beeinflußte den Verwandtschaftsgrad. Die größte Nähe entstand zu Kilpatrick. Zentral ist sein kurzer Aufsatz mit dem Titel »The Project Method« (1918). Dabei hatte er viele Anleihen bei Dewey gemacht. Weil sein geistiger Vater Dewey einige kritische Worte äußerte, ging er später zu seiner eigenen Arbeit auf Distanz. Aber er war es, der als erster wesentliche Gedanken formuliert hat, die mit meiner Konzeption verwandt sind. Nach den Archivstudien von Michael Knoll können wir heute sogar annehmen, daß er sich mit seiner Arbeit profilieren wollte und wohl gar nicht mit dem Herzen bei der Sache war. Und trotzdem möchte ich Kilpatrick und seinem Geistesquell John Dewey meinen historischen Respekt bezeugen. Kilpatrick hat in meiner Ahnengalerie einen der Ehrenplätze. Wie sich die historischen Vorbilder in der Neukonzeption wiederfinden, ist bei den einzelnen Persönlichkeiten ausgewiesen. Zu den wichtigsten habe ich eigene Vergleichstafeln erstellt. Der Stellenwert des Abschnitts über die historischen Vorbilder müßte damit hinreichend erläutert sein. Es ist keine Geschichte der Projektmethode, sondern die inhaltliche Ahnengallerie dieser Neukonzeption, wobei die Allgemeine Curriculumtheorie die Auswahl wesentlich gesteuert hat.

5. Dritte formierende Referenz: Dies sind meine normativen Vorstellungen, genauer meine pädagogischen Ziele. Diese habe ich an den entsprechenden Stellen offengelegt. Nicht unerheblichen Einfluß hat mein Hintergrundwissen. Als ich die Projektmethode schrieb, hatte ich 15 Jahre in der Berufspraxis gestanden. Während dieser Zeit hatte sich viel Hintergrundwissen gebildet, das Wissenschaftstheoretiker »tacit knowledge« nennen. Es ist nur redlich, dies hier zu erwähnen. Ich habe mich bemüht, dieses »stille Wissen« an die Oberfläche zu holen und zu deklarieren. Das ist z.b. beim Ablaufschema mit den sieben Komponenten geschehen.

9. Besonderer Bedarf in der Schule

Erster Grund: Wir nehmen an, die Schule soll einen Beitrag zur individuellen Entfaltung und zur gesellschaftlichen Entwicklung leisten. Sie soll in das Übernehmen konkreter Verantwortung einüben. Sie soll das Mitgestalten von Situationen in unserem täglichen Leben als Möglichkeit und Aufgabe erfahrbar machen. Sie soll eine produktive Phantasie fördern.

Man kann wohl auch sagen: Sie soll die Jugendlichen an die Bürgerpflichten und Bürgerrechte heranführen. Gerade dafür scheint die Projektmethode ein geeignetes Mittel zu sein, denn mit ihr kann man lernen, in einem größeren Rahmen selbständig zu handeln.

Zweiter Grund: Die Schule hat sich an vielen Stellen vom Leben um sie herum gelöst. Eine Kluft hat sich aufgetan. Mit der Projektmethode soll versucht werden, die Kluft zwischen der Welt von Schule und der Welt von Nicht-Schule an einigen Orten zu überbrücken. Die Projektmethode trägt mit folgenden Absichten dazu bei:

Die Projektmethode

- fördert eher Zusammenarbeit, Rücksichtnahme und gemeinsames Schaffen als Konkurrenzverhalten;
- gilt immer realen Situationen und Gegenständen, wie sie meist auch außerhalb der Schule vorkommen;
- spricht kognitive, motorische und affektive Bereiche an (Kopf – Herz – Hand im psychologischen, aber auch im anthropologischen Sinne von Pestalozzi);
- orientiert sich besonders an persönlichen Fähigkeiten des Schülers, um diese möglichst optimal entfalten zu können;
- versucht, persönliche Bedürfnisse des Schülers zu berücksichtigen;
- erleichtert kurz- und mittelfristige Motivation für die Erreichung gemeinsamer Ziele;
- fördert die Koppelung, vielleicht sogar die Synthese schulischer und außerschulischer Lernbereiche;
- kann ein Bindeglied zwischen den einzelnen Fächern darstellen;
- trägt zur ständigen, inneren Erneuerung der Schule durch Eingehen auf aktuelle Betätigungsbedürfnisse und Fragestellungen bei.

Diese Absichten stehen als bekannte Selbstverständlichkeiten in fast allen Bildungsartikeln der Staatsverfassungen in Schulgesetzen und Lehrplanpräambeln. Sie sind aber keine Selbstverständlichkeiten der Schulpraxis. Was Lehrer/innen tun (müssen), entspricht den Zielen nur sehr bedingt.

Einige Fakten: G. Nuthall und I. Snook faßten (1977, 59) drei umfangreiche Untersuchungen über die Häufigkeit der verschiedenen Unterrichtsformen zusammen. Wir erfahren hier, daß Lehrer/innen den Unterricht folgendermaßen gestalten:

»a) 18 bis 22% der Zeit vortragen oder vortragen und vorführen oder Materialien vorzeigen;

b) 20 bis 30% der Zeit, in Frage-Antwort-Form mit den Lernenden üben oder diskutieren; (wobei diese Form von Unterricht häufig durch kürzere Vorträge unterbrochen wird);

c) 14 bis 24% der Zeit vorführen oder vorzeigen von Gegenständen in Verbindung mit der Frage-Antwort-Form der Diskussion;

d) 25 bis 45% der Zeit, die Schüler/innen bei individueller geistiger oder körperlicher Arbeit beaufsichtigen.«

Nach den großen Studien von Hage und Mitarbeitern (1985) verbringen deutsche Schüler etwa 75% der Zeit im lehrerzentrierten erarbeitenden Unterricht, unterbrochen von zwischen 4–10 Minuten Ausführungen der Lehrperson.

Wenn wir als Lehrer/in in der Schule auch nur in etwa dieses Verhaltensmuster praktizieren, kommen mehrere zentrale Lernprozesse zu kurz. Dazu gehören: Selbständig werden, Verantwortung als Staats- und Erdenbürger tragen lernen, aktive Mithilfe gegenüber Mitbürger/innen entwickeln (Solidarität), sich kritisch und konstruktiv mit der Entwicklung der Lebensbedingungen befassen, sich zu ihnen in Distanz setzen.

Insgesamt fehlt vor allem das *Tun der Schüler/innen, das sie selbständig durchführen und mitverantworten müssen.* Die Projektmethode kann dieses Defizit nicht allein wettmachen. Sicher aber kann sie einen Beitrag leisten.

Ein vertiefender Gesichtspunkt zum Thema: Die dargelegten Argumente für die Projektmethode beruhen auf einigen empirischen Daten und auf Zielen der Schule, für die ein breiter Konsens behauptet wird. Eine andere Qualität von Argumenten entsteht, wenn die Verhältnisse in der Schule mit Hilfe von

Theorien analysiert werden. Diesen Weg beschreitet Suin de Boutemard mit seiner Analyse »Schule, Projektunterricht und soziale Handlungsperformanz« (1975). Er analysiert unter Berücksichtigung des Begriffs der strukturellen Distanz und unter Verwendung von Figuren des symbolischen Interaktionismus (vor allem Schütz, Blumer, Garfinkel, Berger/Luckmann) das Handlungssystem Schule in Hinsicht auf die Notwendigkeit von Projektunterricht. Der zweite und dritte Hauptabschnitt des Buches gehören sicher zur Pflichtlektüre eines jeden Theoretikers der Projektmethode in der Schule.

Weitere Literatur finden Sie im Abschnitt 36b über Projekte in Schulen; dazu auch Rumpf 1973; Kreft 1974; Stork 1972; Michaelis 1978.

Ein Nebenhinweis zu der obigen Studie von Nuthall und Snook:

Sie können das Ergebnis mit Ihrem Unterricht vergleichen. Zeichnen Sie die 4 Kategorien (a–d) auf einem Blatt auf. Legen Sie in Ihrem Wochenplan 5 Stunden, verteilt über die Wochen- und Tageszeit, fest. Machen Sie in jeder Stunde jeweils nach 10 Min. bei jener Kategorie einen Strich, die überwiegend vorkam; das ganze 8 Wochen lang.

Das Grundmuster der Projektmethode

10. Bedarf und Problematik eines Schemas

Die Überschrift könnte auch lauten: Wie mit dem Schema vom folgenden Abschnitt 1 umgehen? Ich will die Antwort in fünf Bemerkungen fassen:

Bemerkung
an Leser, die wie ich das Schema konzeptionell verortet haben möchten
Der folgende Abschnitt mit dem Schema ist eine Zusammenfassung. Er schließt die Rückschau auf die Geschichte und die konzeptionelle Grundlegung ab. Er zeigt im Überblick die Komponenten der Projektmethode.

Bemerkung
an Pragmatiker und Freunde der guten Implementation
Der erste Entwurf enthielt keine Synopse und kein Schema. Die Rückmeldungen signalisierten aber einen starken Bedarf. Die Leser/innen mußten offensichtlich zu viel Mühe aufwenden, um den Überblick zu gewinnen. So skizzierte ich halb widerwillig ein Schema.

Im Aufbau der Schrift gewann das Schema dann doch an Bedeutung. Es zwang den Schreiber und zwingt die Leser/innen, sich nach verschiedenen Annäherungen in den 9 ersten Abschnitten den spezifischen Ansatz der Projektmethode auch im Ablauf deutlich zu machen. Ohne ein solches Bemühen bleibt vieles zu isoliert. Zu viele Déjà-vu-Eindrücke machen glauben, man kenne die Projektmethode. Und doch bleibt sie fremd, weil sie als Dramaturgie nicht verfügbar ist. Darin liegt auch der Nachteil der Ansätze, die die Projektmethode durch Merkmale beschreiben.

Bemerkung
an Kenner/innen der amerikanischen Projektidee
Wenn Sie die Projektmethode in der Variante von Kilpatrick kennen, werden Sie beim ersten Anlauf Verständigungsschwierigkeiten bekommen. Oder Sie müssen sich Zeit nehmen, um die Begriffe zu meditieren. Dies kommt freilich nur auf Sie zu, wenn Sie erst hier einsteigen. Deshalb empfehle ich Ihnen, den leichteren Weg zu gehen. Er führt über den Abschnitt 7c »Pragmatismus in den USA« und 8 a »Verhältnis zu den historischen Vorbildern: Übernahme und Weiterführung«.

Bemerkung
an die konsequenten Projektmethodiker/innen, die ein Schema eigentlich als Stilbruch deklarieren müßten
Diese Vorrede ist für mich die ernsthafteste. Die Projektmethode soll zum selbständigen Arbeiten anleiten. Sie hilft, lernend Wirklichkeit zu konstituieren und zielt auf Selbstorganisation. Darüber hinaus ermöglicht sie bildenden Umgang mit den unterschiedlichen Lebensbereichen. Weder soll – wie in den meisten deutschen Didaktiken – ein bestimmtes Kulturgut vorausgesetzt sein, das erst Bildungsinitiativen ermöglicht, noch soll die Didaktik selbst als Oberkulturgut den tätigen Menschen in den Stand der Bildsamkeit versetzen.

Daher sollte diese Schrift über die Projektmethode mit Schemata und verfestigenden Anleitungen sparsam umgehen.

Bemerkung
an konzeptionell Interessierte
Ich habe mich entschieden, das Schema mit »Grundmuster der Projektmethode« zu überschreiben. Der Ausdruck »*Grund*muster« soll anzeigen, daß Sie sich nicht eng an die 7 Komponenten des Schemas gebunden fühlen sollen.

Das Schema stellt einen idealisierten Projektablauf dar. Dies ist ein bestimmter Schnitt durch die Projektmethode. Er zeigt die Hauptaktivitäten im zeitlichen Ablauf. Die Betonung der Handlung entspricht dem curriculumtheoretischen Verständnis in diesem Buch.

Man hätte andere Schnitte legen können, z.b. einen, der die Rechtfertigungsorte oder -verfahren zeigt; einen, der das Ausmaß der Verinnerlichung der Aktivitäten durch die Beteiligten hervorhebt; einen, der die Zustände von Offenheit und Geschlossenheit illustriert; einen, der die Wechsel von kommunikationsintensiven und anderen Aktivitäten veranschaulicht.

15 Jahre nach Abfassung des Buches hat sich gezeigt: *Werden Lernende in offenen Lernsituationen angeleitet,* Prozeßziele und Zwischenziele zu setzen, sind sie erfolgreicher (Ertmer et al. 1996). Genau das tut die Projektmethode.

11. Das Grundmuster der Projektmethode

Das Schema auf der nächsten Seite wird nur kurz erläutert. Die ausführliche Beschreibung steht in den Abschnitten 13 bis 19.

① Projektinitiative

Ein Mitglied der Lerngruppe oder ein Außenstehender regt ein Projekt an. Die Betreffende äußert eine Idee, ein bemerkenswertes Erlebnis, einen Betätigungswunsch, skizziert eine Aufgabe oder macht auf ein Kulturgut aufmerksam. Diese Initiative versteht sich als Angebot. Sie richtet sich an die künftigen Projektteilnehmer/innen. Ob daraus ein Projekt entsteht, entscheidet sich in der folgenden Komponente, also am Schluß der Auseinandersetzung über die Projektinitiative.

oder v. vorte !

Grundmuster der Projektmethode
(dargestellt anhand eines idealisierten Projektablaufes)

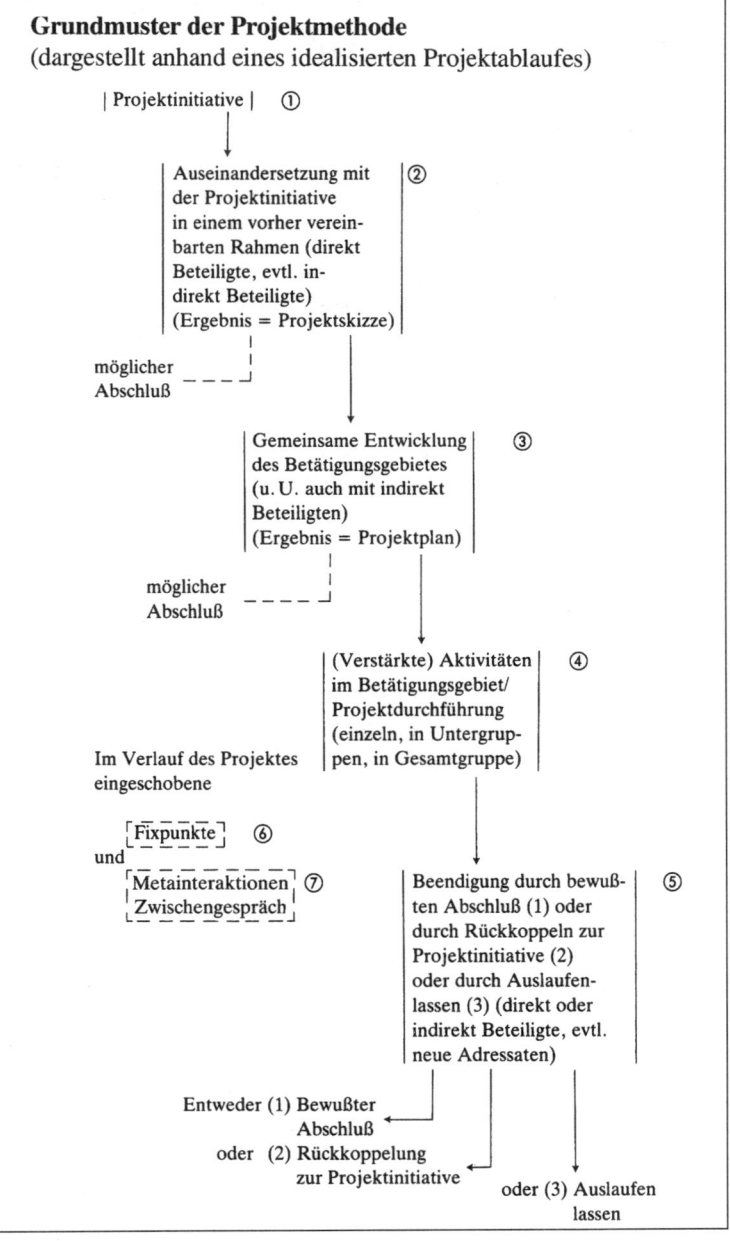

| Projektinitiative | ①

Auseinandersetzung mit ②
der Projektinitiative
in einem vorher verein-
barten Rahmen (direkt
Beteiligte, evtl. in-
direkt Beteiligte)
(Ergebnis = Projektskizze)

möglicher
Abschluß

Gemeinsame Entwicklung ③
des Betätigungsgebietes
(u. U. auch mit indirekt
Beteiligten)
(Ergebnis = Projektplan)

möglicher
Abschluß

(Verstärkte) Aktivitäten ④
im Betätigungsgebiet/
Projektdurchführung
(einzeln, in Untergrup-
Im Verlauf des Projektes   pen, in Gesamtgruppe)
eingeschobene

Fixpunkte ⑥
und
Metainteraktionen ⑦   Beendigung durch bewuß- ⑤
Zwischengespräch   ten Abschluß (1) oder
                             durch Rückkoppeln zur
                             Projektinitiative (2)
                             oder durch Auslaufen-
                             lassen (3) (direkt oder
                             indirekt Beteiligte, evtl.
                             neue Adressaten)

Entweder (1) Bewußter
          Abschluß
oder (2) Rückkoppelung
     zur Projektinitiative   oder (3) Auslaufen
                                            lassen

77

Zwei Merkmale sind für die Projektinitiative charakteristisch:

Offene Ausgangssituation (= Merkmal 1)
Die Projektinitiative stellt zunächst eine offene Ausgangssituation dar. Auch wenn eine Projektinitiative auf dem Tisch liegt, ist die Projektdurchführung noch keine ausgemachte Sache. Die Anwesenden müssen sich erst noch darüber klarwerden, ob und in welcher Form sie die Projektinitiative aufgreifen. Dieses Vorgehen hat den Vorteil, daß zunächst einmal alle Gegenstände und Ereignisse Projektinitiative werden können. Das heißt: Die Projektinitiative ist noch

ohne Bildungswert (= Merkmal 2).
Dieses Merkmal hat zwei Seiten. Die Projektinitiantin ist nicht verpflichtet, zum voraus einen pädagogisch wertvollen Sachverhalt vorzuschlagen (einen guten Film, ein wissenschaftliches Thema, eine komplexe Fragestellung). Grundsätzlich sind alle Erscheinungen unseres Lebens sowie der natürlichen und hergestellten Umwelt würdig, Gegenstand einer Projektinitiative zu werden. Das heißt aber auch, daß die Projektinitiative nicht offenkundig sozial oder ökologisch oder sonstwie problemhaltig sein muß. Die Projektinitiative wird für die Beteiligten erst allmählich zur Bildung indem sie sich mit ihr in einer bestimmten Weise auseinandersetzen (Komponente 2) und zu einem Betätigungsgebiet entwickeln (Komponente 3).

(Hinweis: Der Abschnitt 13 beschreibt die vielfältigen Möglichkeiten, zu Projektinitiativen zu kommen.)

② **Auseinandersetzung mit der Projektinitiative in einem vorher vereinbarten Rahmen (Ergebnis = Projektskizze)**

In dieser zweiten Komponente sind zwei Elemente enthalten.

Erstes Element: Zunächst stecken die voraussichtlichen Teilnehmer/innen einen Rahmen für die Auseinandersetzung mit der Projektinitiative ab, so z.B. ein Zeitlimit. In diesem Falle legen die Anwesenden den Zeitpunkt fest, an dem die Beratung über die Projektinitiative abgeschlossen sein sollte. Je nach Voraussetzung kann die Zeitspanne einige Minuten oder auch Stunden umfassen. Der Rahmen kann auch einige Spielregeln für die Auseinandersetzung vorgeben. Die Regeln sind z.b. darauf ausgerichtet, möglichst alle zu Wort kommen zu lassen, möglichst alle menschlichen Betätigungsformen zu fördern (auch Gefühlsäußerungen und motorische Bewegungen). Indem sich die Teilnehmer/innen auf einen gewissen Rahmen einigen, schaffen sie eine Verständigungsbasis. Sie sorgen dafür, daß nicht »irgendeine« Auseinandersetzung über die Projektinitiative Platz greift, sondern daß die Auseinandersetzung in einem Rahmen abläuft, über den man sich verständigt hat.

Zweites Element: Dieses besteht in der eigentlichen Auseinandersetzung mit der Projektinitiative. Sie schließt Kommunikation in Worten, Gesten und Mimik ein. Sie stellt einen Aushandlungsprozeß dar. Auseinandersetzung hat also erstens einen sozialen Aspekt.

Die Auseinandersetzung mit der Projektinitiative besitzt zweitens einen Aspekt »Gebiet«. Die Teilnehmer/innen gehen auf die Initiative ein. Sie finden weitere Betätigungsmöglichkeiten, äußern Kontaktwünsche, nennen kompetente Fachleute usw. Das Thema wird zunächst komplexer, was die Chance erhöht, miteinander einen Konsens zu finden. Die Teilnehmer/innen versuchen nicht nur, der subjektiven Äußerung des Initianten gerecht zu werden. Sie werden zugleich selbst aktiv durch die Äußerung eigener Bedürfnisse und Betätigungswünsche.

Meistens bleiben die Teilnehmer/innen bei der Auseinandersetzung mit der Projektinitiative nicht alleine. Der Volkshochschulkurs, die Lehrlingsklasse, das Spontanteam agieren in einer Umgebung von Vorgesetzten, Zulieferern und anderen Kontaktpersonen. Diese stellen die Gruppe der mittelbar Beteiligten dar. Oft ist es angezeigt, schon in der Auseinandersetzung über die Projektinitiative die mittelbar Beteiligten mit einzubeziehen. Die Auseinandersetzung mit der Projektinitiative kann mit einem negativen Ergebnis enden. Die Projektinitiative findet keine Zustimmung oder ist aus anderen Gründen nicht umsetzbar. Das Projekt erreicht seinen Endstand nicht. Es wird abgebrochen. Im positiven Fall mündet die Auseinandersetzung in einer Projektskizze.

(Hinweis: Der Abschnitt 14 illustriert an Beispielen, wie eine Verständigung zu erzielen, die Auseinandersetzung mit der Projektinitiative durchzuführen und eine Projektskizze anzufertigen sind.)

③ **Gemeinsame Entwicklung des Betätigungsgebietes (Ergebnis = Projektplan)**

Diese Komponente schließt an die Auseinandersetzung über die Projektinitiative an. Die Teilnehmer/innen äußern nun, was sie im einzelnen tun möchten. Sie arbeiten die bildungsbedeutsamen Punkte heraus. Sie scheiden das Machbare von den puren Wünschen und übertriebenen Vorstellungen. Vor allem Kinder schlagen in der Initiative zunächst oft überdimensionierte Unternehmungen vor. Hier sind die konkreten Pläne zu schmieden. Das Zeitbudget ist zu erstellen.

Der Arbeitsplan ist aber nur *ein* mögliches Produkt dieses Schrittes. Diese Komponente kann auch genutzt werden, um sich auf ein Endprodukt zu konzentrieren (Gerät, Ausstellung, Theaterstück, Dokumentation usw.). Für die Projektmethode ist das anfaßbare Resultat aber nicht unabdingbar. Das anvisierte Produkt kann zwar die Tätigkeiten strukturieren, wesentlicher ist aber herauszuarbeiten *wer, wie, was tut.*

Entscheidend ist also, daß die Teilnehmer/innen der Projektinitiative ihre persönlichen Konturen verleihen, indem sie sagen, was sie tun möchten und feststellen, was zu tun ist. Dabei sind Form und Qualität des Tuns ausschlaggebend. Wenn eine Klasse ihren Starenkasten baut und selbstverständlich die beste Zeichenschülerin die Aufrisse zeichnet und der Schreinersohn die Bretter zusammennagelt, kann die Bildungswirkung des Projektes verpuffen. Hierin liegt die Bedeutung der Komponente Entwicklung des Betätigungsgebietes. Sie dient dazu auszumachen, *wer etwas tut, wie jemand etwas tut und unter Umständen auch, warum jemand etwas tut.*

Um dies zu erreichen, äußern die Teilnehmenden ihre Gestaltungswünsche, ihre kritische Sicht, ihre negativen Erfahrungen von früher. Sie entwickeln Vorformen des künftigen Tuns. Sie probieren etwas aus oder simulieren künftige Abläufe. Sie stellen fehlendes Vorwissen fest und eignen es sich gegebenenfalls an. Sie beschäftigen sich konkretisierend und planend mit der Initiative, so daß sich allmählich herausschält, was die Teilnehmer/innen intensiver tun werden.

Es versteht sich von selbst, daß die anfangs erzielte Verständigung über die Auseinandersetzung gerade hier ihre Geltung haben muß. Sie trägt dazu bei, die Auseinandersetzung vom Niveau des reinen Interessenausgleiches auf ein Niveau von Bildung zu heben. Die Teilnehmer/innen machen die Initiative zu ihrer Initiative, so daß das Tun persönlich und sachmotiviert zu einer »aus ganzem Herzen gewollten Tätigkeit« (Kilpatrick) wird.

Bei der Entwicklung des Betätigungsgebietes wird deutlich, daß die in Komponente 2 erzeugte Komplexität wieder reduziert werden muß. Zunächst ging es um eine Ideensammlung, was zum Thema denkbar und möglich wäre. Jetzt muß entschieden werden, was tatsächlich angepackt wird und was in der Prioritätenliste nach hinten rutscht. Die Einigung darüber ist nicht leicht und schnell zu erreichen. Besonders junge Projektteilnehmer/innen sind damit oft überfordert und drängen auf Abbruch der Planungsphase. In einer solchen Situation ist es hilfreich, anhand der Projektskizze einen groben Zeitplan zu entwerfen und die Details jeweils von Fixpunkt zu Fixpunkt zu planen. Konflikte lassen sich nicht immer vermeiden, weil die gemeinsame Planung kein lästiger, sondern ein wesentlicher Teil der Projektmethode ist.

(Hinweis: Der Abschnitt 15 über die Entwicklung der Projektinitiative zu einem Betätigungsgebiet veranschaulicht das Vorgehen und leitet an. Der Abschnitt 6 über das Curriculumverständnis und der Abschnitt 8 über das Verhältnis zu John Dewey begründen die Zentrierung auf die Tätigkeit in einem Gebiet.)

④ **(Verstärkte) Aktivitäten im Betätigungsgebiet/ Projektdurchführung**

Diese Komponente braucht nicht lange erläutert zu werden. Sie baut auf die früheren auf. Wenn das Betätigungsgebiet entwickelt ist, folgt in der Regel die Durchführung eines Planes. Die Mitglieder des Projektes befassen sich nun vertieft mit einem Teilgebiet, das sie vorbereitet haben. Sie fügen Recherchiertes zusammen. Sie führen Angedachtes zu Ende, setzen Probehandlungen zielgerichtet ein oder widmen sich einfach längere Zeit einer vorgesehenen Beschäftigung.

In dieser Phase kann also im Sinne von Dewey ein Plan vollzogen werden. In dieser Phase kann aber auch nach Art des »Vorhabens« von Haase eine spontane oder von allen getragene intensive Aktivität stattfinden. Nach den vorangegangenen Phasen tritt hier freilich nicht unvorbereitet willkürliches Tun und auch nicht Alltagsroutine auf. Die bereits abgelaufene Entwicklung der Projektinitiative hat die Betätigungen bildungsmäßig qualifiziert.

Zur Organisation der Aktivitäten

Grundsätzlich kann jede Form von Tätigkeitsorganisation vorkommen: Einzeltätigkeit, Tätigkeit in kleineren und größeren Gruppen; steuernde, kontrollierende, zuliefernde, ausführende Tätigkeiten. Möglich sind zeitweise auch vorwiegend körperliche oder geistige Tätigkeiten. Es müssen nicht immer alle alles und darüber hinaus noch gemeinschaftlich tun. Arbeitsteilung ist möglich. Sie folgt aber nicht einer Anordnung oder Sachgesetzlichkeit. Die Mitglieder des Projektes müssen sie für sich als sinnvoll bestimmt haben. Der Weg zu dieser Entscheidung führt durch die verschiedenen Komponenten. Oder anders: Wenn ein Projekt mit Hilfe der verschiedenen Komponenten entwickelt worden ist, hat sich herausgestellt, welche Arbeits- und Funktionsteilungen sinnvoll sind.

⑤ Abschluß des Projekts

Die Teilnehmer/innen schließen ihre Aktivitäten nach einer von drei Varianten ab.

Nach der ersten Variante setzen sie einen *bewußten Abschluß*. Er findet seinen Ausdruck in einer Veröffentlichung des Ergebnisses. Ein Produkt wird in Gebrauch genommen. Eine Vorführung krönt die langen Vorbereitungen. Diese Art von Abschlüssen beendigt oft ein produktzentriertes Projekt. Wo Aktivitäten im Mittelpunkt stehen, markiert eine besondere Ausprägung das Ende. Die Teilnehmer/innen haben eine bestimmte Perfektion angestrebt und zum Abschluß auch erreicht. Vielleicht genießen sie den Abschluß nach einer besonders gelungenen Leistung, die bei allen Wohlbefinden erzeugt hat; vielleicht endet das Projekt mit der bedrückenden Einsicht, daß gewisse Ziele nicht zu erreichen waren; vielleicht endet das Projekt – wie schon im voraus geplant – in der letzten Stunde des Semesters.

Nach der zweiten Variante greifen die Teilnehmer/innen die Projektinitiative wieder auf. Sie *koppeln zur Projektinitiative zurück*. Sie vergleichen den Endstand mit den Anfängen. Auch verlaufsbestimmende Metainteraktionen, Fixpunkte oder Planungen bieten interessante Anlässe, um mit einer Retrospektive abzuschließen. Hier und da beendet eine zünftige Manöverkritik das Projekt.

Nach der dritten Variante *läuft das Projekt aus*. Es mündet bereichernd in dem Alltag. Die Teilnehmer/innen haben im

Projekt eine Tätigkeit gelernt, die sie nun ausüben. Die Bildungsphase des Projektes geht nahtlos in einen gebildeten Alltag über. Wo im Projekt Sozialverhalten eine Rolle spielt, stellen sich diese Übergänge recht oft ein (z.b. Ansprechformen in der Face-to-face-Kommunikation, Seniorenbetreuung).

Vielleicht löst sich die Projektgruppe ohne besondere Förmlichkeiten auf, nachdem das Projekt seinen Höhepunkt schon vor einiger Zeit überschritten hat. Das Auslaufenlassen eines Projektes muß man nicht als Nachlässigkeit oder informell-nondirektiven Lebensstil deuten. Ganz im Gegenteil: Diese Schlußvariante kann die Effizienz von Projekten steigern. Wenn ein Projekt so angelegt ist, daß es nach einiger Zeit z.b. in Berufspraxis, Normalunterricht oder Freizeit eingreift, steigen Transfer und externe Relevanz von Bildungsmaßnahmen erheblich. Das Projekt läuft nicht Gefahr, ein isoliertes Wissensstück ohne Gebrauchswert in die Welt zu setzen.

Die drei Abschlußvarianten lauten als Formeln:
1. bewußt abschließen,
2. rückkoppeln zur Projektinitiative,
3. auslaufenlassen.

Sie erscheinen in umfangreichen Projekten auch gemischt oder kombiniert. Klein- und Mittelprojekte dagegen enden nur in einer der drei Abschlußformen.

(Hinweis: Der Abschnitt 17 behandelt die drei Abschlußvarianten und weist auf Probleme bei der Durchführung hin.)

⑥ **Fixpunkte**

Vorbemerkung: Eigentlich hätte ich schon vor dem Abschnitt über die Entwicklung des Betätigungsgebietes eine Passage über Fixpunkte und eine über Metainteraktion einfügen sollen. Die Projektmethode lebt nämlich nicht ohne diese Zutaten. Fixpunkt und Metainteraktion treten je nach Bedarf im Verlaufe des Projektes auf.

Die Komponente Fixpunkte hat ihre Bedeutung vor allem in länger dauernden Projekten (in Mittelprojekten von 2 bis 3 Tagen und in Großprojekten). Der Fixpunkt ist das Mittel gegen blinde Betriebsamkeit, Orientierungslosigkeit und fehlende Abstimmung zwischen Einzelnen und Teilgruppen. Der Fixpunkt dient als organisatorische Schaltstelle. Er wird bei Bedarf eingeschoben. Da die Projektmethode auf der einen Seite informelle, sich allmählich entwickelnde Aktivitäten anregt, muß sie auf der anderen Seite Hilfen zur Stabilisierung vorsehen. Der Fixpunkt hat eine solche Aufgabe.

(Hinweis: Der Abschnitt 18 erläutert die Anlässe für Fixpunkte und zeigt, wie mit Hilfe eines kleinen Fragebogens die richtigen Momente für Fixpunkte nicht verpaßt werden.)

⑦ Metainteraktion/Zwischengespräch

Die Projektmethode sieht vor, Fragen der Zusammenarbeit in der Gruppe in gleicher Weise zu thematisieren wie die Klärung von sachlich-inhaltlichen Fragen. In der Metainteraktion beschäftigen sich die Projektteilnehmer/innen mit dem Normalgeschehen in der Gruppe, mit aufgetretenen und mit vorhersehbaren Problemen des Umgangs miteinander. Sie legen eine Pause ein und setzen sich aus einer gewissen Distanz mit ihrem eigenen Tun auseinander. Sie sprechen auch darüber, wie weit der Verständigungsrahmen vom Anfang wirksam war oder eventuell abzuändern ist. Die Metainteraktion trägt dazu bei, aus einfachem Tun bildendes Tun zu machen. Die Teilnehmer/innen unternehmen den Versuch, die Beziehungsprobleme aufzuarbeiten.

(Hinweis: Der Abschnitt 19 beschreibt Praxisbeispiele der Metainteraktion und ordnet diese in die Theorie der Projektmethode ein.)

Komponenten der Projektmethode

12. *Aufbau der Projektmethode durch Komponenten*

Die Projektmethode ist eine komplexe Lehr- und Lernform. Sie entsteht durch das Zusammenwirken mehrerer Komponenten. Wenn in einem Projekt alle Komponenten in ausgeprägter Weise vorkommen, sprechen Projektmethodiker gerne von der Hochform eines Projekts. Es ist selbstverständlich, daß man am Anfang nicht schon alle Komponenten beherrscht. Vielleicht läßt eine Projektgruppe in den ersten Projekten die Metainteraktion aus und schiebt dafür mehr Fixpunkte ein. Sie verzichtet vielleicht auf eine völlig offene Ausgangssituation mit allen möglichen Projektinitiativen und nimmt sich lieber eine festumrissene Aufgabe vor. Die Projektmethode kann also allmählich aufgebaut werden.

Wenn Sie mit Ihrer Gruppe Schritt für Schritt in die Projektmethode einsteigen wollen, konzentrieren Sie sich ruhig auf ein oder zwei Komponenten. Der übrige Teil kann ruhig etwas dirigistischer verlaufen.

Am Anfang nur ein oder zwei Komponenten

Benutzen Sie zum Einstieg eine Komponente, die in ähnlicher Weise im bisherigen Lehrbetrieb auch schon vorkommt. Entscheidend ist nun aber, daß diese Komponente im Sinne der Projektmethode ausgebaut wird. Sie muß verstärkt werden. Allmählich kommmen dann andere Komponenten dazu. Das

Entscheidende an der Projektmethode ist nämlich nicht, daß am Schluß ein hergestelltes Produkt (Theatervorführung, Dokumentation, Gerät usw.) vorliegt, sondern daß diese Herstellung in einer bildenden Weise geschieht. Die Projektmethode erschöpft sich auch nicht nur in der Tatsache, daß jemand einen Plan faßt und diesen dann ausführt oder ein Alltagsproblem aufgreift und es dann löst. Beides wäre ein verkürztes Verständnis von Projektmethode.

Mit Kollegen oder Freunden besprechen

Wenn Sie mit der Projektmethode anfangen wollen, hilft die Aussprache mit Bekannten über viele Probleme hinweg. Regen Sie eine Kollegin oder einen Kollegen an, etwa zur gleichen Zeit ein Projekt durchzuführen. Verabreden Sie sich, um die entstehenden Probleme durchzusprechen. Rufen Sie einen Kollegen an, der schon Projekterfahrung hat. Erzählen Sie ihm von Ihren Plänen. Sie bekommen bestimmt den einen oder anderen Hinweis.

Rudolf Schweingruber, ein alter Hase in Sachen Projektmethode, erzählte mir von besten Erfahrungen, wenn am Anfang *5 bis 6 Kollegen* aus derselben Region etwa gleichzeitig mit der Projektmethode anfangen, sofort eigene Projekte durchführen und sich während ungefähr zweier Monate fünf- bis sechsmal für je eine Stunde treffen, um Erfahrungen auszutauschen.

Theoretischer Exkurs über die Grundlagen der Komponenten

1. Die Komponenten verdanken ihre Existenz der curricularen Gesamtkonzeption. Diese besteht erstens in der Vorstellung dessen, was Bildung überhaupt ausmacht, also von dem, was Bildungshandeln von anderem Handeln unterscheidet. Im Abschnitt 6 über den idealen Curriculumprozeß werden die vier unmittelbar bedeutsamen Handlungsmerkmale beschrieben, die Bildung konstituieren.

2. Die allgemeine Vorstellung curricularer Prozesse reicht aber nicht aus, um die einzelnen Komponenten zu begründen. Eine Zusatzannahme ist nötig. Sie lautet: Es gibt verschiedene Formen curricularer Prozesse. Sie lassen sich z.b. danach unterscheiden, wie eine Lehr-Lerngruppe ihre Bildungsprozesse entwickelt, unterschieden nach den Gesichtspunkten Legitimation und Verhältnis von Vorausplanung und Durchführung.

3. Die dritte Grundlage bildet dann die historische Tradition. Ich habe versucht, die Gesamtkonzeption einschließlich der Zusatzannahme 2. die historische Tradition durchlaufen zu lassen. Dieser Durchlauf konkretisierte die Gesamtkonzeption. Er brachte andererseits historische Beiträge auf einen höheren Stand.

Aus den drei genannten Zusammenhängen heraus sind die folgenden Komponenten entstanden:

K'1 Projektinitiative (Zulassen und Schaffen offener Ausgangssituationen)
K'2 Auseinandersetzung mit der Projektinitiative in einem vorher vereinbarten Rahmen
K'3 Gemeinsame Entwicklung des Betätigungsgebietes
K'7 Metainteraktion/Zwischengespräch

Die Komponente 5, Beendigung durch bewußten Abschluß oder durch Rückkoppeln zur Projektinitiative oder durch Auslaufenlassen, hat ihre Wurzeln z.T. in der curricularen Gesamtkonzeption, z.T. aber im spezifischen Bedarf der Projektmethode.

Die Komponente 6, Fixpunkte, beruht mehr auf pragmatischen Motiven. Sie hat sich in der Projektpraxis als nötig erwiesen, weil sonst bildungsmäßige Errungenschaften wieder gefährdet werden. Die Gefahr liegt im Aktivismus. Der Fixpunkt ist allerdings nicht nur reines Korrektiv, sondern auch Ausfluß des projektmethodischen Anliegens, den Curriculumprozeß einer Lehr-Lerngruppe möglichst offen und selbständig organisieren zu lassen. Ähnliches wäre zur Komponente 4, verstärkte Aktivitäten, zu sagen.

Warum ich die Komponenten so gefaßt habe, daß sie sich zu einer Dramaturgie des Projektablaufs zusammenfügen, habe ich im Schema zu begründen versucht. Weitere Begründungen finden sie in der Darstellung der sieben Komponenten.

13. Komponente 1: Projektinitiative

Ein Projekt beginnt, indem jemand eine Idee, eine Anregung, eine Aufgabe, eine besondere Stimmung, ein Problem, ein bemerkenswertes Erlebnis, einen Betätigungswunsch oder einen Gegenstand in eine Gruppe einbringt.

Grundsätzlich kann jeder Ausgangspunkt zu einem Projekt werden, die Rokoko-Häuserfront gegenüber dem Schulhaus genauso wie das Gefühl des Gruppenmitgliedes M., stets ein Außenseiter zu sein. Auch das Lehrplanthema »Eiweiße im Körperhaushalt« ist kein Hindernis, die Projektmethode einzusetzen. Selbst das klassische Kulturgut, zu dem die Kommentare schon Bibliotheken füllen, schließt die Projektmethode nicht aus.

Entscheidend für die Projektmethode ist die
➡ Offenheit der Ausgangssituation

Beispiel: »Anfangs ließen wir ohne jede einführende Erklärung ein Tonband mit ca. 20 unterschiedlichen Geräuschen (vom Düsenmotor bis zum tropfenden Wasserhahn) ablaufen, wobei die Schüler die Geräusche zu bestimmen und zu werten hatten.«

Diese offene Ausgangssituation berichtete eine Bielefelder Lehrergruppe (1979, 87) von ihrem Projekt mit einer 8. und 9. Schulklasse zum Thema »Schutz vor Lärm«.

Die Auswahl der verschiedenen Geräusche enthält bereits eine Vorstruktur. Was die Schüler an diesen Geräuschen aber als problematisch, interessant oder verfolgenswert erachten, bleibt ihnen überlassen. Sie haben selbst ihr Beschäftigungsbedürfnis mit diesem Thema festzustellen.

Offene Ausgangssituationen verlangen Mut. Man kann sie nur dulden, wenn man keine Angst vor Fragen und Problemen der Teilnehmer hat, auf die man nicht zum voraus die Antwort weiß. Man muß bereit sein, Kollegen, Eltern und andere Fachleute hinzuzuziehen, die bei bestimmten Beschäftigungswünschen mit Auskünften, Geräten oder anderen Hilfen zur Verfügung stehen.

Nach meinen Erfahrungen ist dies grundsätzlich in allen Institutionen möglich. Gymnasien unterscheiden sich in diesem Punkt nicht von Universitätsinstituten und Jugendgruppen.

Idealerweise ergreift nicht die Leitung die Initiative. Meist kommen die Vorschläge von anderen Gruppenmitgliedern. Das Klima in der Gruppe erlaubt solche Vorschläge. Niemand hat Angst, abgekanzelt zu werden. Das Zusammenleben gebiert ständig neue Initiativen. Pensionäre und Jugendgruppen haben solche Initiativkraft in den letzten Jahren oft vorgeführt. Fest organisierte Einrichtungen wie das klassische Gymnasium müssen hier aber nicht zurückstehen. An einer Plakatwand in Basel habe ich folgenden Bericht über den Projektanfang in einer gymnasialen Deutschklasse von Herrn Kelbert gelesen.

Beispiel: »Einige Schüler meinten, könnten wir nicht einmal etwas anderes machen? ... Etwas Praktisches! Das war – im Mai – das Stichwort zum Einstieg in eine Projektarbeit: Der Wunsch, Arbeiten zu machen, die nicht Schule sind, sondern tägliches, praktisches Leben; Briefe schreiben, die nicht einfach Noten geben, sondern Briefe, die eine Antwort verlangen; nicht nur Berichte über Schulstunden verfassen, sondern über eigene Erfahrungen draußen.

Gemeinsam mit ihrem Lehrer J.K. suchten sich die 13jährigen Schüler ein Thema. Rasch kristallisierte sich ein Interesse an menschlichen Randgruppen, Außenseitern heraus. Bei einer weiteren Einschränkung fand man das Thema »Geistig Behinderte«.

Dann wurde über zwei Jahre, und zwar mit großen Unterbrechungen, am Projekt gearbeitet – bis hin zur öffentlichen Ausstellung.«

Es ist in der Projektpraxis nicht wichtig, von wem die Projektinitivative kommt. Wichtig ist jedoch, daß sie auf die Bedürfnisse und Interessen der Beteiligten trifft, weil sonst Eigeninitiative nicht entstehen kann. Um diese Bedürfnisse und Interessen für sich zu erkennen, muß man Distanz zu sich selbst und zu seinen Lebensumständen gewinnen können. Dabei brauchen Kinder und Jugendliche die Unterstützung und Hilfe Erwachsener. Es ist deshalb nicht verwunderlich, daß die meisten guten Projektideen in der Schule vom Lehrer, dem professionellen Pädagogen, kommen.

Aber auch Externe können tragfähige Anregungen für Projekte liefern: In einer schottischen High School mußten sich die Schüler selbst ein Physikprojekt ausdenken und durchführen. Von den 17- bis 18jährigen Schülern, die zwischen 1960 und 1967 Physikprojekte durchführten, hatten zahlreiche die Anregungen von ihren Eltern übernommen (Taylor 1969, 5).

Beispiel: Ein anderer Projektanfang: »Im Februar und März 1974 berichteten einige Zeitungen im Düsseldorfer und Aachener Raum über eine Gesundheitsgefährdung, die von jungen Goldhamstern ausgehen sollte. Es wurde berichtet, daß Goldhamster im Alter bis zu 3 Monaten Meningitis, d.h. Hirnhautentzündung, übertragen sollten und daß besonders Kinder wegen ihres intensiven Umgangs mit den Tieren gefährdet seien. In dem 6. Schuljahr, von dem hier berichtet wird, wurden weiße Mäuse, Wasserschildkröten und Goldhamster gehalten und von den Kindern abwechselnd betreut. Einige Eltern lasen die Zeitungsberichte, machten ihre Kinder auf diese Gesundheitsgefährdung aufmerksam und untersagten ihnen, sich weiter an der Pflege der Tiere in der Klasse zu beteiligen.«

Daraus entstand ein Projekt mit den Schülern, den Eltern, mit der Lehrerin, Frau Fender, und dem Lehrer, Herrn Helfrich (vgl. Helfrich 1975).

Entscheidend ist ein Klima, das eine gewisse Spontaneität fördert. Zudem sollte der Interessierte an der Projektmethode grundsätzlich nach allen Seiten hin offen sein. Wenn diese idealen Voraussetzungen für die Projektmethode nicht gegeben sind, kann man in gewissen Grenzen nachhelfen. Folgende Verfahren sind geeignete Mittel. Ich würde die Verfahren auch gerade dann empfehlen, wenn man glaubt, durch äußere Faktoren eingeengt zu sein.

a) Herstellen offener Ausgangssituationen bei enger Ausgangslage

Oft schreibt der Lehrplan ein bestimmtes Stoffgebiet vor. Manchmal hat man selbst keine offene Idee.

Vor allem in institutionellen Lernbereichen, wie der Schule, mit echten oder vermeintlichen Vorschriften in Lehrplänen, Curricula oder Prüfungsordnungen steht die Projektleitung häufig vor einer engen Ausgangssituation. So ergibt sich die Frage: Wie beginnt man ein Projekt aus einer engen Ausgangssituation heraus, um diese allmählich in eine offenere Projektarbeit zu überführen?

Folgende Techniken erscheinen mir hilfreich und der Projektmethode angemessen. Ich erläutere sie am Beispiel »Pflanzenvermehrung durch Ableger«.

● Oberbegriffe
Als Projektleiterin wecken Sie bei den Teilnehmer/innen Assoziationen, indem Sie Oberbegriffe an die Tafel schreiben, auf einem Blatt Papier verteilen oder in die Diskussion werfen

(im Beispiel:»Gärtner betreiben mit Ablegern *Geschäfte und Handel*«;»Ableger haben einen bestimmten Stellenwert in einer der vielen *Fortpflanzungsarten*«). Falls nötig, fragen Sie dann noch:»Was fällt (Ihnen) Euch dazu ein? Was könnten wir dazu unternehmen?«

● Ausweitungsfrage
Sie stellen die Frage nach den Bearbeitungs- und Ausweitungsmöglichkeiten und lassen diese beantworten (in unserem Beispiel:»Wir haben laut Programm im kommenden Frühjahr und Sommer 5 Doppelstunden zur Verfügung. Was ließe sich in Verbindung mit Pflanzenablegern tun bzw. lernen?«)

● Stimulierende Hinweise
Sie erzählen von Aktivitäten, Phänomenen, Problemen oder eigenen Erlebnissen (»In England gibt es Jugendzeitschriften, in denen Experimente mit Pflanzen und anderen Naturobjekten vorgeschlagen werden.« Oder:»Als Mädchen haben wir im Jugendclub einmal ...«).

● Denkmodelle aus Kleingruppen
Sie fordern die Großgruppe auf, sich in Zweier- oder Dreiergruppen aufzuteilen. Man erhält in der Regel aus Kleingruppen eine Vielfalt von Vorschlägen (in unserem Beispiel:»Wir haben nun unseren Projektrahmen andiskutiert. Um die Möglichkeiten mit dem Thema auszuloten, schlage ich vor, daß wir uns für die nächste Viertelstunde in Zweier- oder Dreiergruppen zusammensetzen. Jede Gruppe notiert sich zwei bis drei Dinge, die wir in den nächsten Stunden machen könnten.«).

● Ideenwettbewerb
Sie lancieren einen Ideenwettbewerb mit folgender Einführung:»Wie wäre es, wenn wir, wie bei einem Architekturwettbewerb für ein neues Gebäude, einen Ideenwettbewerb für unser Projekt durchführten? Was haltet Ihr davon?«

- Brainstorming

Sie sammeln ungeordnete und undiskutierte Assoziationen, etwa nach dem folgenden Muster:»In einem Brainstorming kann jeder Teilnehmer ein Stichwort oder einen kurzen Satz äußern. Man muß keine Begründung angeben. Die anderen stellen dazu auch keine Fragen. Niemand kritisiert. Zwei Teilnehmer notieren alle Äußerungen an der Tafel oder auf einem großen Blatt. Nachher schauen wir, was wir daraus auswählen wollen.«

Der Erfinder des Brainstorming, Alex Osborne, stellte 4 Regeln auf:

1. Kritik erst später (nach dem Brainstorming).
2. Je ungezwungener die Einfälle, desto besser.
3. Je mehr Vorschläge, desto besser, desto eher ein Treffer.
4. Auch Anregungen, wie man die Vorschläge kombinieren kann.

(Eine ausführliche deutsche Anleitung: Clark 1973. Übrigens: Alex Osborne war stellvertretender Direktor einer Werbeagentur und hat das Brainstorming eingesetzt, um Arbeitskonferenzen in Wirtschaftsunternehmen zu mehr Produktivität zu führen).

- Sukzessive entwickeln

Sie bearbeiten in klassischer oder herkömmlicher Weise das Thema. Durch die Absprache des Projektrahmens ist allen Teilnehmer/innen klar, daß man aus der engen Bearbeitung noch etwas machen kann. (Konkret in unserem Beispiel: Die Teilnehmer vermehren verschiedene Zierpflanzen durch Ableger. Stellen sich dann Fragen, Probleme oder Betätigungswünsche ein, haben Sie eine Projektinitiative. Daraus entsteht vielleicht ein reger Ablegerhandel der Schüler/innen. Vielleicht wird ein externer Experte zu einem Kolloquium über Pflanzenphysiologie eingeladen. Vielleicht greifen Mütter ein und zeigen Schüler/innen und Lehrern erst einmal, wie das Geschäft zu betreiben ist).

- Objekte sammeln

Interessante Ausgangssituationen entstehen, wenn vorfindliche Wirklichkeit zusammengestellt und den Teilnehmer/innen präsentiert wird.

In Frage kommen verschiedene Objektbereiche wie Literatur, Bilder, Geräte, wissenschaftliche Sätze (Gesetze), mündliche Äußerungen usw. Wichtig ist, daß die Teilnehmer/innen frei mit diesen Objekten umgehen können. Das folgende Beispiel zeigt eine Zitatensammlung von R. Wenzel (1973) als Aufriß für das Gebiet »Fernsehen und Wirklichkeit«.

»In den Sendungen der Anstalt soll den Fernsehteilnehmern in ganz Deutschland ein objektiver Überblick über das Weltgeschehen, insbesondere ein umfassendes Bild der deutschen Wirklichkeit vermittelt werden (Staatsvertrag ZDF, 2).

Rein zahlenmäßig gesehen, steht (...) das Fernsehen auf dem gleichen Niveau wie die Bild-Zeitung (A. Silbermann: »Bildschirm und Wirklichkeit«, 1966, 51, über die Anzahl der gebotenen Informationen).

Die Sendungen des Tagesgeschehens faßten den politischen Zustand dieser Welt wie unter einem Brennglas zusammen (ZDF-Jahrbuch 1966, 82).

Ein unmanipuliertes Schreiben, Filmen und Senden gibt es nicht (H.M. Enzensberger: Baukasten zu einer Theorie der Medien, in: Kursbuch 20, 166).

Die Fernseh-Information wird auch deshalb geglaubt, weil sie nicht verstanden wird (E. Kuby in: 14 Mutmaßungen über das Fernsehen, hrsg. von A.R. Katz, dtv 190, 73).

Erzieher und Lehrer, nicht weniger auch Verwaltungsbeamte und Minister haben erkannt, wie bedeutsam es für unsere Gesellschaft ist, daß die Jugend den rechten Umgang mit den Massenmedien lernt« (L. Kerstiens: »Medienkunde in der Schule«, Bad Heilbrunn: Klinkhardt, 1968, 5).

Eine Sammlung von Textobjekten ist für unsere kulturgeprägte Bildung nichts Außergewöhnliches. Die heutige Didaktik der Muttersprache hat die darauf aufbauenden Textanalysen hoch entwickelt. Wie wäre es aber mit einer Sammlung nicht schriftlich fixierter Zivilisationsobjekte oder mit natürlichen Objekten unserer Umgebung?

b) Wahlliste mit Betätigungsgebieten (auch geeignet für Autor/innen von Lehrplänen und Lehrbüchern)

Oft sind Projekte an den Fachunterricht gebunden. Oft fühlt sich ein Projektleiter nur in bestimmten Bereichen für Projektarbeit genügend qualifiziert und möchte sich nicht weit davon entfernen. In diesen Fällen muß man nicht durch eine enge Problemvorgabe ins Projekt einsteigen (z.B.»Erstellen Sie bitte eine schriftliche Dokumentation von 15 Seiten über Strom um uns herum«). Die Ausgangssituation kann durchaus offen gestaltet werden. Eine Variante ist die Wahlliste mit möglichen Betätigungsgebieten.

Die Teilnehmer/innen erhalten so eine Liste. Sie bearbeiten die Wahlliste in zweifacher Weise:

1. Die Teilnehmer/innen wählen ein Betätigungsgebiet.
2. Die Teilnehmer/innen gestalten das Betätigungsgebiet nach ihren Vorstellungen.

Die Wahl und Auslegung wird den Projektverantwortlichen mitgeteilt.

Beispiel: Rabus und Koerber haben einer 10. Klasse im Informatikunterricht eine Wahlliste mit Betätigungsgebieten vorgelegt. Die Schüler erhielten zwölf Themen, die auf Arbeitsbögen kurz erläutert wurden:

»Probleme aus Wirtschaft und Verwaltung:
– Buchhaltung im schulinternen Getränkeladen,
– Buchhaltung und Statistik im schulinternen Eisladen,
– Simulation eines Versandhandels,
– Simulation eines Girodienstes.

Probleme von Datenbanken und Informationssystemen:
- Erstellen eines Fach- und Auskunftsystems,
- Erstellen einer Lehrerdatei zur Information der Schüler,
- Berechnung der Zensuren zum Mittelstufenabschluß mit Beratung.

Probleme aus künstlerischen Bereichen:
- Kunst und Konstruktion mit Computern,
- Komponieren mit dem Computer,
- Dichten mit dem Computer.

Probleme aus der Linguistik:
- Sprachübersetzung einfacher Art mit Computern,
- Erstellen von Kreuzworträtseln mit dem Computer.«

Die Schüler entschieden sich nach eingehender Diskussion und Informationssammlung für das vorgeschlagene Projekt »Kunst und Konstruktion mit Computern«, wobei sie als Projektziel allgemeine graphische Muster, Tapeten und Stoffmuster sowie Stickmuster in unterschiedlichen Arten und Formen nach eigenen Vorgaben und zufallsgesteuert mit dem Rechner erzeugen wollten. Es etablierten sich fünf Arbeitsgruppen, die sich durch intensive Kommunikationsphasen gegenseitig schriftlich und mündlich über den jeweiligen Arbeitsstand informierten. Innerhalb der Gruppen entstand sehr schnell eine vom Lehrer unbeeinflußte Binnendifferenzierung ...

Zur Planung der eigenen Arbeitsschritte entwickelten die Schüler nach der Projektwahl und den ersten Problemanalysen einen Zeit- und Arbeitsplan, der den Zeitraum bis zum Halbjahresende umfaßte ... (Koerber 1978, 201f.).

Die Angabe von Wahllisten ist – aus unterrichtsorganisatorischen Gründen – häufig mit der Aufforderung verbunden, sich auf ein oder zwei Themen zu einigen. Das ist eine konflikträchtige Situation. Bei Mehrheitsentscheidungen gibt es leicht Sieger und Verlierer, womit weitere Konflikte programmiert sind. Da ist es oft leichter, Losentscheide zu akzeptieren.

Wer soll nun solche Wahllisten mit Betätigungsgebieten entwerfen? Dafür kommen ohne Zweifel alle Teilnehmer/innen in Frage. Noch interessanter ist aber das Instrument der Wahllisten für Autor/innen von Büchern und Lehrplänen.

➡ Autor/innen von Studien- und Schulbüchern können nicht die situativen Bedingungen der Schulen, Berufsbildungsinstituten und Universitäten zum voraus festlegen, sie können sie auch nicht antizipieren. Sie dürfen auch nicht mögliche Betätigungsinteressen durch detaillierte Projektanleitungen beschneiden. Andererseits sollten sie Projektgebiete anregen und unter Umständen abgrenzen.

➡ Die Autor/innen von Curricula, Rahmenrichtlinien und Lehrplänen unterliegen den gleichen Anforderungen.

Wahllisten mit Betätigungsgebieten helfen, diese Anforderungen zu erfüllen. Sie können an mehreren Orten vorkommen, so

– am Schluß der lehrbuchmäßigen Themenbehandlung,
– als Alternative zur lehrbuchmäßigen Behandlung im Lehrbuch selbst,
– im Lehrerband,
– bei der Beschreibung der didaktisch-methodischen Zugangsweise zum Gebiet.

Leider enthalten die gegenwärtigen Lehr-, Schul- und Studienbücher noch viel zu wenig derartige Anleitungen zur Projektmethode. Die Entwicklung in diese Richtung scheint allerdings vorbereitet zu sein, indem sich viele Bücher vom reinen Informationsbuch zum Lehr- und Arbeitsbuch gewandelt haben.

c) Vorübungen

Vorübung 1: Offene Unterrichtsplanung

Es ist für viele Lehrer/innen schwierig, die Schüler/innen etwas lernen zu lassen, was sie selber nicht genau voraussehen können. Zugleich müssen Schüler/innen langsam lernen, relativ offene Situationen selber zu strukturieren. Der Umgang mit Offenheit verlangt ein Training, da die meisten schulischen, beruflichen und universitären Lernvorgänge in eindeutige Vorgaben eingebettet sind. Die Lernzielformulierung nach Robert Mager (1969) oder nach der wesentlich anspruchsvolleren Technik von Karl Josef Klauer (1974) fördert die möglichst präzise Planung der Lernabläufe. Bei den Vorübungen zum offenen Arbeitsbeginn kann folgendes Verfahren hilfreich sein. Nehmen Sie Ihr Vorbereitungsschema, und lassen Sie als Vorbereitung auf die Projektmethode sukzessive einige Elemente weg. Falls Sie Ihren Unterricht nicht nach einem festen Schema halten, können Sie folgende Liste benutzen:

a) Begründung des Themas
b) Genauer Zustand des Endproduktes, Endverhalten
c) Stofflicher Kern, lexikalisches Wissen
d) Instrumente, Mittel, Geräte, Medien
e) Fehler, die bei der Bearbeitung gemacht werden können
f) Zeitplan
g) Sozialformen, Gruppengröße
h) Abfolge der Behandlung
i) Einführung, Einstimmung
j) Zusammenfassung
k) Prüfungsaufgabe.

Wer mit dem Leitfaden zur Unterrichtsvorbereitung von Hilbert L. Meyer (1980) gearbeitet hat, dürfte diese Verfahren ohne Schwierigkeiten anweden können. Das Buch zeigt schön, wie je nach Thema, Klassensituation und allgemein institutionellen Verhältnissen verschiedene Unterrichtsvorbereitungen angebracht sind.

Dieser Vorschlag darf natürlich nicht als Empfehlung verstanden werden, die Unterrichtsvorbereitung allgemein wegzulassen. Andere Methoden erfordern eine detaillierte Vorplanung. In der Projektmethode dagegen ist es wichtiger, daß die verschiedenen Komponenten allmählich eingeübt werden, als den Ablauf zum voraus zu planen.

Vorübung 2: Offene Aufgabenstellung

Mehrere Untersuchungen haben gezeigt, daß wir als Lehrende geistig viel anspruchslosere Fragen stellen, als wir selber annehmen. Wenn wir glauben, die Studierenden müßten bei unseren Fragen gedanklich analysieren, schlußfolgern, beurteilen oder gar etwas selber neu konstruieren (synthetisieren), müssen sie in Wirklichkeit meist nur beurteilen, Wissen wiedergeben oder kombinieren (vgl. Gage/Berliner 1979; Bloom et al. 1972; Krumm 1973).

Wenn wir nun aber doch die höheren gedanklichen Leistungen der Schüler/innen anstreben und nicht die Technik der Aufgabenkonstruktion von Grund auf erlernen möchten, bleibt nur das Verfahren der offenen Aufgabenstellung. Eine offene Aufgabe fordert die Lernenden heraus, selber mögliche Wissensstücke zu erarbeiten oder zumindest nach ihnen zu fragen.

Beispiel: Jedermann weiß, daß beim Bügeln das Eisen nicht zu heiß werden darf. Früher hat man den Stecker herausgezogen. Wie kann man dieses umständliche, unexakte Verfahren beheben? Ohne vorherigen Chemie- oder Physikunterricht ist diese Frage ein offenes Problem. Der Lösende muß sich etwas einfallen lassen. Er muß alternative Lösungen verfolgen und sich eventuell Spezialwissen aneignen.

Wenn man die Frage aber erst stellt, nachdem die Schüler/in etwas über den einfachen elektrischen Stromkreis, den unterschiedlichen linearen Ausdehnungskoeffizienten der Metalle (z.B. Aluminium höher als Messing), evtl. etwas über den Kompaktschalter, die Regelung oder zumindest den Bimetallstreifen gehört haben, weckt die Frage nur noch einige wenige Assoziationen. Ein echtes Problem ist sie nicht mehr.

Was bewirken nun offene Problemfragen?

Sie führen nicht direkt zu spontanen Projektinitiativen. Der Weg dorthin ist noch weit. Sie gewöhnen Schüler/innen und Studierende jedoch daran, sich Zeit zu nehmen, mit Ungewohntem umzugehen, sich nicht nur aus vorher angelegten Zwischenlagern zu verpflegen. Allmählich wagt die Gruppe, sich auch im Gelände zu bewegen, das überhaupt nicht vorgepfadet ist.

Es ist freilich ein schwieriges Geschäft, offene Problemfragen zu entwerfen. Die Probleme dürfen nicht zu weitläufig sein. Andererseits sind Klein- und Scheinprobleme der Tod des Problemansatzes – dies vor allem bei kleinen, kurzschrittigen Problemen. Es reicht nicht aus, zwei Wissensstücke gegeneinander zu stellen und einen kleinen Widerspruch zu erzeugen. So entsteht vielleicht eine kognitive Dissonanz. Ein einziger Gedanke kann den Widerspruch auflösen.

LIT Inzwischen gibt es mehrere Bücher, die zeigen, was bei derartigen Aufgaben zu beachten ist. Dazu gehören: Lind 1979, über Sachmotivation und kognitive Dissonanz; Neber 1981, über Entdeckendes Lernen; Dahms 1979, über das Formulieren gedanklich anspruchsvoller Fragen; Postman/Weingartner 1978, über Fragen und Lernen. Der Originaltitel lautet: Teaching as a Subversive Activity (ein exzellentes Buch für furchtlose Leser/innen).

Vorübung 3: Die offene Rahmenfrage

Die Leitung oder Lehrer/in stellt eine Frage, die ein Gebiet anreißt.

Beispiel: Der Lehrplan sieht für die ersten vier Wochen nach den Ferien die Gewässer unserer Umgebung vor. Was könnten wir dabei tun? Eine solche Rahmenfrage ersetzt nicht die spontane Projektinitiative durch die Klassenmitglieder. Sie fördert aber eigene Ideen. Sie zeigt den Lernenden an, daß hier ein offenes Feld vor ihnen liegt. Sie signalisiert Gestaltungsmöglichkeiten. Am Anfang ist die Ausbeute von Rahmenfragen gering. Wahrscheinlich werden Sie erschrecken und dazu neigen, Ihre Schüler oder Studenten als phantasielose Bildungsgeschöpfe anzusehen. Der Grund liegt aber meist nicht bei den Lernenden, eher beim Regelbetrieb im Unterricht. Er sieht die eigene produktive Planung sehr selten vor. Wolfgang Münzinger und Kollegen berichten von einer solchen Erfahrung im Mathematikunterricht.

Beispiel: Die Lehrer eröffneten den projektartigen Mathematikunterricht der 9. und 10. Klassen mit einer These:

»Wenn Mathematik in jedem Bereich unserer Umwelt eine Rolle spielt, dann muß auch zu jedem Thema aus beliebigen Lebensbereichen (der Schüler/innen) Mathematikunterricht möglich sein.«

»Das Ergebnis der Befragung war zunächst enttäuschend, aber auch verständlich. Den Schülern fehlte jegliche Vorstellung, wie Mathematikunterricht anders ablaufen könnte als so, wie sie es bisher erfahren haben. Die Schüler wählten keine umweltbezogenen Themen, ja sie formulierten noch nicht einmal Probleme, die mit Hilfe der Mathematik gelöst werden sollten. Da die Schüler gebeten waren, überhaupt Themen anzugeben, wichen sie auf ihnen bereits bekannte Themen des Mathematikunterrichts aus. So wollten einige Schüler wissen, wie man das macht: Wurzelziehen. Einige wollten die Prozentrechnung wiederholen, wieder andere die Zinsrechnung. Andere wollten wieder Unsicherheit im Berechnen von Flächen und Körpern beseitigen« (Münzinger 1977, 54ff.).

Solche Ergebnisse sind typisch für den Anfang. Lassen Sie sich nicht entmutigen. Es ist lediglich erforderlich, den Schülern die ersten Male zu helfen, jene Initiativen aufzugreifen, die ihnen die größten Spielräume verschaffen. Ich darf Ihnen voraussagen: Nach einigen Projekten werden die Lernenden um ausgefallene Ideen nicht mehr verlegen sein.

d) Zum Vergleich: Klassische Projektanfänge

Ich stelle Ihnen im folgenden einige Projektanfänge aus der deutschen und amerikanischen Reformpädagogik vor. Zugleich gebe ich einige Kommentare dazu. Dadurch kann auch noch etwas deutlicher herauskommen, was die Projektinitiative in dieser Schrift bedeutet.

Kerschensteiner: Anders als in der Projektmethode schlug er vor, am Anfang der Arbeit klar umrissene Produkte zu benennen (Kerschensteiner 1908). Der Lehrer sagt den Schülern: Wir bauen einen Starenkasten.
    Kerschensteiners Ansatz hat mit der Projektinitiative folgendes gemeinsam: Planung und Ausführung des Werkes bleiben in einer Hand. Funktions- und Arbeitsteilung werden kleingehalten. Die Schüler lernen, ganze Gegenstände zu planen und zu erstellen. Die einzelnen Fertigkeiten werden nicht isoliert, sondern integriert erworben. Die Unterschiede zur Projektinitiative sind: Die Aufgabe wird vorgegeben, die Ausgangssituation ist nicht offen. Die Schüler lernen nicht abzuschätzen, was machbar ist. Sie lernen nicht, kooperative Pro-

jekte auszuhandeln. Sie lernen auch nicht, ungeklärte Situationen zu strukturieren. Es ist im voraus klar, welche Fertigkeiten die Schüler am Schluß erworben haben werden.

Beispiele aus den USA: John A. Stevenson berichtet in seiner Dissertation »The Project Method of Teaching« (1921) über eine Reihe von Projekten. Zwei Merkmale sind für den Projektanfang typisch: Er muß mit einer Alltagssituation und er muß mit einer konkreten Fragestellung zusammenhängen. Einige Beispiele: Warum haben die Vereinigten Staaten Deutschland den Krieg erklärt? Welche während des Krieges geschriebenen Gedichte werden überleben? Produzieren die Vereinigten Staaten genug Zucker, um den eigenen Bedarf zu decken? Wie sollte ein Bungalow gebaut und eingerichtet werden? Welche Probleme ergeben sich bei der Verbreiterung der Church Street?

Deweys Laborschule in Chicago: Ausgangspunkt für die Projekte sind gesamtunterrichtliche Themen: etwa das »Leben der Ureinwohner« und die »Kolonialisierung von Nordamerika«. Die Themen werden von den Lehrern ausgewählt, geplant und vorgestellt. Aber innerhalb des weitgesteckten Rahmens können die Schüler eigene Initiative ergreifen und Vorschläge zu Ablauf und Ausgestaltung des Projekts einbringen. Sie können diskutieren, wie sie Fort Dearborn rekonstruieren, welches Material sie verwenden und wie sie die Arbeit verteilen wollen (Mayhew/Edwards 1936).

Karsens Karl-Marx-Schule in Neukölln: Die Schule ist wie eine »moderne Werkstatt« genossenschaftlich organisiert. Die Ziele werden daher nicht von außen oder oben vorgegeben, sondern von den Mitgliedern selbst festgelegt. Ein Komitee aus Lehrern und Schülern entwickelt zu Beginn des Schuljahres einen Projektplan für die ganze Schule. Die einzelnen Klassen überlegen dann, welche Projekte – etwa die Inszenierung eines Theaterspiels, die Anfertigung eines Werkstücks oder das Schreiben eines Tagebuchs – sie im Rahmen dieses Plans durchführen wollen (Karsen 1930).

Haase in Frankfurt/Oder: Nach Haase (1932) sollen die Vorhaben von dem »ursprünglichen Bedürfnis und dem Willen der Kinder« ausgehen und »unmittelbar aus dem gelebten Leben« erwachsen. Sie beginnen also nicht unbedingt mit der Planung. Irgendein Ereignis, das die Teilnahme der Kinder erregt, kann zum Thema werden. Daher fordert Haase den Lehrer auf, auch Vorhaben zuzulassen, die sich spontan aus dem gesamtunterrichtlichen Gespräch ergeben.

14. Komponente 2: Auseinandersetzung mit der Projektinitiative in einem vorher vereinbarten Rahmen (Ergebnis = Projektskizze)

Wenn eine Projektinitiative auf dem Tisch liegt, muß man sich mit ihr auseinandersetzen. Man muß sich darüber klar werden, ob die Initiative aufgegriffen und zu einem Projekt entwickelt werden soll oder nicht.

Wird die Projektinitiative weiterverfolgt, fixieren die Teilnehmer ihr Vorhaben in der Regel schriftlich als *Projektskizze.* Die Projektskizze ist das sichtbare Ergebnis der Auseinandersetzung mit der Projektinitiative. Der weitere Verlauf des Projektes baut auf der Projektskizze auf.

Nun ist es aber entscheidend, wie die Projektskizze zustandekommt. Es ist nicht im Sinne der Projektmethode, wenn das Mitglied mit der größten institutionellen Autorität oder der Stärkste der Klasse oder die Clique mit den meisten Mitgliedern einfach bestimmen, was getan werden soll. Die Projektinitiative soll vielmehr von allen übernommen werden. Die späteren Projektmitglieder sollen ihre Bildungswünsche einbringen. Sie sollen ihre Vorbehalte anmelden und Bedenken ausräumen können. Sie sollen aber auch hinhören und zunächst nachvollziehen, was der Projektinitiator mit seinem Vorstoß meint.

Um einen solchen Prozeß einzuleiten, empfiehlt es sich, daß die Anwesenden Zug um Zug Spielregeln festlegen, an die sie sich bei der Auseinandersetzung mit der Projektinitiative halten wollen. Ich gebe Ihnen im folgenden zwei Beispiele derartiger Rahmen wieder:

Beispiel 1 aus einer Jugendgruppe:»Wir diskutieren eine Viertelstunde über die Initiative von M. Alle sollen einmal zu Worte kommen. Dann stimmen wir ab. Wenn die Mehrheit für die Initiative von M. stimmt, gehen wir das Projekt an. Sonst geben wir's auf.«

Beispiel 2 aus einer Landschulklasse mit 7- bis 9jährigen Primarschülern. Die Schüler/innen haben folgende Stichworte auf einem Pappkarton an der Wand notiert:

»Nicht zwei auf einmal reden.
Auf den anderen hören.
Erst arbeiten, wenn niemand mehr neue Vorschläge hat.«

Die Vereinbarung eines derartigen Rahmens kann vorab oder während der Auseinandersetzung mit der Projektinitiative erfolgen. Am Ende verfügen die Teilnehmer/innen entweder über eine bereinigte oder angereicherte Projektinitiative, d.h. über eine Projektskizze, oder sie haben sich klar gemacht, warum sie die Projektinitiative ablehnen.

Die Projektskizze

Die Projektskizze ist kein ausgefeilter Projektplan. Vielmehr umreißt sie das Gebiet, in dem die Teilnehmer/innen künftig tätig werden wollen. Das wird beim nachstehenden Beispiel einer Projektskizze aus einer 4. Klasse sehr schön deutlich:

Beispiel:»Wir wollen uns in den nächsten Wochen mit den Spielplätzen in der Nähe unserer Wohnungen beschäftigen.

Jede zweite Woche stehen am Freitag die ersten zwei Stunden zur Verfügung. Am Schluß soll untersucht sein, wer die Plätze besucht und ob die Besucher die Geräte mögen und benutzen. Eltern und Gartenbauamt sollen das Ergebnis der Untersuchung kennenlernen.«

Die hier aufgeführte Formulierung gibt die mündliche Zusammenfassung der Lehrerin wieder. Die schriftliche Fassung der Projektskizze enthält nur Stichworte, die die Schüler als Merkposten auf der alten Wandtafel an der Rückwand des Schulzimmers notierten:

»Spielplätze;
4 bis 6 Wochen; Freitag 1. und 2. Std.;
wer benutzt die Spielplätze?
Nutzen der Geräte?
Vorliebe für Geräte?
Bericht an Eltern und Gartenbauamt.«

Ich habe bereits angedeutet, daß die Art und Weise wichtig ist, wie sich die angehenden Projektmitglieder mit der Initiative auseinandersetzen. Diesen Punkt möchte ich noch etwas vertiefen. Das Stichwort heißt:

Echte Auseinandersetzung

Die Teilnehmer/innen müssen ihre Interessen, Präferenzen, Sympathien und Antipathien, aber auch ihre längerfristigen Perspektiven in die Projektinitiative einfließen lassen. Die endgültige Fassung der Projektinitiative muß die Betätigungswünsche der Teilnehmer/innen in sich tragen. Sie stellt sozusagen die Summe der reflektierten aktuellen Betätigungsbedürfnisse dar. Die Ablehnung einer Projektinitiative darf nicht heimlich geschehen oder auf Scheingründe oder Sachzwänge abgewälzt werden. Deshalb muß die Auseinandersetzung mit der Projektinitiative so geführt werden, daß die eigentlichen Wünsche und Befürchtungen auch geäußert werden können.

Darüber hinaus muß die Auseinandersetzung so geführt werden, daß sie der Entwicklung gerecht wird, die der Projektinitiative vorausgegangen ist. Die Teilnehmer/innen versuchen also, die Entstehung und die Motive der Projektinitiative nachzuvollziehen. Sie konfrontieren sie nicht einfach mit ihren eigenen Wünschen, um den starken Interessen nachzugeben oder einen Kompromiß zu schließen. Bildung kommt nicht durch Interessenausgleich zustande, eher schon durch ein verstehendes Nachvollziehen und Aushandeln zwischen den Beteiligten.

Die Teilnehmer/innen eines Projektes werden also ihre Argumente austauschen, nachdem sie sich zuvor auf einige Spielregeln verständigt haben; sie bringen mit ihren Argumenten auch ihre Erfahrungen und Bedürfnisse ein. Sie bemühen sich, diese respektvoll in die historischen Gegebenheiten einzufügen. Damit betreiben sie ein Stück Rechtfertigung ihres Tuns und auch ihrer Bildung.

Konkretisierungen

Ich habe in den folgenden Abschnitten Vorschläge für die Projektpraxis ausgearbeitet. Zunächst kommen Vorschläge für mehrere Gebiete, über die man Vereinbarungen treffen könnte oder sollte. Diese Gebiete finden Sie in den Abschnitten a) bis f). Der Abschnitt g) zeigt dann vor allem, wie die Projektskizzen am Schluß der Auseinandersetzung mit der Projektinitiative aussehen könnten. Der letzte Abschnitt h) besteht aus einer eher theoretischen Betrachtung der Projektanfänge.

Es ist selbstverständlich, daß bei ersten Arbeiten mit der Projektmethode nicht alle Verständigungsbereiche berücksichtigt werden können. Es ist auch nach einiger Erfahrung mit der Projektmethode nicht angezeigt, immer alle Möglichkeiten auszuschöpfen. Und so ist es auch bei Ihrer Lektüre. Ich empfehle Ihnen, entweder mit jenen Abschnitten zu beginnen, in denen Sie sich schon auskennen, oder aber mit denen, die Sie besonders reizen.

a) Vereinbarung über Verfahrensregeln,
b) Vereinbarung über Zeitlimits,
c) Vereinbarung über vernünftiges Argumentieren,
d) Vereinbarung über den Umgang miteinander,
e) Vereinbarung über den Umgang mit hergestellter und natürlicher Umwelt,
f) Minimalprogramm der Vereinbarung,
g) Auseinandersetzung über die Projektinitiative: Ergebnis Projektskizze,
h) Zur Theorie des Projektanfangs.

a) Vereinbarung über Verfahrensregeln

Es kann von Vorteil sein, sich über die folgende Alternative früh klarzuwerden.

A Wenn ein mehrheitlich positives Meinungsbild in der Auseinandersetzung über die Projektmethode zustandekommt, machen alle mit. Die Minderheit schließt sich an. Es gibt nur ein Projekt.

B Es besteht die Möglichkeit, Teilprojekte, Alternativprojekte, zwei oder auch drei Projekte in Angriff zu nehmen.

Vielleicht ist es sogar angezeigt, über diese Alternative zu befinden, bevor die einzelnen Initiativen auf dem Tisch liegen.

Eine frühzeitige Vereinbarung zu dieser Frage zentriert die spätere Diskussion voll auf die Projektinitiative. Die Auseinandersetzung mit der Projektinitiative wird einfacher. Auf der anderen Seite könnten Verfahrensregeln die Sachfragen zu stark vereinfachen. Warum dies so ist, möchte ich Ihnen zu begründen versuchen:

Verfahrensregeln sind ambivalent. Sie erleichtern das Vorankommen in Planung und Ausführung. Sie können aus zerstrittenen und konfliktbeladenen Situationen äußerlich herausführen. Sie schieben aber auch Schablonen zwischen die Menschen. Sie verdinglichen Beziehungen.

Die Projektmethode zielt auf Zusammenarbeit. Sie lebt vom Austausch der Argumente. Die Bedürfnisse werden direkt geäußert. Deren Beweggründe sind Gegenstand der Diskussion. Diskrepanzen im Deutungsspektrum bleiben dabei nicht aus. Die Projektmethode trägt dazu bei, Diskrepanzen offenzulegen, sie anerkennen zu lernen oder aufzuarbeiten. Letztendlich dürfte damit recht viel gemeinsames oder abgestimmtes Handeln entstehen. Deshalb vermischen sich in der Hochform der Projektmethode »Verfahrensregeln« mit »Sachfragen«. Verfahrensregeln nehmen einen minimalen Raum ein. Auf jeden Fall gibt es kein Regelwerk wie bei Sozialorganisationen, die auf Fraktionsbildung, Polarisierung sowie auf vorhandene, vermeintliche oder durch das Regelwerk beförderte Interessenblöcke ausgerichtet sind. Die meisten Regularien der Parlamente, der neueren schulischen Mitbestimmungsgesetze und der verfaßten Bereiche der sogenannten Sozialpartner sind keine Vorbilder für die Projektmethode. Die Projektmethode sucht, mit sparsameren Mitteln der Institutionalisierung auszukommen. Fortgeschrittene Gruppen schließen deshalb vor der Auseinandersetzung auch keine förmliche Vereinbarung. Vielmehr besprechen sie nur mögliche kritische Konstellationen, die in der Gruppe vorhanden sind oder später bei komplizierten Projektphasen an der Oberfläche erscheinen könnten.

Natürlich kann der Projektverlauf auf Konstellationen stoßen, welche eine numerische Abstimmung nahelegen. Dann sind die kritischen Stellen des Abstimmungsverfahrens vorher zu regeln. Dazu gehören die Punkte: Einfache Mehrheit oder Zweidrittelmehrheit, Stichentscheid, Stimmenzähler, Antragsrecht und ähnliches.

b) Vereinbarung über Zeitlimits

Projektteilnehmer/innen, die noch nicht durch lange Projekterfahrung aufeinander eingestimmt sind, vereinbaren ein Zeitlimit für die Auseinandersetzung über die Projektinitiative. Sie machen zu Beginn eines Miniprojektes zum Beispiel ab, daß die Auseinandersetzung über die Projektinitiative nicht länger als 30 Minuten dauern soll. Bei einem Mediprojekt von 2 Tagen terminieren sie die Auseinandersetzung vielleicht auf 2 Stunden. Für ein Zeitlimit sprechen zwei pragmatische Gründe:

Erstens
erhöht die vorher fixierte zeitliche Grenze die Wahrscheinlichkeit, daß die Bemühungen Erfolg haben. Das vorher bestimmte, zeitliche Ende zwingt zur Konzentration. Der äußere Erfolg stellt sich leichter ein. Diese Bestätigung ermuntert dann zu nächsten Schritten.

Zweitens
unterstreicht das Zeitlimit gerade bei konfliktreichen Gruppenprozessen die Notwendigkeit, die vorab definierten Kommunikationsregeln einzuhalten. Projektanfänger/innen dringen oft gar nicht bis zur Konfliktlösung vor. Sie verfangen sich in sehr zeitaufwendigen, nicht selten ergebnislosen Debatten über die Form der Verständigung. Oft geht es nicht einmal um Verständigung, sondern um Positionskämpfe für Verfahrensregeln. Auf diese Weise werden soziale Konflikte für die Beteiligten sehr bald undurchschaubar und gefährden den Fortschritt des Projektes. Beim lehrergesteuerten Schulunterricht in festen Klassen muß man freilich davor keine Angst haben. Dort passiert eher das Umgekehrte. Konflikte dringen nicht bis zur Oberfläche durch. Routine und unterrichtsspezifische Mechanismen (z.B. der selbstgemachte Stoffdruck) halten die Konflikte unter der Decke.

Der Zeitanteil der Komponente am Gesamtprojekt

Die Auseinandersetzung mit der Projektinitiative benötigt gut und gerne 5% bis 20% der veranschlagten Projektzeit. Alle sollen ja wissen, worum sich das Projekt letztendlich drehen soll. Sie müssen die Initiative mit ihrer eigenen Welt verbinden. Es gibt aber noch einen tieferen Grund für einen großen Zeitanteil. Die Projektmethode ist ein Bildungsansatz, bei dem die Lernenden Wirklichkeit selber mitschaffen. Darin unterscheidet sich die Projektmethode zumindest graduell von anderen Methoden.

Es gibt Projektinitiativen, die einen mehrfachen Zeitbedarf haben. Dort wird die Auseinandersetzung mit der Projektinitiative zum Hauptteil. Das ist etwa der Fall, wenn die Persönlichkeitsentfaltung einzelner Gruppenmitglieder, deren Zusammenleben, die Geschichte oder Zukunft des eigenen Tuns (in Sachen Beruf, Wissenschaft, Religion, Freizeit, Politik, ...) im Zentrum der Projektinitiative stehen. Hier bildet die Art und Weise die Substanz.

Die Auseinandersetzung mit der Projektinitiative muß nicht immer gleich lange dauern. Ich kann mir vorstellen, daß Sie folgende Variation wählen. In den ersten zwei Projekten fahren Sie diese Komponente recht kurz. Sie beschränken sich auf das Nötigste, dehnen dann allerdings im dritten Projekt die Komponente erheblich aus, um über Gegenstände und Formen der Vereinbarung zu diskutieren.

In der Hochform der Projektmethode wird man keine Zeitlimits für die einzelnen Komponenten abmachen. Die Projektgruppe setzt sich lediglich einen zeitlichen Gesamtrahmen. Aber auch der kann fehlen. Projektanfängern möchte ich dieses Wagnis jedoch nicht empfehlen.

c) Vereinbarung über vernünftiges Argumentieren

Es ist eine bekannte Tatsache, daß gewandte Redner oft die Gesprächssituation beherrschen. Ebenso oft verwenden Teilnehmer/innen in einer Gesprächsrunde Fachsprachen oder verklausulieren das Gemeinte. Andere kommen mit einer heimlichen Tagesordnung (hidden agenda) in den Kreis. Sie machen mit, aber ihr eigentliches Thema ist gar nicht das Projekt. Manchmal nutzen Sprecher ihr Autoritätsgefälle anderen gegenüber aus und verschaffen den eigenen Vorschlägen einen besonderen Nachdruck. Solche Erscheinungen hindern alle Beteiligten in ihrer Selbstentfaltung. Sie stehen auch der Wahrheitsfindung im Wege. Philosophen haben schon seit langem auf diesen Umstand hingewiesen und gefordert, Gespräche sollten symmetrisch ablaufen. Das heißt: Gleichberechtigte Partner sollten das Gespräch führen. Das Gespräch sollte mit gleichen Mitteln hin und her gehen. Aufgrund meiner eigenen Bildungsgeschichte fallen mir zunächst drei Philosophen bzw. Philosophenschulen ein, die diese Forderung erhoben. Als früheste ist mir jene von Thomas von Aquin (1225 bis 1274) bekannt. Er hat gefordert, daß sich bei den innerkirchlichen Disputen zur Findung von Glaubenswahrheiten zwei gleichberechtigte, vernünftig argumentierende Partner gegenübersitzen sollten. In neuer Zeit hat Martin Buber (1878 bis 1965) das Dialogische Prinzip formuliert. Er verstand dieses als Regulativ für das menschliche Zusammenleben und insbesondere für das pädagogische Verhältnis von Lehrer und Schüler. Die Erlanger Schule der Praktischen Philosophie hat sich in den letzten Jahrzehnten eingehend mit der Frage beschäftigt, wie man zu Sätzen gelangen kann, die für möglichst viele Personen und Situationen Geltung beanspruchen können. Vertreter dieser Schule stellten daraufhin Regeln für logisch-rationales Argumentieren auf (vgl. Kamlah/Lorenzen 1967; Kambartel 1973).

Ich möchte Sie im folgenden mit einigen Vorschlägen vertraut machen, die aus dieser Schule hervorgegangen sind. Es handelt sich um einen Satz von acht Regeln, die Matthias Gatzemeier für die Beratung von Lehrzielen eingerichtet hat. Gatzemeier nennt die Regeln »Kriterien der rationalen Argumentation« (1975, 150). Sie verstehen sich als Regeln, zu deren Einhaltung sich der Sprecher verpflichtet.

Sofern Ihre Projektgruppe bei der Auseinandersetzung mit der Projektinitiative auf vernünftiges Argumentieren achten möchte, könnte sie sich die eine oder andere dieser Regeln zu eigen machen.

113

Der kursiv gesetzte Text gibt wörtlich die 8 Regeln von Gatzemeier wieder. Die Erläuterungen und Beispiele habe ich in enger Anlehnung an Gatzemeier für unsere Zwecke in der Projektmethode eingerichtet.

Acht Regeln

1. Alle in der Argumentation verwendeten, für ihr Verstehen wichtigen Worte müssen verständlich erläutert werden.

Erläuterung: Die Anwesenden wissen sonst nicht, worüber geredet wird. Der Redner erläutert Fachausdrücke, Akzentuierungen, besondere Namen oder andere Worte, von denen er annimmt, daß sie nicht alle verstanden worden sind. Auf Nachfragen legt der Redende das Gesagte noch einmal verständlich dar (Erläuterungspflicht).

2. Alle Behauptungen und alle zur Verteidigung einer Behauptung herangezogenen Aussagen müssen begründet werden.

Erläuterung: Der Redende sagt, warum nach seiner Auffassung etwas so ist. Er gibt Gründe dafür an, weshalb etwas zu tun sei. Beispiel: Der Sprechende sagt nicht nur, *daß* am Nachmittag keine Schule sei, sondern auch, *warum* – nämlich *weil* Lehrerin X krank ist.

3. Kein von irgendeinem Gesprächspartner hervorgebrachtes Argument darf von vornherein, d.h. ohne nähere Prüfung und Begründung ausgeschlossen werden.

Erläuterung: Auch wenn ein Argument noch nicht ganz klar formuliert ist, sollte es doch zunächst mal zugelassen werden. Vielleicht kann es im Verlaufe der weiteren Diskussion klarer herausgearbeitet werden.

4. Jeder Teilnehmer an einer Argumentation muß bereit sein, alle seine für die Begründungen wichtigen Überzeugungen – wie sehr er auch an ihnen hängen mag – überprüfen zu lassen und gegebenenfalls aufzugeben.

Erläuterung: Wer argumentiert, muß unvoreingenommen sein. Er verzichtet darauf, auf einer Meinung zu beharren und erklärt sich bereit, über gewisse Dinge mit sich reden zu lassen. Folgende Aussprüche sind dann unhaltbar:»Die Leute von M. sind und bleiben ...«.»Über den Ansatz von A. lohnt sich nicht zu reden.«

5. Das Geben oder Verweigern der Zustimmung zu einem Argumentationsgegenstand darf nicht von Belohnung oder Strafe (positiven oder negativen Sanktionen) abhängig sein.

Erläuterung: Die Teilnehmer/innen müssen versuchen, offensichtliche oder verdeckte Sanktionen (möglichst) auszuschalten. Wenn dies in der obligatorischen Schule nicht erreichbar ist, sollte zumindest der Stellenwert für dieses Projekt klar sein.

Beispiel: In Bildungsinstitutionen sind Berurteilungen und Zeugnisse die häufigsten Sanktionen. Der Lehrer, Direktor oder der Lehrplan legen mindestens offen, was, wie, wann, benotet wird. Sie teilen mit, welchen Stellenwert die Note aus dem Projekt besitzt. Noch günstiger wäre die Beratung der Benotung durch alle Beteiligten.

6. In der Argumentation darf man sich nicht auf ein ungeprüftes gemeinsames Vorverständnis berufen.

Erläuterung: Die Sprechenden achten auf Vorannahmen, Grundauffassungen und Aprioris. Sie sollten auch darüber reden, weil sonst leicht eingefahrene Schablonen ungeprüft weitertransportiert werden. Die Vorverständnisse könnten nämlich eine sachbezogene Diskussion überlagern.

7. Wenn eine Argumentation nach bestem Wissen aller Beteiligten zu einem begründeten Ergebnis gelangt ist, sollte geprüft werden, ob jedermann diesem Ergebnis zustimmen könnte.

Erläuterung: Diese Regel bedeutet zweierlei. Erstens sollten die Anwesenden dem Argument zustimmen können. Zweitens sollte überlegt werden, ob auch die nichtanwesenden Interessierten oder Betroffenen das Argument akzeptieren können, wenn sie rational argumentieren. Beachtet man diese Regel, dann stützt sich ein Beratungsergebnis nicht nur auf die Gemeinsamkeit der Anwesenden. Die Argumente sind dann nicht nur zwischen den Anwesenden (intersubjektiv), sondern auch über die einzelnen Individuen hinaus (transsubjektiv) abgestützt.

8. Von den Teilnehmern an einer Argumentation ist zu fordern a) Sachkunde und b) Gutwilligkeit.

Erläuterung: Sachkunde kann in vielen Fällen kurzfristig erworben werden. Der anwesende Unkundige läßt sich über die Sachverhalte aufklären und greift erst danach wieder argumentierend in die Diskussion ein. Die Gutwilligkeit verlangt eine aktive Teilnahme an der Diskussion.

Beispiel: Die Rednerin kann sich nicht nur auf ein Schlußplädoyer oder das stumme Dasitzen beschränken. Sie bemüht sich, die Regeln der Unvoreingenommenheit auf sich anzuwenden.

Anwenden des Regelsatzes

Sicher sind Gymnasiasten oder Sprachstudenten geübt, diese Regeln in Taten umzusetzen. Die recht abstrakte Form dürfte nicht stören. Viele Sprachlernsituationen liegen schon auf dieser Ebene. Andere Teilnehmer verfügen vielleicht nicht über die Voraussetzungen. Sie sollten sich dann ihre eigenen Regeln geben, und zwar solche, die sie für sich als fruchtbar ansehen.

Das hat noch einen anderen Vorteil. Hinderliche Mitteilungsschemata werden direkt bekämpft. Vernünftig argumentieren wird dann auch nicht zu sekundärem Rationalisieren und auch nicht zur Spielwiese für Abstraktions- und Redekünstler. Deshalb ist es vielleicht auch für eine Gymnasialklasse oder ein Managerteam angebracht, Regeln auf ihre Situation zu beziehen.

Beispiel 1: »Während der nächsten zwei Stunden beruft sich niemand auf die Satzung. Falls doch, begründet der Betreffende den Paragraphen selber.«

Beispiel 2: »Die fünf Neulinge halten jedesmal die gelbe Karte hoch, wenn die alten Hasen unverständlich sprechen.«

Beispiel 3: »Erstens gibt Frau A. immer den Grund an, wenn sie findet, daß sie für etwas allein die Verantwortung übernehmen muß. Zweitens unterhalten wir uns über jeden Vorschlag mindestens fünf Minuten lang, bevor wir ihn verwerfen. Dabei dürften nicht nur Pros oder nur Contras vorkommen.«

Bekanntmachung und Einführung der Regeln

Weg I
Die Gruppe wählt am Anfang eine einzige Regel aus. Es sollte eine Regel sein, die sie für sich als besonders sinnvoll und nötig ansieht. Die Motivation, die Regel anzuwenden, ist dann größer.

Nach der Wahl oder Formulierung der Regel übt die Gruppe anhand einiger Beispiele. Besonders geeignet sind Tagesberichte aus Zeitungen und Fernsehen (Video) mit kontroversen Themen (z.B. »Wer ist an der schlechten Lage von ... schuld?«, »Hat A. den Preis zu Recht gewonnen?«). Dann

steigt die Gruppe in die Auseinandersetzung mit der Projektinitiative ein.

Weg II

Der Projektleiter wartet, bis erste, sehr offensichtliche Verstöße gegen Regeln auftreten. Er weist auf die Nachteile für einzelne Gruppenmitglieder hin. Er regt an, sich darüber Gedanken zu machen. Die Gruppe erstellt dann eigene Regeln. In
gut funktionierenden Gruppen muß die Leitung nicht selbst
intervenieren. Sie kann warten, bis ein Mitglied sein Unbehagen vorträgt.

Mögliche Probleme des Weges II:

– Konfliktungewohnte Gruppen oder Teilnehmer/innen werden durch grobe Verstöße verstört. Sie brauchen danach
viel Zeit, wieder arbeitsförderndes Vertrauen aufzubauen.

– Der Leiter erscheint unter Umständen unglaubwürdig,
wenn er seine Bewertung von Kommunikationsregeln im
Prozeß nicht früh genug zur Diskussion stellt.

Weg III

Der Leiter führt von sich aus die Regeln ein. Er begründet sie
und fragt, ob und welche Regeln die Mitglieder zunächst einmal bedeutsam finden. Vielleicht hat die Gruppe schon früher
zusammengearbeitet und kann ein bekanntes Problem anpak-
ken.

Weg IV

Die Leiterin läßt die Regeln erarbeiten. Die Aufforderung erfolgt durch eine Formulierung der folgenden Art:»In der Projektmethode bestimmt nicht die Lehrerin allein, was zu tun ist.
Alle zusammen sollen die Richtung angeben. Dazu müssen
wir die Meinung aller haben. Wir sollten also miteinander ein
Gespräch führen, in dem alle zu Wort kommen und niemand
durch die Reden des anderen übervorteilt wird. Was müssen
wir bei einer solchen Unterhaltung beachten?«

Der Advokat

Es ist auch möglich, nach Festlegung einer Regel gar nicht zu üben, sondern sofort mit der Projektarbeit zu beginnen. Dafür wird ein Mitglied zum Advokaten der Regel ernannt. Dieses Mitglied meldet sich, wenn die Regel gut oder schlecht beachtet worden ist. Die Gruppe kann den Einwurf diskutieren. So wird allmählich klar, was die Regel in der Praxis heißt und wie sie in der konkreten Situation dieses Projektes wirkt. Wichtig ist, daß der Advokat nicht nur Mißachtungen der Regel, sondern auch gelungene Anwendungen an die Anwesenden zurückmeldet. Wenn Sie Advokaten nicht mögen, probieren Sie's mit dem Supervisor, vielleicht Moniteur. Vielleicht sind Sie Sympathisantin eines bedeutenden französischen Touristikunternehmens, bei dem sich alle duzen und mit Chipsgeld bezahlen. Ihr Förderer der Regeln heißt dann Animateur.

Es gibt auch Widerstände

Obwohl die Regeln das rationale Argumentieren erleichtern, berühren sie auch die persönliche Sphäre. Von den Teilnehmer/innen werden nämlich Ehrlichkeit und Offenheit verlangt. Sie müssen persönliche Risiken eingehen, indem sie Farbe bekennen. Sie haben die tatsächlichen Beweggründe zu nennen, da die Argumente stichhaltig sein müssen. Liebgewordene Glaubenssätze müssen auf den Prüfstand. Dies bedeutet Aufgabe sicherer Positionen. Sekundäre Rationalisierungen haben keine langen Beine. Die Argumentationspflicht deckt auch tiefere Motive auf.

Seien Sie also nicht verwundert, wenn Widerstand und Skepsis auftreten, wie sie mir schon begegnet sind:

– »Wir kommen gut miteinander zurecht – was soll das Ganze? Wir werden dadurch nur von der Sache abgelenkt ...«

- »Kommunikation nach Regeln ist unnatürlich – wir werden alle Spontaneität verlieren ...«
- »Wenn wir erst auf dieser Ebene zu kommunizieren anfangen, wird das hier zur Gruppentherapie ...«

Theoretische Grenzen

Gatzemeier's Regel 7 zielt auf transsubjektive Gültigkeit. Bei Beachtung rationaler Argumentation wird darauf ein begrifflich-logisches Konstrukt. Dieses behandelt ein Gebiet in gewisser Weise erschöpfend. Erschöpfend heißt in diesem Zusammenhang aber auch: fertig, bis zu Ende, abgeschlossen, kontingent. Und hier gerät das Ergebnis einer rationalen Argumentation nach Gatzemeier, d.h. einem Strang der Praktischen Philosophie der Erlanger Schule, in Widerspruch zur Projektmethode mit ihren curricularen und allgemeinpädagogischen Prinzipien (vgl. Abschnitt 6). Insofern kann der Regelsatz nur mit Bewußtsein seiner Grenzen verwendet werden. Seine verfestigende Struktur muß wieder in den Prozeß überführt werden. Die Begründung für diese Forderung habe ich im Aufsatz über Prozeß und Makrostruktur als Zentralbegriffe curricularer Planungsmodelle zu formulieren versucht (Frey 1980).

LIT Zum Erarbeiten und Vertiefen des vernünftigen Argumentierens: Gatzemeier 1975 und Füglister 1975. Beide Beiträge umfassen etwa zehn Seiten. Füglister hat seinen Beitrag für Schüler/innen geschrieben. Eine umfassende Einführung mit mehreren Passagen, die Vorkenntnisse in Philosophie voraussetzen: Uhle 1978. Nicht nur auf rationale Argumentation abhebend; mit vielen Beispielen aus der Schule: Boettcher/Otto/Sitta/Tymister 1982; Grupe 1964.

d) Vereinbarung über den Umgang miteinander

Es gibt lebendige Gemeinschaften, die Beziehungen nach außen pflegen, ihre internen Beziehungsprobleme regelmäßig aufarbeiten und sich insgesamt weiterentwickeln. Sie brauchen keine besondere Anfangsverständigung, um miteinander zu leben. Möchten solche Gemeinschaften aber Bildung betreiben, eine Bildungsgemeinschaft werden, ist es nötig, die wesentlichen Züge des Miteinanders ans Licht zu heben oder deutlich zu erfahren. Dadurch schaffen sie eine bewußte Verständigung, auf die sie sich später in der Metainteraktion vergleichend beziehen können.

In der Regel haben Projektgruppen zu Beginn ihrer Tätigkeit noch keinen derart hohen Stand erreicht, daß sie sich lediglich ihres idealen Miteinanders für projektmäßiges Lernen versichern müssen. In vielen Fällen sind die vorhandenen Verhaltensmuster nicht projektförderlich. Ein Wirtschaftsunternehmen mit klarer Trennung von Linie und Stab unterstützt Verhaltensweisen, die nicht im voraus auf gemeinsames Tun gerichtet sind. Starke Arbeitsteilung in der Produktion wirkt ebenso und selbstverständlich auch der frontale Unterrichtsbetrieb von Schule und Universität.

In solchen Fällen empfiehlt es sich, einige Hilfen hinzuzuziehen, die projektmäßigen Umgang miteinander unterstützen.

Verbesserung im Umgang

Im folgenden will ich einige Hilfen vorstellen, die ihre Wurzeln in neueren Psychotherapieformen haben. Ich versuche, ihre Verwendbarkeit in der Projektmethode zu skizzieren.

Ruth C. Cohn hat in den sechziger Jahren aus der Psychoanalyse und Gruppentherapie heraus ein neues Konzept entwickelt. Es ist darauf ausgerichtet, a) die sachbezogene Arbeit des einzelnen an einem Thema zu unterstützen und (b) die Gruppe zu einem fruchtbaren Miteinander zu führen.

Ruth Cohn lebte damals in den USA, sie ist inzwischen wieder in Europa. Sie nennt ihr Konzept »Themenzentrierte Interaktion« (TZI). Ihre Arbeiten sind vor allem im deutschen Sprachraum bekannt. Man kann sich mit einem längeren Fortbildungsprogramm zum Experten für TZI ausbilden lassen. Das Konzept basiert auf dem Verständnis des Menschen als einer leibseelischen Einheit und als Teil eines sozialen Organismus. Menschen sind selbständig und zugleich voneinander abhängig. Dieses Verständnis führt zu den zwei Grundpostulaten der TZI:

1. »Sei Dein eigener Chairman, d.h. sei Dir Deiner inneren Gegebenheiten und Deiner Umwelt bewußt. Nimm jede Situation als Angebot für Deine Entscheidungen. Nimm und gib, wie Du es verantwortlich für Dich selbst und andere willst.
2. Beachte Hindernisse auf Deinem Weg, Deine eigenen und die von anderen. Störungen haben Vorrang (ohne ihre Lösung wird Wachstum erschwert oder verhindert)« (Cohn 1975, 121ff.).

Wenn man in der Projektmethode diese zwei Postulate beachtet, kommt man folgenden zwei Zielen näher:

a) Man nimmt die anderen Beteiligten in der Gruppe ernst,
b) man verwirklicht sich dabei selbst.

Mir scheint deshalb, daß das Konzept der TZI für die Projektmethode eine Hilfe darstellen kann. Ich zitiere im Folgenden wörtlich die 9 Hilfsregeln, die Ruth Cohn aus den Grundpostulaten heraus entwickelt hat und setze einen kleinen wörtlich übernommenen Auszug aus den etwa zwanzig bis dreißig Zeilen umfassenden Begründungen von Ruth Cohn hinzu.
Dabei ist es wichtiger, die grundlegenden Postulate der Eigenverantwortung und der wechselseitigen Abhängigkeit in der konkreten Situation bewußt zu machen, als die Projekt-

mitglieder mit einem Regelsatz zu überfahren – was außerdem den Zielsetzungen der Projektmethode zuwiderläuft. Lassen Sie sich durch die Du-Form im folgenden Text nicht stören. Ruth Cohn und eine Reihe ihrer Schüler halten das Du (im Gegensatz zum Sie) für wichtig. Ich kann dieser Auffassung nicht folgen. Ob Du oder Sie hängt von den allgemeinen Umgangsformen in der Gruppe ab.

Die neun Hilfsregeln

1. Vertritt Dich selbst in Deinen Aussagen; sprich per »Ich« und nicht per »Wir« oder per »Man«.

Begründung: Diese allgemeinen Wendungen von »Wir«, wie z.b. in »Wir glauben«, »Man tut«, »Jedermann denkt«, »Niemand sollte«, sind fast immer persönliche Versteckspiele. Der Sprechende übernimmt nicht die volle Verantwortung für das, was er sagt.

2. Wenn Du eine Frage stellst, sage, warum Du fragst und was Deine Frage für Dich bedeutet. Sage Dich selbst aus, und vermeide das Interview.

Begründung: Echte Fragen verlangen Informationen, die nötig sind, um etwas zu verstehen oder Prozesse weiterzuführen. Authentische Informationsfragen werden durch die Gründe für die Informationswünsche persönlicher und klarer.

3. Sei authentisch und selektiv (auswählend) in Deinen Situationen. Mache Dir bewußt, was Du denkst und fühlst, und wähle, was Du sagst und tust.

Begründung: Wenn ich etwas nur sage oder tue, weil ich soll, dann fehlt dieser Handlung meine eigene, bewährte Überprüfung, und ich handle nicht eigenständig. Wenn ich alles ungefiltert sage, beachte ich nicht meine und des anderen Vertrauensbereitschaft und Verständnisfähigkeit.

4. Halte Dich mit Interpretationen von anderen solange wie möglich zurück. Sprich statt dessen Deine persönlichen Erfahrungen aus.

Begründung: Nicht-interpretative, direkte, persönliche Reaktionen zum Verhalten anderer führen zu spontaner Interaktion. (»Du redest, weil Du immer im Mittelpunkt stehen willst«, im Gegensatz zu:»Bitte, rede jetzt nicht«,»Ich möchte nachdenken« oder »Ich möchte selbst reden«).

5. Sei zurückhaltend mit Verallgemeinerungen.

Begründung: Verallgemeinerungen haben die Eigenart, den Gruppenprozeß zu unterbrechen. Sie sind am Platz, wenn ein Unterthema ausreichend diskutiert und der Wechsel des Gegenstandes angezeigt ist.

6. Wenn Du etwas über das Benehmen oder die Charakteristik eines anderen Teilnehmers aussagst, sage auch, was es Dir bedeutet, daß er so ist, wie er ist (d.h., wie Du ihn siehst).

Begründung: Die Aussage darüber, wie ich einen anderen sehe, ist immer meine persönliche Meinung. Ich kann nur meine Ansicht über den anderen aussprechen, nicht aber mit dem Anspruch auf allgemeine Gültigkeit. Wenn der Sprecher hinzufügt, was ihm seine Fragen und seine Rückmeldung bedeuten, werden echte Dialoge begünstigt.

7. Seitengespräche haben Vorrang.

Begründung: Wenn ein Gruppenmitglied Aussagen an seinen Nachbarn richtet, so ist er mit großer Wahrscheinlichkeit stark beteiligt. Es kann sein, daß er etwas sagen will, was ihm wichtig ist, aber er scheut sich, es zu tun; oder er kommt nicht gegen schnellere Sprecher an und braucht Hilfe, sich in der Gruppe zu exponieren.

8. Nur einer zur gleichen Zeit bitte.

Begründung: Um sich auf verbale Interaktionen konzentrieren zu können, müssen sie nacheinander erfolgen. Der Gruppenzusammenhalt ergibt sich aus konzentriertem Interesse füreinander und für die Aussagen oder Aktionen jedes Teilnehmers.

9. Wenn mehr als einer gleichzeitig sprechen will, verständigt Euch in Stichworten, über was Ihr zu sprechen beabsichtigt.

Begründung: Alle Anliegen derer, die gerne sprechen möchten, werden auf diese Weise kurz erörtert, bevor die volle Gruppenaktion weitergeht. Eine kurze Kommunikation mindert explosive Bedürfnisse, sich mitzuteilen und befähigt die Gruppe zu wählen. Wenn diese Regel nicht aufgestellt wird, zeigt sich oft verstärktes Rollenverhalten: Der Scheue geht noch weniger aus sich heraus, der Dominante dominiert noch mehr und beherrscht das Sprechfeld (Cohn 1975, 124–127).

Es wäre nun falsch und nicht im Sinne der Ziele, wenn diese Regeln verordnet würden. Bieten Sie die eine oder andere an. Vielleicht erachtet auch Ihre Projektgruppe eine Regel für sich als sinnvoll. Wer Regeln dieser Art vereinbaren möchte, sollte lediglich mit ein oder zwei, maximal drei Regeln beginnen. Fünf oder sechs Regeln auf einmal stiften Verwirrung. Ich habe im vorausgehenden Abschnitt über vernünftiges Argumentieren vier Wege gezeigt, wie Sie Regeln in Ihre Gruppe einführen können. Diese vier Wege gelten auch für die TZI-Regeln.

Projekttheoretischer Nachtrag

Die TZI versteht sich mit ihrer Hintergrundphilosophie als umfassendes Konzept menschlicher Selbstentwicklung. Hierin ist sie dem Selbstverständnis von Carl Rogers und seiner Schule verwandt (z.B. Rogers 1972).

In der Projektmethode hat TZI nur Zulieferfunktion. Sie ist eine Grundlage für die Verständigung über den Umgang miteinander. Dafür ist sie geeignet, da gruppendynamische Aspekte in der TZI dominieren. Allerdings setzt das Grundpostulat »Störungen haben Vorrang« der TZI Grenzen. Es gewährt der Systematik von Reflexion und der historischen Dimension nicht den nötigen Raum im curricularen Legitimationsprozeß (vgl. Frey 1975 und 1981).

Weitere Ansätze

1. Alternativen zur TZI

Es gibt neben der TZI weitere Grundlagen, die als Ausgangspunkt für die Vereinbarung von Regeln zum Umgang miteinander geeignet wären.

Bürger 1978: Ein Band, der von theoretischen Grundlagen bis zu Schüleranleitungen Faktoren aufzeigt, die Teamfähigkeit fördern.

Brocher 1967: Ein Anleitungsbuch, das für Erwachsene geschrieben wurde, aber auch in Gruppen von Kindern und Jugendlichen einsetzbar ist.

Gordon 1977: Vor allem für Lehrer im institutionellen Unterricht der Schule geeignet, da die dortigen Bedingungen beachtet werden.

2. Spezielle Techniken

Es ist denkbar, daß Ihre Projektgruppe besondere Kommunikations- und Interaktionsfertigkeiten erlernen möchte, die den Umgang miteinander erfreulicher gestalten helfen. Vielleicht sind Fertigkeiten gefragt, die mehr auf das Kommunikationsverhalten des einzelnen Gruppenmitgliedes zielen, z.B. die Technik der produktiven Rückmeldung (feed-back). Vopel/Kirsten (1974) haben Trainings- und Informationsmaterial zusammengestellt, das sich dafür eignet.

126

Vielleicht braucht Ihre Gruppe mehr Hilfe bei der Bewältigung von Kooperationsproblemen in der Gruppe, z.B. für Entscheiden oder kooperatives Handeln. Neben Antons klassischen Übungen zur Erhellung gruppendynamischer Prozesse (Antons 1973) vermitteln auch Vopel/Kirsten (1974) und Fittkau und Mitarbeiter (1977) Trainingsmaterialien und praktische Übungen. Im Übrigen bietet der Büchermarkt seit Jahren ein reichhaltiges Sortiment an Anleitungsprogrammen an.

e) Vereinbarung über den Umgang mit hergestellter und natürlicher Umwelt

Für diesen Vereinbarungsgegenstand spricht erstens eine grundsätzliche Überlegung – hier als These formuliert: Es gibt keine Bildung ohne Umgang mit der Umwelt (Zivilisations- und Kulturgüter, natürliche Umwelt). Zweitens spricht für diesen Vereinbarungsgegenstand ein pragmatisches Argument. In der Projektmethode stehen die handelnden Individuen im Mittelpunkt. Sie verfallen leicht in den Fehler, nur noch sich zu sehen. Sie haben beim Projektansatz oft die Tendenz, die Sachen als quantité négligeable abzutun.

Es gibt viele ausgewiesene Konzeptionen, die den Umgang mit Kulturschöpfungen behandeln. Die Vertreter der geisteswissenschaftlichen Didaktik haben von Wilhelm Dilthey bis zu Wolfgang Klafki und seinen Schülern derartige Konzeptionen entwickelt. Man könnte die didaktische Analyse von Klafki in jenen Fragen, die sich auf das Verständnis des Gegenstandes beziehen, als Orientierung für den Umgang mit Kulturobjekten adaptieren (vgl. Klafki 1969).

Josef Derbolav hat mit seiner Praxeologie andere Orientierungslinien geschaffen. Im aristotelischen Sinne billigt er den Dingen ihren eigenen Wert zu. Er relativiert sie dann aber durch eine geistige Aufarbeitung. Auch aus Derbolavs Praxeologie ließen sich Richtlinien gewinnen (vgl. Derbolav 1975).

Für alle hergestellten Objekte liefert die Konstruktive Didaktik orientierende Grundgedanken (vgl. Hiller 1973). Allerdings sind nur die Grundüberlegungen zum Nachvollzug hergestellter Objekte verwertbar. Die konstruktiven Teile gehen weit über den Umgang mit Kulturschöpfungen hinaus. Sie produzieren zum Teil Gegenwelten zu bestehenden Welten. Die Lernenden erfinden z.B. eigene Notationssysteme für chemische Vorgänge. Solches mag und soll auch in der Projektmethode geschehen. Bei der ersten Verständigung geht es aber nur darum, sich darüber klarzuwerden, wie man mit Sachen umgehen soll, um ihnen gerecht zu werden. Deshalb gehen die Didaktische Analyse von Klafki, die Konstruktive Didaktik von Hiller und die Praxeologie von Derbolav zu weit, weil sie als solche in der Theorie steckenbleiben und noch nicht in der Interaktion praktisch werden.

Vorschlag von drei Gesichtspunkten

Ich möchte im Folgenden für den Umgang mit hergestellter und natürlicher Umwelt eine einfache Trias vorschlagen. Die gedankliche Begründung für die Trias liegt für mich in unserer Geschichtlichkeit und damit auch in unserem Handeln. Überdies besitzt die hergestellte Umwelt, die uns hauptsächlich umgibt – auch als geschichtlich gewordene – die gleiche Qualität. Um Sachen (auch in der natürlichen Umwelt) gerecht zu werden und sich im Folgenden gestalterisch mit ihnen im Projekt befassen zu können, muß man daher

A die Entstehung, die Geschichte, die Herkunft der hergestellten oder natürlichen Umwelt respektierend, einfühlend nachvollziehen;

B die gegenwärtige Verfassung, Struktur, Funktion zur Kenntnis nehmen und als Gegebenheit zunächst einmal akzeptieren;

C die zukünftigen Entwicklungen, Leistungen, Auswirkungen abschätzen bzw. mit in Betracht ziehen.

Die drei Gesichtspunkte wirken wohl recht allgemein, vielleicht abstrakt. Von meinem Autorenschreibtisch aus läßt sich aber nicht definieren, was diese drei Ansprüche im einzelnen bedeuten. Noch mehr: Ich darf gar nicht die Gesichtspunkte im einzelnen festlegen, nach denen Sie die Gegenstände aufarbeiten, die in Ihrer Lebenssituation als Projektinitiative ins Zentrum geraten. Pädagogisches Handeln ist immer auch persönliches Handeln, das sich auf Geschichte einläßt. Wenn Ihre Projektinitiativen vorliegen, hat die Überlegung darüber einzusetzen, wie man dem Gegenstand gerecht werden kann.

Ich möchte im Folgenden aber immerhin anhand von Beispielen illustrieren, worauf Projektteilnehmer/innen beim Umgang mit vorgefundenen Gebieten und Umgebungen achten könnten.

Beispiele kurzgefaßter Projektinitiativen (die gemeinten Objekte oder Gebiete sind kursiv gesetzt):

1. »Wir könnten doch das *alte hölzerne Spritzenhaus* fertig anstreichen.«
2. »*Bildschirmgeräte* sind schädlich. Wir müßten die Leute, *die daran arbeiten*, einmal aufklären.«
3. »Die *elektronischen Informationssysteme* gefährden *unsere Demokratie*. Noch schlimmer wird es künftig mit den *optischen Massenspeichern*. Ich möchte wissen, wer denn eigentlich etwas dagegen tut.«
4. »Nach *Auffassung meiner Mutter* sind *Comics* schädlich. (Ich mag aber Comics).«
5. »Mich interessieren die Unterschiede bei der Herstellung von *Lithos* und von *chinesischen Steinabreibungen*.«

Die Beispiele enthalten eine ganze Reihe hergestellter bzw. historisch gewachsener Gebiete, in denen sich die Projektinitiatoren betätigen möchten. Die Initiatoren (in den Beispielen) haben offensichtlich auch ein unterschiedliches Verhältnis zu den anvisierten Objekten oder Betätigungsgebieten. Es reicht vom Kennenlernbedürfnis bis zum Abschaffungswillen. Nach meiner dargelegten Curriculumkonzeption müßte die Projektgruppe mindestens bei einer Veränderungsabsicht zunächst den Umgang mit dem Gebiet bedenken. Sie überlegt also,

A ob und wie sie das geschichtliche Zustandekommen des Gebietes nachvollziehen will;
B ob und wie sie die jetzige Verfassung, Funktionsweise oder Struktur des Gebietes kennenlernen will;
C ob und wie sie die künftigen Entwicklungen und Auswirkungen des Gebietes abschätzen will.

Die Projektgruppe könnte darüber beraten, ob sie vor einer verändernden Betätigung in dem Gebiet eine der folgenden Fragen beantworten sollte.

Illustration zu A:

- Wie war der historische Ablauf bis hierher?
- Welche Absichten standen dahinter?
- Welche positiven Wirkungen wollten die beteiligten Personen erreichen?
- Welcher Kontext begünstigte das Zustandekommen?
- Welche Mechanismen führten dazu, brachten den Zustand hervor?
- Welche Entwicklungsetappen liegen schon vor?
- .....
- .....

Illustration zu B:

- Wie funktioniert das Ganze überhaupt?
- Was gehört alles dazu?
- Was stünde als Alternative auf dem Platz, wenn es das Objektgebiet nicht in dieser Form gäbe?
- Wie sieht jemand das Gebiet, der ständig damit beschäftigt ist?

130

- Wie beschreibt ein Lexikon, wie beschreiben Sachbücher das Gebiet?
- .....
- .....

Illustration zu A und B zusammen:

Oft ist eine Rekonstruktion, die sich in Worten, Skizzen, Geräten niederschlägt, nicht möglich, oft nicht angebracht. Ein bestimmter Grund, eine Gruppenerfahrung, eine monotone Verrichtung, eine landschaftliche Atmosphäre, eine Filigranarbeit verlangen einen anderen Nachvollzug. Ihnen gerecht zu werden, heißt:

mitmachen,
anhören,
selber spielen,
anfassen,
nachbauen,
sich eine Zeitlang engagieren,
hingehen und besuchen,
davor sitzen, usw.

Illustration zu C:

- Welche künftige Entwicklung ist in dem Gebiet zu erwarten?
- Ist der jetzige Zustand nur ein Durchgangsstadium?
- Gibt es eine Schätzung der Folgen? Wie sieht sie aus?
- Wie kämen die unmittelbar betroffenen Personen mit der erwarteten Entwicklung zurecht? (abzuschätzen aufgrund von Simulation oder Rollenspiel).
- .....
- .....

Nach dieser Art von Fragen wäre nun von Ihrer Projektgruppe eine eigene Fragestellung gegenüber Ihrer eigenen Projektinitiative zu entwickeln. Wahrscheinlich haben Sie sich schon lange bewußt oder unbewußt ein eigenes Fragemuster zurechtgelegt, mit dem Sie z.B. Kunstwerken, technischen Errungenschaften, sportlichen Leistungen oder gesellschaftlichen Krisen begegnen. Ich fände es eigentlich das Selbstverständlichste, wenn Sie Ihre eigenen Umgangsformen anwendeten und gegebenenfalls mit einigen der von mir vorgebrachten Gesichtspunkte ergänzten.

f) Minimalprogramm der Vereinbarung

Für den Anfang genügen je ein bis zwei Regeln aus den folgenden Rubriken:
– Vereinbarung über vernünftiges Argumentieren (Abschnitt 14c) und
– Vereinbarung über den Umgang miteinander (Abschnitt 14d)

Aus praktischen Gründen empfiehlt sich für Projektanfänger/innen eine kurze Vereinbarung über das Verfahren. Ihre Projektgruppe sollte also die Fragen beantworten:
– a) Soll gemeinsam ein einziges Projekt durchgeführt werden oder
   b) wollen wir unterteilen, d.h. eventuell zwei oder drei verschiedene Projekte zulassen? (Abschnitt 14a)
– Wie lange soll das gesamte Projekt dauern?
– Wie lange soll die Auseinandersetzung mit der Projektinitiative dauern? (Abschnitt 14b).

Besteht eine Projektinitiative wesentlich aus einer Sache (Zivilisationsprodukt, Kulturgut, hergestellte oder natürliche Umwelt) oder einer verfestigten Verhaltensweise einer Person, kommt ein fünfter Verständigungsbereich in Betracht. Ihre Projektgruppe müßte sich also fragen:
– Soll vor einer verändernden Betätigung im Gebiet eine der Fragen zum Umgang mit natürlicher oder hergestellter Umwelt beantwortet werden? (Abschnitt 14e)

132

Bekanntmachen

Wenn die Vereinbarung einmal getroffen ist, sollte sie möglichst für alle einsehbar und verständlich festgehalten sein. Es ist angebracht und konsequent, wenn die Verständigung in der Umgangssprache abgefaßt ist und sich nicht in schönen, abgehobenen Formulierungen verliert. Ich berichte im folgenden über ein markantes Beispiel von Primarschülern.

Beispiel: Im Projekt »Drei-Höfe« haben sich die Schüler/innen des ersten bis dritten Schuljahres folgende Regeln gegeben:

»1. *Keinen Chef*, nicht ein anderer muß Handlanger sein/alle arbeiten miteinander; einander helfen, zusammenhalten;
2. miteinander alles *besprechen*, nicht streiten;
3. nicht »spielen«, trödeln oder toben; nicht unnötige Dinge machen; nicht andere stören.«

Sie haben ihre Vereinbarungen mit Filzstift auf Packpapier geschrieben und an die Wand gehängt. Die 14 Sechs- bis Neunjährigen und der Lehrer G. Schmid kamen mit diesen Regeln 21 Tage über die Runden und haben dabei in einer leerstehenden 4-Zimmer-Altbau-Wohnung einiges über Einrichten und Wohnen gelernt (vgl. Portmann/Schild 1978).

Zeitpunkt der Vereinbarung

Im Prinzip bieten sich drei Zeitpunkte für die Verständigung über einen Rahmen an:

– Vorphase
Die Verständigung kann in einer abgehobenen Vorphase vor der Projektinitiative erzielt werden. Hier hat die institutionalisierte Bildung einen Vorteil. In der Schule, der mehrjährigen Berufsbildung oder der Universität kann man in Stunden oder

133

Wochen vor dem Projekt die Verständigungsgrundlage besprechen, ausprobieren und einüben. Diederich (1979) hat in seinem Vorschlag für das 10. Schuljahr sogar mehrere Monate für die Vorbereitung eines Projektes vorgesehen. Er geht dort freilich davon aus, daß die Schüler ohne Projekterfahrung ins 10. Hauptschuljahr kommen.

– Am Anfang nebenher
Die Verständigung kann im Verlaufe der Auseinandersetzung über die Projektinitiative nebenher aufgebaut und am Schluß zusammengefaßt werden.

– Zwischenphase
Die Verständigung kann in einer Zwischenphase nach Vorliegen der Projektinitiative und einer ersten Auseinandersetzung über die Initiative erzielt werden.

Revision der Vereinbarung

Die Projektmethode sieht die Komponente Metainteraktion vor. Während der Metainteraktion können die Mitglieder des Projektes ihre frühere Vereinbarung revidieren. Sie können die Metainteraktion aber auch nutzen, um die Vereinbarung mit Nachdruck wieder in ihr Recht einzusetzen. Eine Metainteraktion kann jederzeit beschlossen werden.

Theoretische Betrachtungen zum Minimalprogramm

1. Es ist schwer zu sagen, was zum Minimalprogramm gehört. Um sich Klarheit zu verschaffen, müßte man zuerst eine Grundsatzfrage beantworten. Sie lautet: Was macht alltägliches Handeln zum Bildungshandeln?
Antwortansätze bietet der Abschnitt 6 über den idealen Curriculumprozeß. Ausfluß davon sind die Komponente

Auseinandersetzung mit der Projektinitiative und darin die Ansprüche der Bereiche, auf die sich die potentiellen Projektteilnehmer/innen verständigen. Im übrigen gilt:

2. Die Frage kann nicht theoretisch beantwortet werden. Der bildende Prozeß verlangt das situative Element und die handelnde Beteiligung der Lernenden. Deshalb kann das Minimalprogramm nur im Einzelfall konkret bestimmt werden. Die Projektteilnehmer/innen sollen sich durch die hier unterbreiteten oder verwandten Vorschläge aufklären lassen, aber ihre Situation selbst analysieren, Punkte für die Vereinbarung formulieren, vielleicht nach Diskussionen reformulieren und sich auf einzelne Punkte einigen. Das bedeutet auch:

3. Wenn keine Verständigung zustandekommt, fehlt die Basis für Bildung. Es gibt für mich kein Anzeichen dafür, daß eine Verständigung über die Elementaria von Bildung immer schon gegeben ist. Saul B. Robinsohn (1967) nahm dagegen zum Beispiel an, daß jedes Volk schon über einen Grundkonsens seiner Bildung verfüge.

g) Auseinandersetzung mit der Projektinitiative: Ergebnis Projektskizze

Am Ende der Auseinandersetzung mit der Projektinitiative steht je eines der folgenden Ergebnisse:

Ergebnismöglichkeit A
Die Projektinitiative wird nicht weitergeführt (vielleicht später, vielleicht an einem anderen Ort, vielleicht mit einer anderen Gruppenzusammensetzung, vielleicht ...; auf jeden Fall nicht jetzt).

Wichtig ist, daß alle Teilnehmer/innen an der Auseinandersetzung mit der Projektinitiative Klarheit darüber gewonnen haben, warum die Projektmethode nun *nicht* weiter verfolgt wird. Die Gründe, Wünsche, äußeren Zwänge usw. müssen genannt und möglichst durchdiskutiert worden sein.

Ergebnismöglichkeit B
Die Teilnehmer/innen haben vor, die *Projektinitiative insgesamt oder in Teilen weiterzuentwickeln.* Sie erstellen eine Projektskizze. Die Projektskizze kann eine der drei nachstehenden Richtungen einschlagen.

- Die Teilnehmer/innen greifen die Projektiniative insgesamt auf und wollen sie in der eingebrachten Form weiterentwickeln. Sie formulieren eine Projektskizze über das Ganze.
- Sie möchten nur eine bestimmte Abwandlung, einen Aspekt, einen Ausschnitt oder eine im Grunde neugefaßte Initiative weiterführen. Also formulieren sie eine Projektskizze für diesen neugefaßten Teil.
- In der ersten Phase sind mehrere Projektinitiativen aufgegriffen worden. Die Teilnehmer/innen möchten zwei oder mehr Projekte nebeneinander entwickeln. Sie formulieren also mehrere Projektskizzen.

Formen der Projektskizze

Die Projektskizze hält in wenigen Strichen fest, was getan werden soll. Sie beschreibt noch nicht in allen Einzelheiten die Schrittfolge oder ein detailliertes Bild vom Endprodukt. Die Lerngruppe fixiert in der Projektskizze vielmehr die wenigen Elemente, die für die Entwicklung des anvisierten Betätigungsgebietes wichtig sind. Die folgenden Beispiele mögen die Form der Projektskizze erläutern.

Beispiel 1: Das Projekt soll im kommenden Semester, jeweils am 1. Donnerstag des Monats von 14.00 bis 16.00 Uhr stattfinden. Als Betätigungsgebiet ist in Aussicht genommen »Topologische Elemente der Architektur der Basilika S.M.«. Innerhalb von sechs Wochen wird eine Vorbereitungsgruppe die Dokumentationslage klären (Baupläne, Fotografien; historische, architektonische Analysen usw.).

Nach dem Bericht der Vorbereitungsgruppe soll entschieden werden, ob das Projekt durchgeführt werden kann.

Beispiel 2: Alle bringen in der nächsten Stunde, am 25.10., ein Beispiel ihres Lieblingssounds mit. Die Untergruppe A stellt Kriterien für das Sortieren der Musikbeiträge auf. Die Gruppe B schneidet Beiträge zu einer »Colltonie« (wie Collage) zusammen. Am Schluß zeichnen die Mitglieder der Gruppe A ein Bild, das die Colltonie wiedergibt. Die Gruppe B ordnet den Musikgruppenkriterien »Persönlichkeitstypen« zu. Die Diskussion wird zeigen, wieweit sich jede/r einzelne darin wiederfindet und solche Typisierungen für zutreffend hält.

Beispiel 3: Es soll um Hefe gehen. Zur Verfügung stehen die Einrichtungen des Labors und das, was jeder leicht von zu Hause mitbringen kann. Für Zutaten dürfen nicht mehr als 14 Schillinge ausgegeben werden. Termin: Nächster Dienstag, 11.00 bis 12.00 Uhr, und Mittwoch, 08.00 bis 10.00 Uhr. Frau Dr. Ph bereitet sich auf chemische Probleme (mit Literatur) vor und wird auf Fragen Auskunft geben.

Beispiel 4: Wir verwenden die restlichen 60 Minuten unserer Doppelstunde auf die Frage: »Beeinflußt die eigene Stellung in der Geschwisterreihe die Durchsetzungsfähigkeit im Leben?« Wir bilden nach dem Alphabet Dreiergruppen. Am Schluß schreibt jede Gruppe ihre Meinung und einige Gründe dafür auf. Nachher wird geklärt: Stimmt das mit der Wissenschaft überein? Ja oder Nein? Was bedeutet das für mich?

Beispiel 5: Firma McD fragte vor 4 Wochen an, ob die Klasse einen Werbetext für das neue Produkt illustrieren möchte. Die Mehrheit der Klasse stimmt für Annahme. Diese größere Gruppe versucht sich mit der Illustration. Mitte Dezember sollen die Entwürfe fertig sein. Die Gruppe B, die nicht bereit ist mitzumachen, legt morgen eine Skizze für ein Alternativprojekt vor, das sie in derselben Zeit durchziehen könnte.

h) Zur Theorie des Projektanfangs

Die Verständigung über die Form der Auseinandersetzung mit der Projektinitiative und die Auseinandersetzung selber tragen zur Rechtfertigung des beabsichtigten Bildungsprozesses bei. Dabei ist der Rechtfertigungsbeginn bereits der Anfang von Bildung. Rechtfertigung von Bildung im Sinne curricularer Rechtfertigung basiert auf einem Aushandlungs- bzw. Beratungsprozeß, der Elemente der Systematik und der Einholung von Zustimmung umfaßt (vgl. Künzli 1975). Curriculare Rechtfertigung ist eine Handlungsbemühung in Richtung auf die curriculare Grundfrage: Wie lassen sich Lernsituationen schaffen, die im Horizont ihrer gesellschaftlichen und dinglichen Umwelt, die in der individuellen Selbstinterpretation der Lernenden gerechtfertigt sind und zugleich die Selbstentfaltung aller Betroffenen (Lehrenden, Lernenden, Abnehmer, Kontaktpersonen usw.) vor, während und nach dem Lernprozeß optimal garantieren? (Frey 1976).

Die vier Konstitutionselemente, die der Abschnitt 6 über den Curriculumprozeß referiert, sind ein Versuch, legitimierendes Handeln zu sichern.

Im folgenden möchte ich nur auf die zwei übergeordneten, allgemeinen Elemente von Systematik a) und Zustimmung b) eingehen.

a) Rechtfertigung von Bildung verlangt ein aufklärendes und reflexiv-systematisches Element. Die Systematik muß aber nicht den Sonderansprüchen wissenschaftlicher Rationalität genügen. Abwägendes Nachdenken und Austausch von Argumenten im Sinne rationaler Argumentation reichen aus.

b) Rechtfertigung von Bildung verlangt ein Element des zwischenmenschlichen Aushandelns. Sie verlangt einen intersubjektiven Beratungsprozeß. Numerische Mehrheit oder stimmenmäßig ausgedrückter Konsens sind keine Bedingung für Rechtfertigungen. Allerdings ist ein Konsens über den maximalen Dissens nötig.

Die aktive Betätigung der Beteiligten muß in beide Elemente einfließen. Das bedeutet auch: Die Auseinandersetzung über die Projektinitiative als Beitrag zur Rechtfertigung ist nicht einmalig und abhakbar. Die Metainteraktion spielt eine erhebliche Rolle. Dann sieht die Projektmethode Ausstiegsstellen vor. Diese sind latente Anlässe zur Rechtfertigung. Wenn nun erst rechtfertigendes Tun den Bildungsprozeß mitherstellt, zeichnen sich drei Konsequenzen ab.

Erstens: Es gibt für Projektinitiativen keine Grenzen. Auch vorhandene Institutionen, spontane Empfindungen, Einfälle, Zufallskonstellationen, sozusagen subjektive »objets trouvés« können einem Projekt zugrunde liegen. Es braucht keine Einzelbegründung oder Theorie. Es braucht keine Sozialkonvention. Es braucht keinen Satz anerkannter Kulturgüter oder Kulturtechniken. Es braucht aber auch nicht die institutionenfreie Spielwiese.

Zweitens: Die Möglichkeit zur guten Tat ist noch keine Garantie für Bildung. Der Alltag gebiert aus sich heraus keine Bildung. Wer jemandem hilft, verrichtet noch keine Bildung. Die Befriedigung elementarer biologischer Bedürfnisse bei anderen ist noch nicht Bildung. Wer die objektiven Bedürfnisse anderer beschreibt, verfügt noch nicht über die Rechtfertigung, diese anderen zu bilden.

Drittens: Rechtfertigung ist nicht zu erzielen, wenn sich ein Individuum oder eine Gruppe die Zuständigkeit geben oder geben lassen, über Lernarrangements zu befinden. Auch Staat und Gesetz ersetzen die spezifische Form von Rechtfertigung für Bildung nicht.

Der Anfang des Projektes stellt sich unter diesen Rechtfertigungsansprüchen folgendermaßen dar: Grundsätzlich erfolgt die Rechtfertigung in einem Aushandlungsprozeß der Beteiligten. Der Ort dafür ist die Auseinandersetzung mit der Projektinitiative. Die Verständigung auf bestimmte Qualitäten des Handelns verschafft dem Tun in dieser Komponente ein reflexives Element und trägt zu situativer Distanzierung bei. Sie stellt den Projektbeginn auf eine halbsystematische Basis, ohne der Verfestigung in einer Theorie oder Begründungspflicht zu verfallen.

Der Projektbeginn wird also so zu organisieren versucht, daß die Rechtfertigung unter den Beteiligten im Hier und Jetzt passieren kann, ohne ahistorisch zu werden oder bloßer Spontaneität bzw. Routine anheimzufallen.

15. Komponente 3: Entwicklung der Projektinitiative zum Betätigungsgebiet (Ergebnis = Projektplan)

Durch diese Komponente erhält die Projektinitiative ihre Konturen. Die Teilnehmer/innen machen aus der Initiative ihr eigenes Projekt. Sie entwickeln aus den ersten Phantasien ein realisierbares Vorhaben. Sie machen sich klare Vorstellungen vom möglichen Endpunkt, äußern ihre Wünsche für die eine oder andere Tätigkeit, entwerfen Ablaufpläne, klären Realisierungsbedingungen ab und verteilen untereinander die Aufgaben. Falls nötig, üben sie fehlende Fertigkeiten, die später benötigt werden. Am Ende steht fest
wer (a) im weiteren Verlauf des Projektes
welche Art von Tätigkeiten (b)
intensiv (c)
für eine längere Zeit (d)
ausführen wird (e).
Am Ende steht also ein Projektplan, oder genauer, ein Betätigungsplan. Dieser besteht nicht nur aus einem Stück Papier oder Karton, auf dem der Zeitbedarf, die benötigten Geräte und Tätigkeitsfolgen notiert sind.

Entscheidend sind zwei Punkte:
1. wie dieser Plan zustandekommt, (darüber handeln die späteren Abschnitte),
2. daß der Betätigungsplan die Art und Weise, d.h. die Qualität der Tätigkeit heraushebt (dazu geben die nun direkt folgenden Ausführungen einige Anregungen).

Qualitäten der Tätigkeit

Wie kann man die Qualitäten der Tätigkeit im Projektplan herausarbeiten?

Antwortvariante 1: Den Weg zu einem Produkt beschreiben.

Die Projektgruppe benennt in diesem Fall das anvisierte Endprodukt. Das wäre also z.b. ein Starenkasten. Der Projektplan macht nun nicht nur Angaben über die Konstruktion des Starenkastens. Der Plan beschreibt ausführlich den Weg dorthin

a) entweder detailliert so, daß er die Art und Weise der Tätigkeit aller Projektmitglieder umreißt:
»A verrichtet x und berücksichtigt dabei m sowie r; B beobachtet nach vorherigem Studium ...«;
b) oder in Form von Betätigungsmaximen oder Prinzipien:
  – Alle Gruppenmitglieder sollen sämtliche Aktivitäten einmal ausführen können (und am Schluß beherrschen),
  – Projekt partizipatorisch anlegen,
  – mit möglichst wenig Mitteln (Minimierung von Zeit, Material, Raum etc.) auskommen,
  – maximale Funktionsteilung (Arbeitsteilung), die von allen als sinnvoll erachtet wird, praktizieren,
  – die Arbeitsabläufe rationell organisieren,
  – ökologische Prinzipien beachten,
  – motorische, affektive und intellektuelle Komponenten müssen gleichmäßig vorkommen,
  – die historischen Gegebenheiten würdigen,
  – das Projekt systemkonform durchziehen,
  – immer zugleich eine gleichwertige Alternativlösung bereithalten,
  – .....
  – .....
  – .....

141

Antwortvariante 2: Rollen umreißen.

Die Mitglieder verteilen untereinander Tätigkeitsrollen, die in bestimmten Phasen der weiteren Entwicklung einzunehmen sind.

Beispiel: »A widmet sich vor allem der Tätigkeit u. Wenn die Situation k eintritt, beginnt B mit ...«, oder: »Alle dürfen A um Mithilfe bitten, wenn schwere Lasten zu heben sind«, oder: »B wird vor allem eingreifen, wenn bei Fremden Erkundigungen eingeholt werden müssen, dagegen notiert C alle ...!«

Antwortvariante 3: Umgebung und Fazilitäten charakterisieren.

Die Projektmitglieder überlegen, was alles getan werden könnte oder müßte. Sie legen dann aber kein Endprodukt fest, sondern beschränken sich auf die Bereitstellung von zu ermöglichenden Voraussetzungen, d.h. Fazilitäten. Die Entwicklung der Projektinitiative erfolgt durch die Bereitstellung einer Umgebung, die bestimmte Tätigkeiten ermöglicht, z.b. Werkzeuge, Werkstoffe, Texte, Videomaterial, kleine und große Räume, Experten, rechtliche Voraussetzungen, Geld, Vorschriften, verfügbare Zeit.

Weitere Antwortvarianten:

Natürlich können Sie wie bisher den Plan für Probe und Aufführung eines Theaterstückes, die Skizze einer Ausstellung, einen Arbeitsplan für die Konstruktion eines Gebrauchsgegenstandes, den Netzplan für die Vorbereitung eines Festes oder den Algorithmus der Problemlösung entwickeln. Diese Pläne sollten aber die *Qualität der Tätigkeit* herausheben.

Wie Qualitäten des Tuns aussehen könnten und vor allem, wie die Projektmitglieder sie selber für sich herausarbeiten können, möchte ich in den folgenden Abschnitten zu erläutern versuchen. Wichtig ist, daß die Projektmitglieder ihre eigenen Betätigungsformen, die Qualität des Tuns selber entwickeln. Die Projektmethode möchte die Lernenden anleiten, ihre Fähigkeiten und Betätigungswünsche, die schon vorhanden sind, weiter zu entwickeln. Es soll nicht primär ein neues Verhaltensmerkmal antrainiert oder eine bestimmte Tätigkeit geübt werden. Dafür stehen geeignetere Methoden zur Verfügung.

Deshalb behandeln die nächsten Abschnitte die Frage, wie Projektmitglieder ihre Betätigungswünsche und -fähigkeiten herausfinden und für die weitere Projektplanung den anderen mitteilen können.

a) Äußern von Betätigungsabsichten,
b) Äußern von Gefühlen und motorischen Betätigungswünschen,
c) Behinderung von Äußerungen.

Der anschließende Abschnitt d) beschreibt eine technische Variante auf dem Weg zum Betätigungsplan: die Einrichtung einer Vorbereitungsgruppe. Sie ist vorwiegend bei Großprojekten angezeigt.

Ich kann mir gut vorstellen, daß Ihnen die allmähliche Entwicklung eines Projekt- bzw. Betätigungsplanes für Ihre Projektverhältnisse als zu schwierig erscheint. Sollte dies zutreffen, wechseln Sie direkt über zu Abschnitt

e) Offene Ausgangssituation mit vorausgeplanten Projektschwerpunkten.

Doch zunächst möchte ich drei Beispiele für Betätigungspläne (Projektpläne) darstellen:

Drei Beispiele:

Unterstützung eines Seniorenclubs durch ein Seminar für Sozialpädagogik:

Das Projekt wird zeitlich nicht begrenzt. Die Kommilitonen

143

des nächsten Semesters steigen neu ein. Auf ein festes Ziel wird verzichtet. Orientierungsmarken sind die Abmachungen zwischen Seminar und Club vom 17. Mai. In jedem Semester sind die Aktivitäten neu zu rechtfertigen. Basis der Rechtfertigungen sind die Orientierungsmarken und die Konzeption von Berger/Luckmann über die Konstruktion sozialer Wirklichkeit. Letztere müssen den Clubmitgliedern so mitgeteilt werden, daß sie als Selbstaufklärung genutzt werden können. Bei der Rechtfertigung wird versucht, die Regeln symmetrischer Kommunikation von Habermas zu berücksichtigen. Innerhalb des Seminars werden dieselben Verfahrensweisen angewendet, wenn bestimmt wird, wer was im Club tun muß. Leitender Gesichtspunkt ist die kompensatorische Leistung der Aktivitäten hinsichtlich der Selbstwerdung der Seminarmitglieder. Jedes Seminarmitglied steht alle 14 Tage einen Nachmittag nach dem Wunsch der betreffenden Clubmitglieder zur Verfügung.

Wecker – Demontage und Montage:

Demontage so organisieren, daß alle Zweiergruppen die Teile wieder selbst zusammenbauen können; alles andere nach Projektskizze.

Reise nach X:

Transport Gruppe A am 1. November mit Pkw; Gruppe B am 2. November mit Zug.
Erstes Treffen mit Patenkurs am 1. November 14.00 Uhr in X; darauf achten, daß gerade die »Ruhigen«, »Stillen« reden; unsere Ausbildungsprogramme deutlich vortragen; die Probleme von X. ansprechen; Manfred und Ursula erstellen Ergebnisliste für zweites Treffen. Eine halbe Stunde vor Abendessen Aussprache im Gemeinschaftsraum (Metainteraktion); um halb neun Uhr Abmarsch; Ringo führt durch die Szene von X.

Am 2. November 9.00 Uhr zweites Treffen; einige Probleme lösen; eventuelle gemeinsame Empfehlungen von uns und den Leuten von X. Um 15.00 Uhr Planung der Auswertung und Bekanntgabe zu Hause. Grundlage: Bericht von Annette und Paul über die wichtigsten Punkte der zwei Treffen. Herr Fischer reist als Beobachter mit; er berät erst am Schluß die Bekanntmachung.

a) Äußern von Betätigungsabsichten

Die Projektteilnehmer/innen teilen einander mit, was sie tun möchten. Sie äußern sich schriftlich, mündlich, durch Gestik, durch Beispielhandlung, durch Zeigen, durch Zeichnen oder andere Mittel. Dabei halten sie sich an drei Anforderungen.

Anforderung 1:

Die Teilnehmer/innen stellen die Projektinitiative in den Mittelpunkt. Das beschlossene Musik-Wochenende auf dem Lande kann nicht plötzlich von einem Projektmitglied zum Anlaß für Waldspaziergänge umfunktioniert werden. Äußern von Betätigungsabsichten heißt, die vereinbarte Projektinitiative mit ausgestalten, die nötigen Erledigungen identifizieren, reine Sachzwänge auf ihren funktionalen Zusammenhang zurückführen. Bewegen sich die Teilnehmer/innen im früher skizzierten Verständigungsrahmen, ist eine gewisse Gewähr gegeben, daß sie diese Anforderung erfüllen.

Anforderung 2:

Die Teilnehmer/innen halten sich an den Verständigungsrahmen (z.B. rational Argumentieren, Umgang miteinander, individuelle Entfaltungsmöglichkeiten, respektierender Umgang mit Gegenständen und Umgebung usw.). Bei einem Großprojekt haben die Mitglieder vor der Entwicklung des Betätigungsgebietes den Verständigungsrahmen möglicherweise schon revidiert.

145

Anforderung 3:

Die Teilnehmer/innen entwickeln ausdrücklich die Qualitäten ihrer künftigen Betätigungen. Sie legen Standards fest und überlegen sie im Zusammenhang. Sie elaborieren die Standards. Sie üben, vergleichen Merkmale, machen durch Probehandeln Fortschritte. Sie übertragen Handlungsmuster von einem Sektor in einen anderen. Was bedeutet »Qualität von Tätigkeiten«? Die erste Variante des Projekt- oder Betätigungsplanes enthielt einige Anregungen. Wenn Ihnen die dortigen Prinzipien oder Betätigungsmaximen (Variante 1b) nicht mehr präsent sind, blättern Sie jetzt am besten zurück, gehen jene Prinzipien noch einmal durch und ergänzen Sie in einer eigenen Liste für Ihren Bereich.

Die folgende Liste versucht, weiter zu verdeutlichen, was »Qualitäten von Tätigkeiten« sein könnten. Die Beispiele in der Liste sind recht allgemein gehalten. Welche Qualitäten im Kontext Ihrer Projektinitiative bedeutsam sind, ist von den Mitgliedern des Projektes mit zu entwickeln.

Liste mit Beispielen von Qualitäten der Tätigkeiten
(als Gegensatzpaare)

Tue ich gerne, mit Begeisterung (solche Tätigkeiten möchte ich im Verlauf des Projektes vor allem durchführen)	Tue ich mit Widerwillen (solche Tätigkeiten möchte ich im Verlauf des Projekts nicht oder gerade doch durchführen)
Konnte ich schon immer am besten (solche Tätigkeiten) ...	Konnte ich bisher kaum, nicht sehr gut (solche Tätigkeiten) ...
Tue ich allein	Tue ich zu zweit, zu dritt
Bereitet mir Anlaufschwierigkeiten	Läuft mit leicht von der Hand

146

Tue ich spontan	Tue ich nach vorheriger Absicherung
Schaffe ich gerade so (und es reicht auch)	Tue ich vorsichtig, exakt, mit viel ...
Tue ich in Abstimmung mit ...	Tue ich einfach von mir aus
Ich denke beim ... nach	Läuft einfach ab
Verspüre dabei Gefühle	Erledige ich rational, routinemäßig
Gehe mit Material, Text ... um, ohne deren Herkunft zu kennen	Verwende Material etc. im Wissen um seinen Ursprung
Schließe mein Tun ab und lasse es dann liegen	Gebe Rückmeldung an ...
Wenn ich fertig bin, bin ich froh, es hinter mir zu haben	Am Schluß beginnt die Nachprüfung, die Überlegung, ob alles auch gut ist
Tue ich, weil es zu erledigen war	Tue ich nur, wenn mich der Sinn überzeugt
Wenn ich etwas tue, will ich mich nicht engagieren	Ich bin mit Leib und Seele dabei
Von Zeit zu Zeit führe ich mir den größeren Kontext vor Augen	Wenn ich einmal drin bin, betrachte ich die ganzen Zusammenhänge nicht mehr
Ich gehe das Gebiet X nach der Methode Y an	Ich gehe das Gebiet X unvorbereitet oder mit mehreren Methoden an
Das Tun macht mir Spaß; mit den möglichen Wirkungen befasse ich micht später	Anfangs und zwischenhinein überlege ich die Folgen

Ich tue etwas erst definitiv nach einem Probelauf	Ich gehe direkt in medias res; revidieren kann ich später
Ich konzentriere mich auf die Hauptlinie	Ich verfolge mehrere Stränge gleichzeitig
Ich stütze mein Tun auf wissenschaftliche Resultate und Methoden	Ich handle, wie ich kann und wie es die Situation verlangt
....	....

Vielleicht erarbeiten die Mitglieder in Ihrem Projekt auch eine derartige Liste. Die Zeit nach dem Beschluß über die Projektinitiative wäre ein geeigneter Zeitpunkt.

Die Liste kann nicht in eine sogenannte Formalbildung abgleiten. Das Gebiet der Projektinitiative und insbesondere die Wirkung der Verständigung binden sie ein.

Sucht man letzte Maßstäbe für solche Listen, findet man sie nur über Prozesse, wie sie bei der Auseinandersetzung über die Projektinitiative ablaufen.

Es gibt aber auch gewisse festgelegte Maßstäbe, z.B. die Konventionen der UNO über die Menschenrechte oder über die Rechte der Kinder. Wenn Sie diese Texte einmal zur Hand nehmen, wird Ihnen auffallen, daß sie vor allem Aussagen über Möglichkeiten und Formen der Betätigung enthalten.

Eine andere Quelle sind die Anthropologien. Sofern sie nicht aus reinen Wert- oder Kulturtheorien bestehen oder nur die körperliche Gestalt beschreiben, stellen sie meist auch eine Theorie der menschlichen Betätigung dar. Vielleicht haben Sie eine Präferenz für eine bestimmte Anthropologie oder eine anthropologische Richtung. Dann könnten Sie sie auf Aussagen durchsehen, die Qualitäten des Tuns beschreiben. Aufgrund meiner Gymnasial- und ersten Studentenzeit sind mir die existenzphilosophischen Anthropologien von Maurice Merleau-Ponty, Jean-Paul Sartre und Martin Heidegger am vertrautesten. Ich nehme an, daß auch Sie einige Anthropologien besonders gut kennen oder bevorzugen. Es wäre projektmethodisch konsequent, wenn Sie sich auf diese bezögen. Es gibt aber auch spezifisch pädagogische Versuche, die menschliche Tätigkeit und ihre Form zu erfassen. Dies hat Josef Derbolav (1975) mit seiner Lehre der pädagogischen Praxis (Praxeologie) getan. Ich habe allerdings schon im Abschnitt 14e begründet, weshalb eine solche Praxeologie nicht im einzelnen in die Projektmethode eingreifen darf. So geht es schon zu weit, wenn Derbolav exakt zwölf Felder (wie Technik, Ökonomie) bestimmt, die ausschließlich bildende Qualitäten hervorbringen können.

Ein Hinweis: Der Abschnitt 28 Projektmethode und Gesamtcurriculum geht auf diese Thematik speziell ein. Dort wird auch noch einmal zu bekräftigen sein, daß es den universellen Maßstab nicht gibt, daß aber dennoch Möglichkeiten bestehen, aus der zufälligen Anordnung herauszukommen.

b) Äußern von Gefühlen und motorischen Betätigungswünschen

Die Projektmethode möchte grundsätzlich alle menschlichen Funktionen fördern. Aber es sieht so aus, als ob wir uns im Bereich der Gefühle und der körperlichen Betätigung schwertun. Diese Vermutung bestätigt eine Untersuchung. 250 Lehrer bezeichneten ganz allgemein Gemüt, Gefühl und eigene Aktivierung als wichtige Bildungsbereiche. Als sie jedoch die Bildungsziele konkret fassen sollten, bevorzugten sie den intellektuellen Bereich. Es fehlten offensichtlich konkrete Vorstellungen von Gefühlen und vor allem die Worte, sie auszudrücken (Frey/Lattmann 1971). Andererseits darf man davon ausgehen, daß man gegen die Vernachlässigung von Gefühl und Gemüt etwas unternehmen kann.

Entscheidend scheint zu sein, daß Gefühle überhaupt gezeigt werden, daß man über Gefühle spricht, daß sie ein selbstverständlicher Teil im Nebeneinander und Miteinander der Menschen werden. Nicht geäußerte Gefühle begünstigen Konflikte. Im Projekt wären die negativen Auswirkungen fatal. Die Projektmethode lebt von guter Verständigung, ausgehandelter Arbeitsteilung und kooperativer Betätigung. Und hier spielen frühere Erlebnisse, Sympathie, Vorlieben und Ängste ihre Rolle. Wichtig ist, daß die Projektmitglieder ihre Gefühle spüren und mitteilen können.

Was heißt nun »Gefühle äußern«?

● Gefühle äußern heißt, Reaktionen zu zeigen; die Freude über ein Lob sichtbar werden lassen; seinen Zuhörern die Nervosität vor dem Vortrag ruhig zu erkennen geben; die Nervosität nicht durch Verkrampfung unterdrücken.
● Gefühle äußern heißt, Gefühle in Worte fassen, verbalisieren; den anderen mitteilen, was in einem vorgeht (»Mich stört, daß Sie ...«;»Ich bin erleichtert, daß wir die Anfangsschwierigkeiten nun überwunden haben«;»Bei Aufgabe X fühle ich mich unsicher«).

Man kann lernen, seine Gefühle zu äußern. Ein Schritt dazu ist das Üben des nötigen Wortschatzes. Offensichtlich fehlen uns oft die Worte, um Vorgänge im emotionalen Bereich zu beschreiben. Deshalb haben Curriculumfachleute Listen mit Verben zusammengestellt, die Gefühle ausdrücken helfen. Die folgende Liste hat Kurt Bossart (1975) unter Benutzung mehrerer Vorlagen aus anderen Studien für die Planung der Zuger Weiterbildungsschule entwickelt.

Verben aus dem Bereich der Gefühle, Interessen und Werthaltungen

antwortet	ist entrüstet
begrüßt	ist liebenswürdig
berichtet	ist freundlich
bestaunt	ist furchtlos
bezieht sich auf	integriert
bietet dar	liest
erfreut sich an	lauscht
erfährt Sicherheit	mißbilligt
erzählt	richtet sich nach
entfaltet	sieht vor
fragt	steht bei
fügt sich ein	schlägt vor
fordert auf	schätzt
fühlt	teilt
fühlt sich zugehörig	trägt Verantwortung
führt	übt aus
glaubt	vergnügt sich damit
hat gern	verabscheut
hat Vertrauen in	verbindet
hält für	verteidigt sich
hilft	wählt
hört an	weist hin auf
interessiert sich	würdigt
ist zufrieden mit	zitiert

Vielleicht ist auch in Ihrer Gruppe eine Wortschatzübung angezeigt. Wahrscheinlich reicht es aber aus, wenn Sie das Äußern von Gefühlen vormachen und ständig praktizieren. Die Verbenliste ermöglicht Ihnen die Prüfung, ob Sie einzelne Gefühlsbereiche und Gefühlszustände auslassen oder bevorzugen. Vielleicht lassen Sie ein Gruppenmitglied während einer bestimmten Zeit alle einschlägigen Verben und Äußerungen notieren.

Es ist auch möglich, in Ihrer Lerngruppe das Sprachverhalten allgemein zum Thema zu machen. Sie schlagen dann vor zu versuchen, zunächst einmal während einer Viertelstunde folgende Frage gemeinsam zu beantworten:»Welche Worte kommen bei uns (in der Klasse, im Seminar, in der Morgenbesprechung usw. usw.) nicht vor?«

In einem fortgeschrittenen Stadium, indem die Teilnehmer/innen im Projekt schon ungezwungen miteinander reden, läßt sich auch folgende Übung angehen, die das Etikett trägt:»Laßt Worte sprechen!« Die Frage dazu lautet:»Was möchte ich gern öfter sagen? Was möchte ich hier öfter hören?«

Mit solchen und ähnlichen Übungen gelangen Gefühle an die Oberfläche, zur Sprache. Übrigens müssen solche Übungen, sich zu äußern, nichts Ausgefallenes sein. Sie sind ein bekanntes Aufgabenfeld im Sprachunterricht. Auch Psychotherapeuten, die das Medium Sprache intensiv nutzen, müssen oft Begriffs- und Wortschatzübungen vor die eigentliche Behandlung legen.

Eine Fülle weiterer Anregungen finden Sie in den Hinweisen des Abschnittes 14d) über die Verständigung zum Umgang miteinander.

Eine Gefahr bei Ich-Botschaften und Gefühlsäußerungen

Vielleicht kann man die Gefahr mit den Worten»egozentrische Durchsetzungsstrategie« auf den Begriff bringen. Folgender Fall kann die Gefahr gut illustrieren. Er passierte in einer der Gruppen, mit denen ich in den letzten Jahren zu tun hatte. Ein Mitglied konnte sich gut in Ich-Botschaften ausdrücken und formulierte auch Gefühle. Dieses Mitglied entzog einer themenzentrierten Debatte oft mit einem Schlag den Boden, indem es das Thema mit einem starken subjektiven Gefühl belegte und nur noch Ich-Botschaften in Form persönlicher Bedürfnisse und Wünsche abgab. Jedes Gegenargument anderer Gruppenmitglieder wurde von dem Ich-Botschaften-Mitglied deshalb als Angriff auf seine Person empfunden. Wenn es jedoch durch Wiederholungen auf seinen Aussagen beharrte und sie mit Gefühlsäußerungen unterlegte, blieb der Gruppe nichts anderes übrig, als den Inhalt der Ich-Botschaften zu akzeptieren.

Solche Mißbräuche können besonders in den Gruppen auftreten, in denen ein Mitglied erworbene Kommunikationsfertigkeiten hart praktiziert, während die anderen ungeübt oder zurückhaltend agieren.

Motorischer Bereich

Die Projektmethode unterstützt die körperliche Bewußtheit und Aktivität der Mitglieder. Damit steht sie im Gegensatz zu vielen Unterrichtsformen, in denen körperliche Aktivitäten kaum eine Rolle spielen. Die Betonung körperlicher Aktivitäten beruht auf einem speziellen Grund: Es scheint ein Zusammenhang zu bestehen zwischen allgemeiner Lernfähigkeit und motorischer Aktivität, zwischen bestimmten psychischen Gestörtheiten und unterbundener Körperaktivität.

Ansätze für den Einbezug körperlicher Wahrnehmung und Aktivität finden sich vor allem in der sogenannten integrativen Pädagogik (Petzold/Brown 1977).

Im allgemeinen gibt es nicht so viele Probleme, Worte zu finden, um Körperaktivitäten zu beschreiben. Wir sind gewohnt zu benennen und zu charakterisieren, was wir tun oder ausführen möchten. Doch bekommen wir Schwierigkeiten, wenn wir solche Körpertätigkeiten beschreiben sollen, die über übliche Verhaltensnormen hinausgehen, also über Verhalten in der Schulklasse, in einer Seminarveranstaltung oder auch an einem Arbeitsplatz im Büro. Solche Fixierungen müssen durchbrochen werden. Der Durchbruch gelingt aber nur aufgrund einer besonderen Anstrengung.

Vorschlag 1: Die Klasse nimmt sich eine Viertelstunde Zeit, um die Frage zu beantworten: Welche Tätigkeiten können wir entwickeln, wenn wir das Projekt aus dem Schulhaus heraus in die Räume von B verlegen? Ein solches Gedankenexperiment schafft neue Perspektiven.

Vorschlag 2: Aufstellung eines Verhaltensinventars. Die Projektgruppe geht in zwei Schritten vor. Sie notiert zuerst die zehn häufigsten körperlichen Aktivitäten, die im normalen Lernbetrieb vorkommen, d.h. also im Seminar, in der Vorlesung, im Klassenunterricht. Nach fünf Minuten ist das Inventar erstellt: Die Gruppe wendet sich dann im zweiten Schritt der Projektinitiative zu. Sie trägt alle möglichen körperlichen Betätigungen zusammen, die im Kontext der Projektinitiative denkbar sind. Ein fünf- bis zehnminütiges Brainstorming genügt. Der Kontrast wird die Alternativen bewußt machen. Und darauf kommt es an. Die verdeckten, schlummernden, ungenutzten Betätigungsformen sollten an die Oberfläche kommen. So können wir ihnen im Betätigungsplan Raum schaffen. Wenn bei der Entwicklung des Betätigungsgebietes einige zugeschüttete Aktivitäten wiederbelebt werden, hat die Projektmethode bereits eines ihrer Ziele erreicht. Sie ist nicht die Methode zum rationellen Erlernen von Wissen und Fertigkeiten, sondern zur allseitigen Entfaltung menschlicher Fähigkeiten.

c) Behinderung von Äußerungen

Bei der Entwicklung der Projektinitiative zum Betätigungsplan (Projektplan) sollen alle Anwesenden ihre Wünsche frei einbringen. Alle sagen, was sie möchten und gehen aufeinander ein. Das funktioniert aber nur, wenn jedes Gruppenmitglied zu sagen wagt, was es fühlt und denkt. Falls es in Ihrer Projektgruppe Hindernisse bei freien Äußerungen gibt, sollten Sie den folgenden Abschnitt lesen. Er zeigt, wie Sie zumindest einige der Hindernisse wegräumen können.

Bestrafen:

Gruppenmitglieder können Angst und Zurückhaltung erzeugen, wenn sie mit Bestrafung arbeiten. Folgende Äußerungsformen wirken bestrafend:

»auslachen   ein leidendes Gesicht machen
anklagen   sich zurückziehen
ironisieren   gehässig kritisieren
herabsetzen   triumphieren
drohen   jammern und klagen
verletzen   Vorwürfe machen, ausschimpfen«
(Schwäbisch/Siems 1974, 42).

Wer von solchen Äußerungen betroffen ist, zieht sich mit der Zeit zurück. Er hütet sich vor gewagten Äußerungen. Seine produktive Mitarbeit schrumpft zusammen. Es kann aber auch sein, daß sich der Betroffene aufrafft und zum Gegenangriff übergeht. Er wird dann seine Wünsche mit Macht durchsetzen. Vielleicht bäumt er sich auch nur sporadisch auf und mäkelt herum. Bestrafende Äußerungen sollten deshalb möglichst unterbleiben. Sie stören die partnerschaftliche Arbeit. Sie behindern die Entwicklung des Betätigungsgebietes und die Aufarbeitung von Problemen in der Metainteraktion. L. Schwäbisch und M. Siems schlagen vor, solche Kommunikationshemmer direkt und möglichst an Beispielen aufzulösen. Ihr Verfahren könnte man folgendermaßen für die Projektmethode umwandeln: Falls Sie Bestrafungstendenzen feststellen, regen Sie die Gruppe zur Selbstanalyse an. Jeder nimmt einen Zettel und notiert darauf, welche bestrafenden Äußerungen ihm in der gerade abgeschlossenen Phase aufgefallen sind. Diese Phase kann 30 Minuten bis zu ein paar Stunden dauern. Die Frage lautet:

155

Welche bestrafenden Äußerungen habe ich erlebt

a) bei der Auseinandersetzung mit der Projektinitiative?
b) bei der Entwicklung des Betätigungsgebietes?
c) beim Fixpunkt (Metainteraktion)?
d) bei ...?

Tragen Sie die Antworten in folgendes Schema ein (ich habe erste Antwortbeispiele eingesetzt):

	Beispiel 1	Beispiel 2	
Was wird bestraft?	Immer wenn ich zu sprechen beginne,	Zu lange Begründung seiner Vorschläge.	
Wie wird bestraft?	fängt M an, in seinem Buch zu lesen.	B beschimpft A als Theoretiker.	
Wie reagieren die Bestraften?	Ich werde jetzt nichts mehr sagen.	A verläßt den Raum.	
Wie reagieren die anderen?	Die anderen haben es nicht bemerkt.	C ist beunruhigt, B und D atmen auf.	

Wer sich um eine gute Kooperation bemüht, wird aus einer solchen Selbstbeobachtung Schlüsse ziehen und sich ändern. Vielleicht ist aber eine Unterstützung nötig. Empfehlen Sie in dem Fall den Mitgliedern des Projektes folgende zwei Regeln:

1. Regel: Wenn mich an Projektmitgliedern etwas stört, spreche ich den Punkt in der Metainteraktion an.

2. Regel: Ich gebe dem Partner eine positive Rückmeldung, wenn er sich für mich angenehm verhalten hat.
Der Partner soll und darf bemerken, daß ich sein Verhalten als angenehm empfinde.

Fragen stellen

Häufig stellen Teilnehmer/innen einer Lerngruppe Fragen. In Wirklichkeit aber wollen sie gar nichts fragen. Hinter der Frage verbergen sich z.B. Behauptungen, Meinungen, Absichten. Solche Fragen hemmen die Auseinandersetzung. Der Befragte befindet sich nämlich in einer »Interviewsituation«. Er versteht den Hintergrund der Frage nicht. Er fühlt sich unsicher, und es dauert einige Zeit, bis er diese Mitteilungsform entschlüsselt und die Frage als Aussage zu hören gelernt hat. Im universitären Bereich ist die Technik des unechten Fragens nicht unüblich. Sie fällt mir besonders in Sitzungen auf. Die schlimmste Erfahrung habe ich vor einigen Jahren gemacht. Ich war wegen eines Bildungsthemas während mehrer Sitzungen in einer Gruppe. Dabei war auch eine leitende Persönlichkeit eines großen Unternehmens, deren Beiträge fast ausschließlich aus Fragen bestanden. Sie beherrschte die Technik der künstlichen Frage so perfekt, daß ich mehrere Tage brauchte, bis ich die tatsächlichen Aussagen in den Fragen entziffern und adäquat reagieren konnte. Heute würde ich nicht mehr so lange warten, sondern den Betreffenden direkt ansprechen und ihm mein Problem mitteilen. Ich würde es etwa folgendermaßen formulieren: »Ich habe mit Ihren Fragen Schwierigkeiten. Ich verstehe oft nicht genau, was Sie meinen. Es wäre mir lieb, wenn Sie zu den Fragen noch ein paar Sätze sagen könnten.«

Weitere Behinderungen

F. Schulz von Thun hat eine Liste von Faktoren erstellt, die das produktive Arbeiten in Gruppen behindern können. Er nennt diese Faktoren »Bedingungen, die das Arbeiten in Gruppen erschweren«. In plastisch-drastischer Weise bezeichnet er sie auch als Feinde der Gruppe. Sie treten oft in Kombination miteinander auf und stellen sich meist nicht so deutlich dar, wie sie hier beschrieben sind:

»*1. Konformismus:* Ich schließe mich der Gruppenmeinung an. Ich habe Angst, mit einer abweichenden Meinung oder einem abweichenden Verhalten aufzufallen; oder abgelehnt zu werden; oder mich lächerlich zu machen. Bevor ich eine Frage stelle, bin ich ängstlich: Wie wird das ankommen? – In Übereinstimmung mit der Gruppe fühle ich mich geborgen, sicher und frei (von persönlicher Verantwortung).

2. Auswählende (selektive) Wahrnehmung: Von Informationen nehme ich vorwiegend diejenigen wahr, die mich in meinen Überzeugungen bestätigen und die mir in den Kram passen. Bei anderen höre ich nicht so interessiert zu – da schalte ich ab; denn ich habe Angst vor allem, was mich verunsichern könnte.

3. Narzißmus: Ich möchte mich selbst darstellen und möglichst viel beachtet werden. Meine Beiträge sollen nicht so sehr der gemeinsamen Sache dienen; sie sollen den anderen zeigen, wie gut ich bin. – Zuhören ist mir meist ein Greuel: Ich rede gern und lange. Das hebt mein Selbstgefühl.

4. Konkurrenz-Denken: Ich möchte besser sein als die andern, einen guten Eindruck machen, Punkte sammeln. Manchmal behalte ich wichtige Informationen für mich, um mir Vorteile zu sichern. Erhitzte Diskussionen führe ich ausgiebig, nicht immer, um zu lernen, sondern um Sieger zu bleiben.

5. Autoritäts-Abhängigkeit: Ich möchte in den Augen eines wichtigen anderen (Chef, Gruppenführer) gut dastehen. Ich bemühe mich, Dinge zu sagen, die ihm gefallen. Ich unterstütze seine Ansichten. Dabei überlege ich selten, ob ich wirklich der gleichen Ansicht bin. Wenn ich in der Gruppe spreche, sehe ich *ihn* dabei vorwiegend an.

6. Verdrängung: Wenn peinliche Dinge zur Sprache kommen, dann sage ich oft, daß wir nun doch wieder sachlich werden sollten. Oder ich mache einen ablenkenden Scherz. Oder ich lenke geschickt die Aufmerksamkeit auf ein anderes Thema.

7. *Projektion:* Was ich an mir nicht mag und was ich mir selbst nicht eingestehe, das bemerke ich bei anderen besonders häufig und deutlich: z.b., daß sie berechnend, egoistisch und voll versteckter Aggressionen sind. Ich lehne sie deshalb ab. Ich denke darüber aber nicht nach.

8. *Rationalisierung:* Mein Verhalten ist oft von Interessen, Wünschen und Befürchtungen geleitet. Diese Gefühle sage ich aber nicht. Ich führe eher vernünftige (rationale) Gründe für mein Verhalten an, weil es so von anderen eher anerkannt wird. Ich diskutiere dann notfalls stundenlang über die Stichhaltigkeit meiner vorgeschobenen Gründe.

Beispiel: Einer soll mit einem Vorschlag zur Chefin gehen. Wer? Ich habe Angst davor. Ich sage: Ich sollte besser nicht hingehen, dann lehnt sie den Vorschlag bestimmt ab, weil sie mich nicht ausstehen kann. Eva sollte gehen.

9. *Perfektionismus:* Ich habe Angst davor, unvollkommen zu sein und Schwächen einzugestehen. Deshalb bemühe ich mich, meine Schwächen für andere nicht sichtbar werden zu lassen. Wenn ich etwas nicht verstehe, was andere zu verstehen scheinen, dann beiße ich mir lieber die Zunge ab, anstatt zu fragen.

10. *Fassadenhaftigkeit:* Ich versuche, meine wahren Gefühle zu verbergen. Wenn mich jemand verletzt hat, lasse ich mir nichts anmerken. Oft bin ich innerlich unruhig oder ängstlich; aber ich versuche, davon nichts an die Oberfläche dringen zu lassen. Meine Probleme trage ich mit mir selbst aus. Meine Gefühle gehen die anderen nichts an.

11. *Angst vor Veränderung:* Ich habe das Bedürfnis nach Geordnetheit und Übersichtlichkeit. Neue Moden schrecken mich ab; denn im Bekannten fühle ich mich sicher, da kenne

ich mich aus. Wer immer alles verändern will, den lehne ich ab, der ist mir unsympathisch. Ich kehre dann den Erfahrenen heraus.«

(Schulz von Thun, F.: Bedingungen, die das Arbeiten in Gruppen erschweren. Polyk. Manuskript o.J.)

Kommentar des Autors (Karl Frey):

Wenn ich solche Listen lese, frage ich mich in der Regel zuerst, wieweit sie auf mich zutreffen. Irgendwie reizt mich ein solches Thema jedesmal. Dabei habe ich schon manche böse Überraschung erlebt. Nachdem ich aber recht häufig solchen Katalogen begegne, bekomme ich auch positive Rückmeldung, so daß mein Selbstbild am Schluß nicht ganz schief hängt.

Sollte die Kommunikation in der Projektgruppe einem der 11 Feinde ausgesetzt sein, gibt es nur eine Gegenwehr. Verteilen Sie den Text und lassen Sie ihn wirken. Geben Sie mehrere oder alle der 11 Punkte bekannt. Der einschlägige wird schon aufs Tapet kommen. Hüten Sie sich davor, nur den Dollpunkt herauszupicken und darauf herumzuhacken. Das dominante Korrekturbestreben muß starke Reaktionen hervorrufen.

Schlußbemerkung

Ich habe hier die Kommunikationsbehinderungen ausführlich behandelt, weil das Betätigungsgebiet nur durch einen offenen und aktiven Einsatz der Teilnehmer/innen entwickelt werden kann.

d) Einrichtung einer Vorbereitungsgruppe

Oft wählen Lerngruppen Projektinitiativen aus, die sich nicht unmittelbar angehen lassen und Vorbereitungen erfordern.

Die Projektmethode schreibt keine bestimmte Stelle im Projektverlauf für Vorbereitungen vor. Sie sollten aber nicht stattfinden, bevor die Projektskizze vorliegt. Sonst fällt praktisch die Komponente 2 »Auseinandersetzung mit der Projektinitiative« aus. Während der Entwicklung des Betätigungsgebietes kann aber jederzeit eine Teilgruppe gebildet werden, die besondere Vorbereitungen für den weiteren Verlauf des Projektes trifft. Ich habe ganz vorne im Buch im Abschnitt 4 über Ablaufbeispiele von einem Projekt berichtet, in dem sich die Projektgruppe zu Vorbereitungszwecken in 4 Teilgruppen aufgelöst hat. Eine Teilgruppe klärte die Finanzlage und erstellte das Budget, eine andere erkundigte sich über mögliche rechtliche Schwierigkeiten, eine entwarf Denkmodelle für die Problemlösung und eine simulierte mögliche Probleme im Projektverlauf.

In diesem Beispiel haben alle Projektmitglieder Aufgaben in der Vorbereitung. Ich referiere in diesem Abschnitt noch ausführlich das Projekt »Osdorfer Born«, wo nur einige Mitglieder die Vorbereitung übernahmen.

Großprojekte, wie jenes vom Osdorfer Born mit mehreren Institutionen und Personengruppen, sind oft so komplex, daß zur halbwegs reibungslosen Abwicklung eine Vorbereitungsgruppe unumgänglich wird. Ich bin hier nicht in der Lage, ein eindeutiges Aufgabenheft für die Vorbereitungsgruppen vorzulegen. Die Projektskizzen sehen zu verschieden aus. Immerhin dürften zwei Aufgabenfelder benennbar sein.

1. Bedingungen für die Betätigung im Gebiet durch folgende Vorarbeiten schaffen:
- Rechtliche Möglichkeiten prüfen,
- Geräte besorgen,
- zusätzliche Räumlichkeiten organisieren,
- Grundlagenliteratur ermitteln,
- betroffene Externe um Einverständnis bitten,
- nötige Techniken oder Fertigkeiten erwerben, die einen erheblichen Zeitaufwand benötigen.

161

2. *Vorstrukturieren, Eingrenzen oder Ausweiten* der Projektinitiative, indem eine Gruppe zunächst
  – die Bedeutung (Relevanz) durch entsprechenden Zu-
    schnitt herausarbeitet,
  – die wissenschaftliche Tragfähigkeit des Vorhabens absi-
    chert,
  – ein kompliziertes Zeitbudget organisiert (z.b. Netzplan),
  – die Ziele der Institution (z.b. Schule, Berufsausbildung)
    miteinbezieht.

Bestellen der Vorbereitungsgruppe

Die Vorbereitungsgruppe wird in der Regel nicht von der Projektleitung bestimmt. Die geneigten und geeigneten Mitglieder werden gemeinsam eruiert.

Allerdings beteiligen sich vorteilhafterweise die Lehrenden
oder Projektorganisatoren dann, wenn Projekte über mehrere
Monate, Semester oder Jahre dauern oder wenn sie nicht pri-
mär pädagogisches Probehandeln darstellen, sondern schon
relativ ernsthaft in soziale, technische oder wissenschaftliche
Alltagsrealitäten hineinwirken. Der Grund hierfür ist folgender: Die Projektmitglieder befinden sich in einem erzieherischen Raum, der einen gewissen Schutz vor dem totalen
Ernstfall bieten muß. Das Projekt braucht als Bildungsmittel
Probehandeln. Es braucht im Hintergrund die Projektleitung.
  Es gibt auch Situationen, in denen nur rechtlich zuständige
Personen handeln können. Solche Situationen sind Material-
bestellungen, Verhandlungen mit Firmen, Behörden, Eltern.
Die Verhältnisse können am folgenden Beispiel erläutert wer-
den.

Beispiel: Im Projekt »Osdorfer Born« arbeiteten vier Studen-
tengruppen mit Kindern in einem Stadtteil,

die Gruppe 1 mit einer freien Gruppe von Vorschulkindern,
die Gruppe 2 mit Erstklässlern in der Freizeit,

die Gruppe 3 mit Jugendlichen in einem Freizeithaus,
die Gruppe 4 mit Neuntklässlern im Rahmen von Arbeitslehre und Gemeinschaftskunde.

Um in jedem Semester die neuen Studenten ins bestehende Feld einzuführen, wurde eine Vorbereitungs- und Planungsgruppe geschaffen. Sie fand erst allmählich ihr Konzept. Bei der Einführung der ersten Studentengruppe umriß man Aufgaben, Arbeitsfeld, Theorie und Arbeitsschritte recht exakt. Die Studenten fühlten sich aber zu eng geführt. Sie wollten handeln. Die zweite Studentengruppe konnte einzelne Aktivitäten direkt im Feld aufnehmen. Bei ihnen zeigte sich dann ein Mangel an Techniken der Feldarbeit und der wissenschaftlichen Kontrolle. Also zentrierte sich die Vorbereitungsgruppe von der dritten Studentengruppe an auf diesen Bedarf.

Bei diesen Einführungen zeigte sich, daß die Planungsgruppe bei ihrer Vorbereitung und Einführung der neuen Projektteilnehmer/innen

a) nicht zu viele theoretische Zusammenhänge und Begründungen aufbauen soll (zu viel Theorie kann handlungsunfähig machen),
b) die Aufgaben im Projektfeld nicht zu eng beschreiben darf, jedoch
c) darauf achten muß, daß die Teilnehmer/innen erstens zu eigenem Tun und Probieren kommen sowie zweitens gemeinsame Arbeitsprozesse organisieren können.

Der Bericht von J. Bruhn und R. Fritz (1973, 56ff.) über das Projekt »Olsdorfer Born« erhält neben solchen allgemeinen Ratschlägen eine Fülle weiterer Hinweise für Vorbereitungsgruppen.

Ich möchte im folgenden zwei Fälle darstellen, in denen es angebracht ist, Vorbereitungs- oder Planungsgruppen einzurichten:

Fall 1: *Keine Projekterfahrung.* Die Teilnehmer/innen und der Projektleiter haben wenig oder keine Projekterfahrung. Sie sind unsicher in der Frage, wie sie das anvisierte Feld nach der Projektinitiative angehen sollen. In diesem Fall vermittelt eine kleine Vorbereitungsgruppe die nötige Sicherheit. Sie verhindert den Schnellstart auf der falschen Bahn.

Fall 2: *Das Großprojekt.* Projekte mit mehreren Schulklassen, VHS-Kurse mit Studenten mehrerer Fachrichtungen, Angestellte aus verschiedenen Betrieben legen eine Vorbereitungsgruppe nahe. Ein Großprojekt dauert oft über ein halbes Jahr. Dies ergibt sich besonders dann, wenn Längsschnittdaten gesammelt oder Meßreihen verfolgt werden. Solch ein Fall tritt auch ein, wenn Sanierungen an Gebäuden, Spielplätzen oder Versorgungseinrichtungen angestrebt werden oder wenn das Projekt der Betreuung älterer Personen, der Verständigung zwischen Menschen in einem Block oder Quartier oder anderen Sozialfragen dient. (Bei solchen Gebieten sollten Sie sich auf ein Großprojekt mit einer langen Zeitspanne einstellen. Kurzfristig erscheinende oder verschwindende Unternehmungen schaden im allgemeinen mehr, als daß sie helfen.)

Bei diesen Großprojekten muß eine Vorbereitungs- oder Planungsgruppe Koordinierungsaufgaben wahrnehmen. Sie hat für Abstimmung und Kontinuität zu sorgen.

Grenzen und Probleme der Vorbereitungsgruppe

Auch in den letztgenannten Fällen sind der Vorbereitungsgruppe Grenzen gesetzt. Sie hat nur allgemeine Bedingungen für die Verwirklichung des Projektes bereitzustellen. Keinesfalls darf sie kleinformatige Arbeitsschritte voraus präparieren, spezifizierte Aufgaben zuteilen oder Scheinprobleme zurechtlegen. Das Feld muß so offen wie irgend möglich bleiben.

Probleme entstehen der Vorbereitungsgruppe vor allem,

wenn die Beziehungen zwischen Vorbereitungsgruppe und den übrigen Projektmitgliedern nicht mehr durchsichtig sind. Beachtet die Vorbereitungsgruppe aber die genannten Kommunikationshilfen und verhindert sie das »Wir-die-da?«-Phänomen, überwindet sie diese Gefahren.

e) Offene Ausgangssituation mit vorausgeplanten Projektschwerpunkten

Die offene Ausgangssituation ohne Vorgaben ist für den Projektunterricht ein seltener Fall. Sie setzt voraus, daß sich eine Lerngruppe zu einem Bildungsprozeß zusammenfindet, den sie selbst völlig autark gestalten kann. Die meisten Projektinitiativen haben mit Rahmenvorgaben oder Vorbedingungen zu tun. Ein Fach, eine bestimmte didaktische Struktur, ein erwünschtes Wissen oder auch die Zuständigkeit eines Dozenten oder einer Lehrerin grenzen ein.

Man darf auch nicht vergessen, daß es für die meisten Projektorganisatoren leichter ist, Projekte zu verwirklichen, die in einem bestimmten Rahmen ablaufen. Deshalb scheint mir auch die offene Ausgangssituation mit vorausgeplanten Projektschwierigkeiten am Anfang zulässig. Gemessen an der Hochform der Projektmethode ist sie aber als einfachere Realisierung oder als Vorübung für die Entwicklung der Projektinitiative zum Betätigungsgebiet anzusehen.

Beispiel: Eine Bielefelder Lehrergruppe hatte »Schutz vor Lärm« als Projektinitiative eingebracht. Zum Auftakt spielten sie den Schüler/innen zwanzig verschiedene Geräusche vom Tonband ab. Die Schüler/innen konnten die Geräusche ohne Vorgaben charakterisieren, sortieren und mit Bewertungen versehen.

Die neun Lehrer hatten für den weiteren Projektverlauf mehrere Schwerpunkte ausgemacht und den Schüler/innen mitgeteilt:

165

- Lärmbelästigung als physikalisch-technisches Problem,
- Lärmbelastung als Gesundheitsproblem,
- Lärmbelastung als personenbezogenes Problem,
- Interessenvertretung, Interessenkonflikt in der Arbeitswelt,
- Betriebserkundung durch die Schüler/innen,
- physikalisch-technische Maßnahmen gegen Lärmfolgen,
- gesellschaftliche Maßnahmen gegen Lärm

(Bielefelder Lehrergruppe 1979).

Wenn die Projektleiter/innen Schwerpunkte vorausbestimmen, können in der Projektarbeit Motivations- und Rechtfertigungsprobleme entstehen. Deshalb empfiehlt sich die Beachtung der zwei folgenden Regeln:

1. Die vorher bestimmten Schwerpunkte, Zwecke oder Bedingungen sind allen Teilnehmern vor der Projekteröffnung bekanntzugeben.

Begründung: Der Initiant des Projektes macht die Vorausplanungen und Aprioris transparent, damit die Teilnehmer/innen die Festlegungen, wenn nicht diskutieren, so doch durchschauen können.

2. Die Projektinitiative darf keine Scheinoffenheit vorspielen. Sie darf nur so offen dargestellt werden, daß sie nach der Deutung und Auslegung durch die Teilnehmer/innen noch mit den vorausbestimmten Schwerpunkten in Einklang zu bringen ist.

Begründung: Die Teilnehmer/innen bauen in der Auseinandersetzung mit der offenen Situation einen Sinnzusammenhang auf, der dann dem vorausbestimmten anderen Sinnzusammenhang des Projektplanes widerspricht. Bei mehrmaligem Vorkommen durchschauen Teilnehmer solche scheinbar offenen Ausgangssituationen als pädagogischen Trick. Der Lernalltag ist voll derartiger kurzer Aufhänger, die nach fünf

Minuten abgebrochen werden, um zum harten Lernstoff überzugehen. Überdies ist zu bedenken: Bei der Auseinandersetzung mit einer offenen Projektinitiative entsteht eine sachliche Motivation. Diese wird dann abgebrochen und durch eine längerfristige, wahrscheinlich nicht überdauernd wirkende, externe Motivation (durch die Schwerpunkte oder Rahmenvorgaben des Projektplans) ersetzt. In dem referierten Bielefelder Projekt über Lärm haben die Lehrer (die sich übrigens Teamer nennen) die erste Regel mißachtet. Sie haben die Schüler/innen mit den zwanzig Geräuschen starten lassen. Erst später haben sie dann den Schülern die sieben Schwerpunkte eröffnet. Darauf entstand ein Bruch in der Projektentwicklung. Die Bielefelder Lehrergruppe teilt deshalb in ihrem Projektbericht folgenden Ratschlag mit: Die Projektteilnehmer/innen sollten schon ganz am Anfang über die (vom Teamer) anvisierte Zielrichtung und die in Frage kommenden Schwerpunkte in Kenntnis gesetzt werden.

Eine Vorübung

Ich möchte Sie zum Schluß dieses Berichtes noch mit einer Vorübung vertraut machen, das heißt mit dem Gruppenleitprogramm. Im Gruppenleitprogramm entwirft der Lehrer Aufgaben für die Lernenden, versorgt sie mit dem Basiswissen und gibt einige Anleitungen zur Bearbeitung in Gruppen mit zwei bis fünf Lernenden. Das Gruppenleitprogramm gewöhnt die Lernenden an selbständiges Arbeiten in Gruppen. Der Lehrer wird unter Umständen entlastet, weil er vorher das Lernangebot präparieren kann und nicht die offen-unbestimmte, allmähliche Entwicklung der Projektinitiative ertragen muß.

Ich gebe Ihnen im folgenden eine Passage aus dem Gruppenleitprogramm in der Unterrichtseinheit »Probleme der Wasserverschmutzung« wieder.

Die Autoren sind Günther Eulefeld, Dietmar Bolscho, Wolfgang Bürger und Karl-Heinz Horn (1979).

Ich wähle gerade diese Einheit aus, weil sie ein curriculares Meisterstück in Sachen Anleitung zur Gruppenarbeit darstellt. Nach einer ersten Informationsphase können sich die Lernenden für einen von 4 Aspekten des Gesamtthemas entscheiden. Die Einheit mündet am Schluß in ein Projekt. Das Verbindungsstück bildet das Lernen nach dem Gruppenleitprogramm. Hier der einführende Text im Schülerheft:

»Gruppenleitprogramm – was ist das?

Ihr habt in den nächsten Wochen Gelegenheit, ziemlich selbständig zu arbeiten. Damit Ihr besser zurechtkommt, haben wir Euch ein Gruppenleitprogramm entwickelt. Ihr haltet es gerade in Eurer Hand. Es besteht aus drei Teilen:

1. Arbeitsschritte
2. Texte
3. Arbeitsrückblicke.

Wenn Ihr Euer Leitprogramm einmal durchblättert, werdet Ihr diese drei Teile finden.

1. *Arbeitsschritte* enthalten Vorschläge, die Euch die Lösung Eurer Gruppenaufgabe erleichtern sollen. Es steht darin, *war Ihr tun könnt.*
2. Die Texte enthalten wichtige *Informationen* für Eure Arbeit. Die *Zeilen* sind numeriert.
3. *Arbeitsrückblicke*
   – geben Euch von Zeit zu Zeit Anleitungen und Hilfen, Arbeitsergebnisse zu *überdenken* und in Protokollen *zusammenzufassen*
   – sollen Euch helfen herauszufinden, ob Ihr in der Gruppe alles verstanden habt
   – sollen Euch Anregungen geben, wie Ihr im Plenum (in der ganzen Klasse), in anderen Gruppe Eure *Kenntnisse weitergeben könnt.*

Gruppenleitprogramme – wie gehen wir damit am besten um?

1. Arbeitsschritte *lesen* (evtl. liest einer von Euch vor), miteinander darüber sprechen,
2. Arbeitsvorschläge der Reihe nach *ausführen*. Nach jedem ausgeführten Vorschlag wieder im Leitprogramm *nachlesen*, was Ihr *als nächstes bearbeiten* könnt (z.B. Text lesen, Arbeitsrückblick oder nächsten Arbeitsschritt bearbeiten). Solltet Ihr nicht genau nach dem Leitprogramm vorgehen wollen, dann müßt Ihr aber wenigstens *genau wissen, was darin steht.* (Sonst kann es leicht vorkommen, daß Euch und der ganzen Klasse wichtige Kenntnisse zu Euren Themen fehlen.)
3. Während Ihr die Texte lest (jeder für sich oder einer liest vor), *unterstreicht* bitte die Stellen, die Ihr für *wichtig* haltet, mit Bleistift (Hilfe für Protokoll, Plenum und Schlußbericht!)«

(Eulefeld/Bolscho/Bürger/Horn 1979, Thema 1, S. 7).

16. *Komponente 4: (Verstärkte) Aktivität im Betätigungsgebiet/Projektdurchführung*

Die Projektdurchführung ist im praktischen Ablauf das Kernstück der Projektmethode. Ohne diese Komponente ist das Projekt nicht denkbar. Das gilt für keine der anderen sechs Komponenten in gleicher Weise. Die verstärkte Aktivität im Betätigungsgebiet nimmt in der Regel zeitlich den Hauptteil des Projektes ein.

Die Projektteilnehmer/innen haben sich darauf geeinigt, etwas zu tun, zu verändern oder zu gestalten. Sie versuchen nun, ihren Willen in die Tat umzusetzen. Die konkrete Handlung, die erlebte Zusammenarbeit und die Konzentration auf eine gemeinsame Sache bilden den Fundus, auf den sich jede Reflexion und Distanznahme bezieht. Hier wird der große Unterschied zum üblichen Unterricht deutlich.

Formal betrachtet ist die Komponente »Projektdurchführung« notwendig für ein Projekt, jedoch keineswegs hinreichend. Erst die übrigen sechs Komponenten verhindern blinden Aktionismus und grenzen ein Projekt von Routinetätigkeiten und einen fremdgesteuerten Arbeitseinsatz ab.

Zur Begrifflichkeit

Die Komponente K 4 hat eine Doppelbezeichnung. Der erste Teil »Verstärkte Aktivitäten im Betätigungsgebiet« signalisiert durch seine Nähe zur Bezeichnung der Komponente K 3 »Entwicklung der Projektinitiative zum Betätigungsgebiet«, daß beide eng zusammengehören. Der Übergang ist fließend. Besonders bei Projekten, die auf eine Aufführung hinauslaufen, gehen Planung und Ausführung häufig Hand in Hand: Aus einer groben Skizze wird eine einzelne Szene herausgegriffen, weiterentwickelt, erprobt, verworfen, mit neuen Ideen angereichert usw. Bei anderen Projekten beginnen innerhalb der Planungsphase einzelne Projektaktivitäten, damit die Teilnehmer/innen überhaupt erst einen Überblick darüber gewinnen, was möglich und machbar ist.

Beispiel

Eine fünfköpfige Schülergruppe möchte einen Videofilm über die geplante Straßenbahnstillegung in Kiel drehen. Als Projektskizze entsteht eine Sammlung möglicher Aktivitäten:

– Interviews mit Fahrgästen, Angestellten der Verkehrsbetriebe und Verantwortlichen aus Politik und Verwaltung;
– Beschaffung von Bild- und Filmmaterial vom Stadt-Archiv und NDR-Fernsehen;
– passende Musikuntermalung für Straßenbahn- und Busszenen;
– Besorgung von Informationsmaterial von Ministerien, Bürgerinitiativen und verschiedenen Stadtverwaltungen.

Ehe ein Drehbuch entsteht, soll jede Möglichkeit erkundet werden. Die Aufgaben werden gleichmäßig auf alle verteilt (Mie/Frey, 1996).

Selbst die eher streng organisierten, handwerklichen Projekte verlaufen in der Regel nicht so, daß in der Komponente K 3 ein Arbeitsplan entsteht, der anschließend dann abgearbeitet wird. Im Verlauf der Tätigkeiten ändert sich häufig die Blickrichtung und Kompetenz der Beteiligten. Es kommen Anregungen, aber auch unvorhergesehene Schwierigkeiten hinzu, so daß Ziel und Weg korrigiert werden müssen.

Beispiel:

20 Schüler der Kassen 5–7 einer Gesamtschule beschließen, in der Projektwoche Wettrennen mit selbstgebastelten Spielzeugbooten zu veranstalten. Die Boote werden von einer Kerze angetrieben. Der »Motor« scheint leicht herzustellen zu sein. Es gibt ein Muster dafür. Bei veschiedenen Wettbewerben soll es auf Ausdauer, Schnelligkeit, Größe und Lautstärke der Boote ankommen.

Nach zwei Projekttagen wird deutlich, daß sich die Schüler zu viel vorgenommen haben. Das Programm wird reduziert: Nur noch eine Wettfahrt über eine Strecke von 1,50 m soll stattfinden. Am vorletzten Projekttag wird erneut beraten. Die Mehrheit der Schüler möchte das eigene Boot möglichst schön herausputzen und statt der Wettfahrten gegeneinander eine gemeinsame Vorführung veranstalten. Für die Mitschüler werden Bastelanleitungen verfaßt (s.o.).

Projektplanung ist keine einmalige Phase im Projektablauf. Sie ist eine projektbegleitende Dauerbetätigung. Ein Projekt bis in alle Details vorauszuplanen, ist weder machbar noch wünschenswert. Besonders jüngere Schüler/innen müssen erst lernen, auf eine längere Frist hinzuarbeiten, und eine gewisse

Offenheit für neue Ideen und Wege braucht jedes Projekt bis zum Schluß.

Im zweiten Teil der Bezeichnung für die Komponente K 4 »Projektdurchführung« kommt zum Ausdruck, daß die Phasen der Projektfindung, der Entfaltung des Themas und der Abstimmung der Interessen vorläufig abgeschlossen sind. Was bis hierher verabredet ist, hat vertraglichen Charakter. Es ist empfehlenswert, diese Vereinbarungen an der Tafel oder Wandtafel für alle sichtbar zu notieren. Jeder weiß jetzt, was er zu tun hat und ist damit weitgehend selbständig und unabhängig vom Projektleiter. Ein Abweichen vom verabredeten Plan in wesentlichen Punkten muß plausible Gründe haben und bedarf der Zustimmung der Projektgruppe. Sonst besteht die Gefahr, daß die Arbeiten unkontrolliert auseinanderlaufen. In unerfahrenen Projektgruppen ist es normal, daß Verabredungen und eingegangene Verpflichtungen nicht immer eingehalten werden. Darüber muß man reden. Für den Projektleiter (Lehrer) ist es wichtig, dies weder zu bagatellisieren noch zusätzlich zu dramatisieren. Die Situation der Projektgruppe war vorher besser, als sie jetzt ist. Nun geht es darum zu überlegen, wie man aus der neuen Situation das Beste macht. So lernen die Projektteilnehmer/innen im Verlaufe wiederholter Projektarbeit, in einem Team zusammenzuarbeiten.

Organisation der Aktivitäten

Grundsätzlich kommt jede Form von Tätigkeitsorganisation in Frage: Einzelarbeit; Tätigkeit in kleineren und größeren Gruppen; steuernde, kontrollierende, zuliefernde, ausführende Tätigkeiten. Das ganze Repertoire der inneren Differenzierung ist anwendbar.

Herausgehoben ist die Gruppenarbeit. Die Fähigkeit, in einer Gruppe weitgehend selbständig und ohne kontrollierende Aufsicht zu arbeiten, ist eine Schlüsselqualifikation für Projekte.

Scheitern Projekte, so liegt dies meistens an mangelnder Erfahrung in der Gruppenarbeit. Die beste Vorbereitung für Projektunterricht in der Schule ist die Förderung von Gruppenaktivitäten auch im Fachunterricht. Arbeitsteilung in einem Projekt ist üblich. Es müssen nicht immer alle alles und darüber hinaus noch gemeinschaftlich tun. Die Arbeitsteilung darf aber keinesfalls bloß aufgrund von Anordnung, Sachgesetzlichkeit oder historisch objektiver Notwendigkeit Platz greifen. Die Mitglieder des Projektes müssen sie für sich als sinnvoll bestimmt haben. Der Weg zu dieser Entscheidung führt durch die verschiedenen Komponenten. Oder anders: Wenn ein Projekt mit Hilfe der verschiedenen Komponenten entwickelt worden ist, hat sich herausgestellt, welche Arbeits- und Funktionsteilungen sinnvoll sind. In der Regel weist der Betätigungsplan, der aus der gemeinsamen Entwicklung des Betätigungsgebietes hervorgegangen ist, die sinnvollen Funktionsaufteilungen ein. Falls nötig, sind sie in einer eingeschobenen Metainteraktion erneut auszuhandeln und oder zu revidieren.

Äußere Randbedingungen

Wie ein Projekt konkret abläuft, hängt nicht nur von der inneren Struktur der Gruppe, sondern in gleichem Maße auch von den äußeren Bedingungen ab. Raum, Zeit, Geld, die Nähe oder Ferne zu einem Betrieb, einem Wald oder einer Großstadt – das sind nur einige der einflußreichen Faktoren. Deshalb sind die in den zahlreichen Projektberichten niedergelegten Erfahrungen auch nur begrenzt auf andere Situationen übertragbar.

Allgemeine Abhandlungen über die Projektmethode beschreiben das Projekt in einer Rein- oder Idealform, weil die jeweiligen Randbedingungen nicht antizipierbar sind. Das führt immer wieder zu einer gewissen Abwehrhaltung gegenüber der Projektmethode unter der Vorstellung, vor jeglicher

Tat müsse man erst die Randbedingungen für das ideal-typische Projekt abwarten oder erkämpfen. Richtig ist hingegen, daß es weder ein idealtypisches Projekt, noch ideale Randbedingungen gibt. Pragmatischen Lösungen ist stets der Vorrang vor dem Festhalten an illusionären Forderungen zu geben.

Im schulischen Bereich haben vor allem die Projektwochen viel zur Popularität des Projektgedankens beigetragen. Erst diese Organisationsform hat es so vielen Schüler/innen und Lehrer/innen ermöglicht, eigene Erfahrungen mit Projektunterricht zu machen.

Einer der strukturellen Mängel dieser Organisationsform für Projekte liegt in der Schwierigkeit, für die Komponenten 2 und 3 einen geeigneten zeitlichen Rahmen zu finden. Man beginnt häufig gleich mit der Komponente 4 nach einem Plan der Projektleitung. Projektmethodisch günstiger wäre es sicher, die Zeit für die Projektdurchführung zugunsten eines Vorbereitungstreffens einige Wochen zuvor etwas zu kürzen.

Beispiele:

Wenn Sie jetzt gerne einige Beispiele daraufhin anschauen möchten, was in der Komponente »Verstärkte Aktivitäten« alles getan werden kann, möchte ich Ihnen empfehlen, entweder die Beispielsammlung im Abschnitt 36 aufzuschlagen oder ein Buch mit ausführlichen Projektberichten zur Hand zu nehmen, z.B. das AOL-Projekte-Buch 1992 mit mehr als 250 Projekt-Beschreibungen oder die Sammlungen Mie/Frey 1996, Münzinger/Frey 1996 und Jüdes/Frey 1997, die sich direkt auf das Konzept des vorliegenden Buches, »Die Projektmethode«, beziehen.

17. Komponente 5: Beendigung des Projektes

Nach den gängigen Vorstellungen steht am Ende eines Projektes ein Produkt. Wir sind gewohnt, ein sichtbares Ergebnis zu erwarten. Nach Beispielen befragt, erinnern wir uns vielleicht an Ausstellungen, Theaterstücke oder Gebrauchsgegenstände. Das sichtbare Produkt ist aber nur eine von drei Varianten, in die das Projekt münden kann. Ich schlage vor, diese Variante den

⊕ Bewußten Abschluß (= Variante 1) zu nennen.

Daneben kennt die Projektmethode zwei weitere Abschlußvarianten:

↑ Rückkoppelung zur Projektinitiative (= Variante 2),
∩ Auslaufen lassen (= Variante 3).

Die folgenden Abschnitte erläutern die drei Varianten.

a) Bewußter Abschluß ⊕

Ich bin mit der Bezeichnung »Bewußter Abschluß« nicht ganz zufrieden. Sie trifft das Gemeinte nicht voll. Trotz mehrerer Anläufe fiel mir keine bessere Formel ein. Vielleicht hat eine Leserin einen besseren Vorschlag oder strukturiert überhaupt die Abschlußthematik neu. Ich habe kaum Literatur gefunden. Der Abschluß längerer Lernprozesse leidet wohl allgemein an mangelnder Behandlung durch Didaktik und Curriculumtheorie.

»Bewußter Abschluß« soll heißen, die Teilnehmerinnen haben schon in der Komponente Projektinitiative oder dann später in der Entwicklung des Betätigungsgebietes vereinbart, daß das Projekt ein Produkt hervorbringen soll. In diesem Fall ist das Ende der Projektes klar vorausbestimmt. Das Projekt endet dann, wenn das Produkt hergestellt ist. Das Produktionsende fällt mit dem Projektende zusammen. Wenn die

Mitglieder diesen Abschluß wünschen, sollten sie sich recht frühzeitig darüber einig werden und sich diesen Beschluß bewußt machen.

Die Teilnehmerinnen sollten über den Projektabschluß genauso befinden wie über die Projektinitiative. Sie verständigen sich auf einen gewissen Rahmen und klären dann gemeinsam ab, wie der Abschluß zu gestalten ist. Es empfiehlt sich, diese Planung schon frühzeitig vorzunehmen, um in Ruhe arbeiten zu können. Ein frühzeitig ausgemachtes Ende verschafft den Teilnehmer/innen nebenbei auch ein Gefühl der Sicherheit.

Wo wird der bewußte Abschluß geplant und festgemacht? Die früheste Gelegenheit bietet sich wohl dann, wenn die Teilnehmerinnen das Betätigungsgebiet entwickelt haben und der Betätigungsplan vorliegt (Komponente 3). Der Betätigungsplan kann also bereits den Abschluß ins Programm aufnehmen. Bei fortgeschrittener Projektpraxis wird man das nicht mehr tun. In der Hochform des Projektes achten die Teilnehmenden auf die innere Bewegung und setzen den Schluß je nach Bedarf.

Sie lassen den Moment des fertigen Produktes auf sich zukommen. Wenn die verstärkten Aktivitäten allmählich reife Früchte zeigen, schalten sie einen Fixpunkt oder eine Metainteraktion ein, um dort über das Ende zu beschließen. Ein solches Vorgehen verlangt schon einige projektmethodische Erfahrung.

Die bisherigen Ausführungen galten dem produktzentrierten Projekt. Wenn allerdings *Aktivitäten* den Kern des Projektes bilden, markiert eine besondere *Ausprägung* der Aktivitäten das Ende. Die Teilnehmer/innen haben z.B. eine bestimmte Qualität des Tuns angestrebt und zum Schluß erreicht. Vielleicht haben sie das Ende nach einer besonders gelungenen Leistung, die in allen Wohlbefinden hervorgerufen hat, beschlossen, vielleicht aber auch nach der Einsicht, daß gewisse Ziele nicht zu erreichen sind. Über die vielen anderen Anlässe, ein Projekt zu beenden, brauche ich nicht besonders zu reden. Diese Anlässe sind in der Regel situativ bedingt. Das Trimester gibt vielleicht noch genau sieben Stunden her. Also muß das Projekt in der siebten Stunde einfach abgeschlossen sein. Oder: Jemand muß verreisen. Ein Gerät steht nur begrenzt zur Verfügung. Die Noten müssen vorliegen usw. usw.

Warum hat der Bewußte Abschluß eine solche Bedeutung? Warum ist er eine spezielle Variante in der Komponente Abschluß?

Ein pragmatischer Grund: Projekte geraten oft zu Versatzstücken für fehlendes Aktivsein im Lernalltag. Das Normallernen zwingt die Lernenden in eine recht passive Haltung. Rezipieren und Ausführen überwiegen alle anderen Betätigungsformen. Zumindest deuten die zitierten Untersuchungen über Schulen in Abschnitt 9 auf diesen Sachverhalt hin. Wenn dann einmal die Lernarena für eine konstruktive Tätigkeit freigegeben wird, macht die Produktionsmöglichkeit den Eindruck pädagogischer Bedeutsamkeit. Das ist eine Täuschung. Jedermann wird diese spüren, wenn er in einer solchen Gesamtsituation am Ende des Projektes mit seinem Produkt dasteht. Außer dem beruhigenden Gefühl, etwas getan zu haben, eröffnen sich eine überraschende Leere und die Frage: »Wie soll's nun weitergehen?«

Diese Situation sollte nun nicht durch einen vorherigen Gruppenbeschluß ihres emotionalen und vielleicht sogar existentiellen Momentes beraubt werden. Es geht darum, sich mit dem Ende zu beschäftigen.

Benutzen Sie dazu das gleiche Instrumentarium wie bei der Auseinandersetzung mit der Projektinitiative. Damit haben Sie einen soliden Boden unter den Füßen. Vielleicht eignen sich auch andere Ansätze. Entscheidend ist, daß während des Projektes nicht nur Ferienstimmung aufkommt, die am Schluß in einem Gefühlshoch kulminiert und dann frustrierend im Lernalltag versinkt. Die Projektmethode würde zur Idylle verkommen und wie ein Teil der früheren gruppendynamischen

Seminare unrühmlich enden. Man reist erwartungsvoll zu ihnen hin, genießt die Besonderheit des Augenblicks, um dann wieder in den Trott des Alltags zurückzufallen.

Ein systematischer Grund: Die Projektmethode ist ein Weg, sich bildend in einem Gebiet zu betätigen. Die Tätigkeiten haben Ernstcharakter. Sie gelten nicht künstlichen oder kleinmustrig herausgeschnittenen Lernstücken. Dennoch bleibt projektmethodisches Lernen wie alles bildende Tun Probehandeln. Auf den Projektteilnehmer/innen lastet nicht die Verantwortung der Endgültigkeit wie bei einer praktizierenden Berufsperson. Die ganze Anlage des Projektes mit den besonderen Umgangsformen, aufbauenden Planungsverfahren, Konfliktlösungsinstanzen erlaubt den Teilnehmer/innen, Wirklichkeit mit zu entwickeln. Und der ganze Vorgang gründet recht tief in den Daseinsbedürfnissen der Teilnehmer/innen. Das Tun wird durch relativ wenig undurchschaute externe Bestimmungen und Sachzwänge kanalisiert. Die Teilnehmer/innen pflegen einen direkten Austausch. Und somit ist ihr Tun wenig entfremdet, zumindest weniger als vieles in unserem Alltagstun und bei anderen Lernmethoden. Nun gibt es aber den heimlichen oder offenen Wunsch der Bildung, auch ins Alltägliche hineinzuwirken und lebensdienlich (Schlotthaus 1973) zu werden. Die Projektmethode nimmt sich hier nicht aus. Sie unternimmt gerade in diese Richtung besondere Anstrengungen. Deshalb muß der Schluß eines Projektes in besonderer und bewußter Weise ins Auge gefaßt werden.

b) Rückkoppelung zur Projektinitiative ↑

Die Teilnehmer/innen führen ihre Aktivitäten gegen Ende des Projektes in eine Rückschau über. In ihr kehren sie zum Anfang, zur Komponente Projektinitiative, zurück. Sie vergleichen den Schlußstand mit der Projekt-initiative und der Auseinandersetzung mit ihr. Unter Umständen wandert dann der Rückblick noch zu der einen oder anderen Komponente. Nach der Konzeption der Projektmethode böten sich vor allem die Entwicklung des Betätigungsgebietes (K' 15) und die Metainteraktion (K' 19) an. Das Augenmerk sollte dabei auf das gerichtet werden, was bei den Projektteilnehmer/innen den stärksten Eindruck hinterlassen hat. Die hier im Buch konzeptionell entwickelten Ansprüche an die Handlungen in den Komponenten sind als Aufklärung zu betrachten. Sie sind begründete Hilfe zur bildungsmäßigen Qualifizierung des Tuns. Die Mittel der Rückkoppelung sind dieselben, wie sie in der Verständigung für die Auseinandersetzung mit der Projektinitiative vereinbart wurden. Freilich können auch neue Betätigungsformen Platz haben. Vielleicht ziehen sich die Projektmitglieder zurück, um den Projektablauf noch einmal an sich vorüberziehen zu lassen. Dabei dürfen ruhig die angenehmen Ereignisse die Erlebnisszene beherrschen. Der Sinn liegt nicht immer im Problematisieren. Das Projekt verlangt auch nicht immer eine Kritik am Schluß. Das moralisierende Ende ist für die Projektmethode atypisch. Wenn das Projekt erst durch die Lehre für die Zukunft oder durch den zusammenfassenden Aufsatz herausgerissen werden muß, hat es versagt.

In der Hochform der Projektmethode haben es die Teilnehmer/innen nicht mehr nötig, am Schluß eine Kritikphase einzubauen. Das Projekttun stellt selbst schon »erfülltes Leben« dar (Dewey). Hat es diese Qualitäten nicht erreicht, ist die Bildungsernte auch im Projektherbst nicht mehr einzufahren.

Zwei Hinweise zum Einstieg in die Rückkoppelung

Wenn eine Diskussion über das abgelaufene Projekt einmal im Gange ist, besteht in der Regel kein Mangel an Beiträgen. Schwieriger dagegen ist oft der Einstieg. Wie soll das Rückkoppeln beginnen? Hierzu zwei Hinweise:
Der Abschnitt 35 über das Dokumentieren von Projekten enthält einen Katalog von Fragen. Diese Fragen könnten sich

eignen, einen Einstieg zu finden. Vielleicht geben Sie als Projektleiter/in einige der Fragen als Anstoß in die Diskussion. Vielleicht studieren einige Projektmitglieder die dortigen Fragen und wählen die für sie bedeutsamen aus. Ein anderes Hilfsmittel, den Einstieg zu finden, bietet der Fragebogen. Idealerweise formulieren einige Projektmitglieder die Fragen. Es genügen einfache, offene Fragen, die zum Beschreiben, Nachdenken und Mitteilen anregen. Ich gebe im folgenden die 18 Fragen wieder, welche die dreizehnjährigen Schüler am Schluß des Projektes »Rauchen« in G. zu beantworten hatten (Hahne/Heidorn/Pohlan/Wörpel 1980, 87f.):

»1. In welcher Arbeitsgruppe hast Du mitgearbeitet?
2. Was für ein Thema hattet Ihr?
3. Nenne die Mitglieder Deiner Arbeitsgruppe!
4. Welche Versuche, Filme oder Tätigkeiten des Projektes Rauchen haben Dir gefallen (oder was hat Dir sonst am Projekt Rauchen gefallen?)?
5. Was hat Dir am Projekt Rauchen nicht gefallen?
6. Nenne einige Bereiche, über die Du beim Projekt Rauchen etwas gelernt hast!
7. Worüber hättest Du gerne noch mehr erfahren?
8. Was hätte im Projekt noch unternommen werden sollen?
9. Welches Arbeitsziel hatte sich Deine Arbeitsgruppe noch gesetzt?
10. Hat Deine Arbeitsgruppe ihr Ziel erreicht?
11. Wenn Deine Arbeitsgruppe ihr Ziel nicht erreicht hat, woran kann das gelegen haben? (auch wenn sie es teilweise nicht erreicht hat)
12. Bist Du mit dem Ergebnis Deiner Arbeitsgruppe zufrieden?
13. Wie hat die Zusammenarbeit in Deiner Kleingruppe geklappt?
14. Habt Ihr Euch bei der Lösung der Aufgaben (Versuche, Plakate usw.) abgelöst?

15. Was hat Dir an der Betreuung durch den Lehrer gut gefallen?
16. Was hat Dir weniger gut gefallen?
17. Welche Unterschiede zwischen dem Projektunterricht und dem normalen Unterricht sind Dir aufgefallen?
18. Was sollte Deiner Meinung nach beim nächsten Projekt anders gemacht werden?«

c) Auslaufenlassen ∩

Dies ist die dritte Variante, das Projekt abzuschließen. Für diese Abschlußvariante sprechen folgende Argumente:
Die Projektmethode zielt auf Verselbständigung der Beteiligten. Sie soll die Fähigkeit fördern, sich selbst zu organisieren, soll zum Ergreifen von Initiativen und zur Kooperation beitragen. Ein offenes Projektende kann diese Merkmale der Projektmethode verstärken. Das Projekt kann seine Teilnehmer/innen am Ende allmählich in die nachcurriculare Phase überführen und sie ohne Bruch in den Alltag entlassen. Das folgende Beispiel illustriert diese Art des Auslaufenlassens sehr schön.

Beispiel: Die Lehrer für Tonarbeiten an einer Kölner Volkshochschule haben schon in der Ankündigung ihrer Veranstaltung das Auslaufenlassen vorgeschlagen. Die Ankündigung lautete (zitiert nach Tom Moehlen 1979, 121f.):

»Kommunikation und Arbeiten mit Ton in gemeinsam versorgter Werkstatt.

Liebe zukünftige Teilnehmer!
Ehe Sie sich anmelden, möchten wir, Lehrer im Arbeiten mit Ton, Ihnen berichten, wie wir uns die Arbeitsgemeinschaften vorstellen:

- beim Aufbereiten, Formen und Modellieren von Ton,
- beim Diskutieren und Planen der Arbeit mit anderen Interessierten,
- beim Umgang mit der Werkstatt und Beschicken des Brennofens unterstützen wir Sie am Anfang,
- beim Beschaffen von Ton und Glasuren hilft Ihnen eine Einkaufsgemeinschaft der älteren Teilnehmer, die EM, siehe Ankündigung Nr. 14402.

Nach dem vierten Semester arbeiten Sie in einer selbständigen Gruppe, ohne Lehrer, und nach dem sechsten Semester ohne Volkshochschule.

Ziel dieses Aufbaus ist es, genug Sicherheit in der Arbeit mit Ton, Werkstatterfahrung und Materialkenntnis zu vermitteln, daß Sie selbständig weitermachen können. Auch ist es möglich, daß Sie Lust bekommen, nach Abschluß des sechsten Semesters mit Gleichinteressierten eine gemeinsame Werkstatt einzurichten oder als ehrenamtliche Freizeithelfer Jugendliche oder Behinderte oder alte Menschen zu unterstützen, die auch Keramik machen möchten. Planen Sie möglichst die Zeit für die Veranstaltung Nr. 14401 bis 14406 mit ein. Das Werkstatt-Treffen, der Besuch des Keramik-Museums und die gruppendynamischen Angebote Kreativität und Kommunikation gehören zum Konzept von Kommunikation und Arbeit mit Ton in gemeinsam versorgter Werkstatt.

Aus dem Aufbau ergibt sich, daß der Einstieg nur im ersten Semester möglich ist. Die Teilnahme an den besuchten Arbeitsgemeinschaften wird auf Wunsch durch den Dozenten bescheinigt.

Winfried Kirches	Gudrun Pagenstecher
Eva Tom Möhlen	Christa Siegel
Christa Mölders	Almut Wilms-Schröder

Diese Veranstaltung deckt nicht alle Ansprüche der Projektmethode ab. So wird zum voraus die Lernzeit genau festgelegt. Man kann sie nach dem vorliegenden Bericht von Eva Tom Moehlen (1979) aber als projektartig bezeichnen.

Das Projekt »Tonarbeiten« vermeidet die Frustrationsgefahr des klassischen Projektes. Bildet der Projekthöhepunkt den Schluß, wird der Übergang zum Routine-Alltag zum harten Bruch, besonders drastisch nach öffentlichen Auftritten, Festen und der Vorführung selbstgebauter Geräte. Die folgenden Frustrationen erzeugen teilweise Abneigung gegen ein neues Projekt. Oder das direkte Gegenteil tritt ein. Die Frustration im Alltag weckt den Wunsch nach neuen Projekten. Dieser Effekt ist auch von gruppendynamischen Übungen bekannt. Die Projektmethode läuft die gleiche Gefahr mit der klassischen Abschlußvariante, in der das Produktionsende das Projektende markiert.

Zum Schluß müssen wir auf etwas Trauriges hinweisen: Diese Variante eines Projektabschlusses wird leider häufig mißbraucht: Man hat sich zuviel vorgenommen, nichts zu Ende gebracht und »entschließt sich dann für die Variante c) des Projektabschlusses nach Karl Frey.« Wie dem abzuhelfen ist, weiß ich nicht.

d) Aktivitäten nach dem Projekt

Das eben skizzierte Tonprojekt zog eine ganze Palette von Folgeaktivitäten nach sich:

»... ehemalige Teilnehmer ... haben folgendes unternommen:

9 Teilnehmer haben, um gemeinsam darin zu arbeiten, eine Keramikwerkstatt stundenweise angemietet; 5 Teilnehmer leiteten Freizeitgruppen (Keramik) bei kirchlichen Trägern; ... 2 Teilnehmer machen Freizeitgestaltung (Keramik) für Kinder an der Montessori-Schule; 2 Teilnehmer haben sich bei sich zu Hause Werkstätten eingerichtet, in denen andere ehemalige Teilnehmer mitarbeiten; 1 Teilnehmer leitet eine Jugendgruppe in einem Haus der »Offenen Tür«. Darüber hinaus haben

einige Teilnehmer einen Verein zu Förderung der Tonarbeit gegründet« (Tom Moehlen 1979, 122).

Aktivitäten nach dem Projekt sind stets gefährdet; meist nehmen sie nach dem vorläufigen Abschluß des Projektes rasch ab. Der Einsatz der Teilnehmer/innen verflacht. Der Gruppenzusammenhalt wird loser. Dagegen hilft kein Patentrezept. Hilfreich erscheint lediglich die eindeutige Absprache der interessierten Mitglieder über Umfang und Zeitpunkt der Aktivitäten. Folgendes Beispiel verdeutlicht das Vorgehen. Das Projekt lautete:

»Landschaftserkundung und Landschaftswahrnehmung in der kulturellen Bildung.«

Beispiel: Die Teilnehmer treffen sich an 8 Abenden und 2 Halbtagen zur Expedition. Am Schluß besprechen die Teilnehmer die Folgeaktivitäten:

»Helga macht den Vorschlag, vorerst keine regelmäßigen Kursabende mehr (zwei würden noch anstehen) zu machen, sondern statt dessen möglichst oft zum Schauinsland zu fahren und sich nach Bedürfnis immer wieder einmal zum Austausch von Ergebnissen, Ideen und Erfahrungen gemeinsam zu treffen.

Bernd wendet ein, daß die Gruppe wohl bald auseinanderfallen werde, wenn man sich ausschließlich auf spontane und sporadische Treffen beschränke.

Er schlägt vor, und zwar nach freier Vereinbarung, in den nächsten Wochen immer wieder in kleineren Gruppen am Schauinsland zu arbeiten, dennoch aber fixe Termine zu vereinbaren, an denen sich die Gruppe im Plenum trifft. Vielleicht sollten sich die einzelnen sogar verpflichten, bei dem im Abstand von 4 bis 6 Wochen stattfindenden Treffen irgendein Ergebnis vorzustellen; auf diese Weise sei auch ein Impuls gegeben, am Thema aktiv zu bleiben.

Dieser Vorschlag wird angenommen. Wir wollen am 24. Juli, also in knapp 4 Wochen, alle wieder zusammenkommen. Die gemeinsamen Treffen sollen fortgesetzt werden und abwechselnd in unseren Privatwohnungen stattfinden« (Handschuh 1980, 61).

Ich glaube, dieses Projekt bedarf keiner weiteren Erläuterung. Es illustriert anschaulich, wie Aktivitäten nach dem Projekt über eine gewisse Zeit gesichert werden können.

18. Komponente 6: Fixpunkt

Die Fixpunkte sind die organisatorischen Schaltstellen des Projektes. An den Fixpunkten halten die Mitglieder inne. Sie geben für einige Minuten oder auch für eine längere Zeit ihre Aktivität auf. Sie nutzen Fixpunkte unter anderem für folgende Zwecke:

● Die Teilnehmer/innen informieren sich gegenseitig über die letzten Tätigkeiten (Plenum, Tagesbulletin, Berichterstattung).
● Sie fertigen Notizen über die letzte Phase an und formulieren Anregungen für die nächste.
● Sie organisieren die nächsten Schritte.
● Sie vergegenwärtigen sich den Stand der Arbeiten angesichts des Gesamtvorhabens.
● Einzelne oder alle Teilnehmer ziehen sich zurück, um sich dann wieder zu sammeln. Der Fixpunkt ist etwas wie die »Auszeit« im Basketball.

Die K' Fixpunkt hat somit vor allem organisatorische Bedeutung. Sie hilft, das Projekt am Laufen zu halten. Darin liegt ihr Unterschied zur K' Metainteraktion. Letztere dient vorwiegend der pädagogischen Qualifizierung der Normaltätigkeiten im Projekt und der Aufarbeitung von Problemen in der Beziehung zwischen den Beteiligten.

Der Ausdruck Fixpunkt wurde meines Wissens vom Schweizer Pädagogen Rudolf Schweingruber geprägt. Ich habe den Begriff aus seinem Buch über das Projekt in der Schule (1984) übernommen.

Der offene Verlauf der Projekte verlangt, daß die Mitglieder von Zeit zu Zeit wieder den organisatorischen und fachlichen Überblick gewinnen. Die Projekte verlangen eine Minimalinformation unter den Teilnehmer/innen. Beides ist nötig, um der Gefahr des Aktionismus zu entgehen. Lediglich Miniprojekte mit einer Dauer von ein bis zwei Stunden in Kleingruppen und einem eng begrenzten Betätigungsgebiet kommen ohne Fixpunkte aus.

Indikation: Ein Fixpunkt ist angezeigt,

… wenn ein oder mehrere Teilnehmer/innen den Eindruck haben, sie wüßten nicht ausreichend, was die anderen tun oder was um sie herum geschieht.
… wenn ein oder mehrere Teilnehmer/innen den Eindruck haben, sie verlören sich in ihren eigenen Aktivitäten.
… wenn die Teilnehmer/innen in eine dauernde Hektik oder einen Produktionszwang geraten.

Im übrigen würde ich nach eigenen Erfahrungen und als Fazit aus Projektberichten sagen: Fixpunkte sollen in einem bestimmten Rhythmus eingeschaltet werden,

… abends (z.B. eine halbe Stunde) bei Mittel- und Großprojekten von mehr als drei Tagen,
… jeden halben Tag bei Mittelprojekten von ein bis zwei Tagen.

Mündliche Einführung des Fixpunktes:

Wenn Sie den Fixpunkt mündlich einführen möchten, teilen Sie etwa folgendes mit:

186

»Unser Projekt wird mit den nächsten Schritten komplizierter. Wahrscheinlich entstehen mehrere kleine Gruppen, die Teilgebiete bearbeiten. Dabei könnten die einzelnen den Überblick verlieren. Dies ist dem gemeinsamen Tun nicht förderlich. Deshalb empfiehlt sich von Zeit zu Zeit eine Pause von einigen Minuten, in der die Gruppen einander berichten und sich auf dem laufenden halten.

Am besten fragt sich jeder in der nächsten Zeit, ob er noch Durchblick hat oder einfach gerne wieder einmal darüber informiert würde, was denn überhaupt bei den anderen läuft. Meldet den Wunsch bei mir oder bei A. an.«

Einführung mit Handzettel:

Notieren Sie auf einem Blatt nach dem Muster die Anlässe für den Fixpunkt und verteilen Sie das Blatt an die Projektmitglieder. Ich habe das Muster in der Sie-Form verfaßt. Ich nehme an, daß Sie nach einiger Erfahrung mit der Projektmethode meinen Musterzettel ergänzen oder verändern werden.

Beispiel 1: In Informatikprojekten in einem 10. Schuljahr wurden die Fixpunkte folgendermaßen realisiert:»Jede Gruppe fertigte nach dem Block von zwei Stunden ein Stundenprotokoll an, das die erarbeiteten Ergebnisse zusammenfaßte und die geplanten Arbeitsschritte für den nächsten, darauffolgenden Stundenblock enthielt. Dadurch konnten Planungsfehler und anfängliche Selbst*über*- und Selbst*unter*schätzungen aufgefangen werden« (Koerber 1978, 302).

Beispiel 2: Aus dem Bauernhofprojekt von R. Schweingruber (1984, 84):»Mittwoch, 14. September: Fixpunkt. Das Hufeisen als Sitzordnung ist jetzt selbstverständlich. Jede Gruppe berichtet über den Stand der Arbeiten. Zwei haben alles Material beieinander, bei zwei anderen fehlen noch die Fotografien.

Die Bigler-Gruppe ist arg im Rückstand. Es fehlen ihr die Angaben über Düngung, Schädlingsbekämpfung, Hofstatt und Gemüsegarten. Den Arbeitsnachmittag haben sie auch noch nicht hinter sich. Astrid bietet ihre Hilfe an, was aber die Gruppe ablehnt. Andreas findet: Ihr solltet über die Hilfe froh sein. Wir können doch nicht wegen Euch alles verschieben! – Schließlich willigt die Gruppe ein.«

Beispiel 3: Aus dem Projekt Rauchen von Hahne, Heidorn, Pohlan und Wörpel (1980, 30f.): »Da der Hauptteil des Projektes während der Fachstunden stattfand, erstreckte es sich über eineinhalb Monate. Eine Orientierungshilfe drängte sich auf. Deshalb befestigte die Lehrerin ein großes Blatt Papier an der Wand. Die Schüler trugen nach jeder Stunde ihre Standorte ein. Die Tabelle auf der übernächsten Seite gibt den Anfang dieser Wandbeschriftung wieder.«

Projekt »Rauchen«

Diese Übersicht dient Euch → damit Ihr immer wißt, wo Ihr seid,
zur Selbstkontrolle → damit Ihr immer wißt, welche Fragen Ihr bearbeitet,
und als Gedächtnisstütze → damit Ihr seht, was die anderen gerade tun.

Diese Übersicht soll am Ende des Projektes – neben Euren Arbeitsergebnissen – zur *gemeinsamen Beurteilung* benutzt werden.

Datum:	*Arbeitsgruppe 1:* Dirk, Karsten, Thomas, Michael, Peter, Rainer	*Arbeitsgruppe 2:* Gabi, Ingrid, Maria, Andrea R.	*Arbeitsgruppe 3:* Manuela Z., Andrea A., Metin K.	*Arbeitsgruppe 4:* Petra, Kerstin, Manuela	*Arbeitsgruppe 5:* Heike, Dagmar	*Arbeitsgruppe 6:* Monika Kr., Monika Ko., Angélique
	1. Woraus bestehen Zigaretten? 2. Wieso raucht man?	1. Woraus bestehen Zigaretten?	1. Was ist im Zigarettenrauch enthalten? 2. Wieso raucht man?	1. Sichtbarmachen der Wirkung von Nikotin.	1. Welche Krankheiten entstehen durch Zigarettenrauchen?	1. Ist das Mitrauchen gefährlich? 2. Wie kann man sich das Rauchen abgewöhnen?

Mittwoch. 2.3.77 Versuch zum Teergehalt von filterlosen Zigaretten und Filterzigaretten:
NW-Doppelstunde: Abrauchen verschiedener Zigaretten mit Lungenzug und Pustebacke

Montag, 7.3.77 Versuch, wie sich Zigarettenrauch auf eine Maus auswirkt (Aktivrauchen)

189

Fortsetzung: *Projekt »Rauchen«*

Mittwoch, 13. 4. 77 NW-Doppelstunde						
(Nach einem Gruppengespräch, in dem die Gruppen sich gegenseitig berichten, was sie gemacht haben und was sie noch vorhaben, tragen die Schüler ihre jetzt aktuellen Aufgaben in den Wandplan ein.)	1. Interview noch einmal durchführen, 2. Zigarette durch Zigarettenspitze mit Kochsalz abrauchen und Rückstand untersuchen.	1. Zigarette durch Zigarettenspitze mit Kochsalz abrauchen und Rückstand untersuchen, 2. In Zigarettenreklame Angaben über die Zusammensetzung von Zigaretten suchen.	1. Interview-Fragen, warum Leute rauchen, seit wann usw., entwickeln, 2. Interview durchführen.	1. Versuch von Mi., 9. 3., wiederholen, 2. *neuer Versuch:* Temperaturmessung der Haut nach Rauchen einer Zigarette, 3. *neuer Versuch:* Bewegungsübung nach Rauchen einer Zigarette.	1. Zigarettenreklame ausschneiden, untersuchen ob auf Gefahren des Rauchens hingewiesen wird, 2. Bericht oder Plakat anfertigen: Gegenüberstellung Zigarettenreklame und Krankheiten, die durch Rauchen entstehen. Evtl. Gegenreklame entwerfen.	1. Kresse-Versuch noch einmal ansetzen; eine Ladung Kresse vorher schon berauchen, 2. Interview-Fragen überlegen zum Befragen von Leuten, die mit dem Rauchen aufgehört haben oder aufhören wollen.

Was ist ein Fixpunkt?

Der Fixpunkt ist eine Unterbrechung der Aktivitäten für ein paar Minuten oder auch für länger. Am Fixpunkt informieren sich die Teilnehmer gegenseitig über den Stand des Projektes. Sie regeln organisatorische Angelegenheiten. Sie ruhen sich aus, nehmen eine »Auszeit« und versuchen, einer aufkommenden Hektik entgegenzuwirken.

Anlässe für Fixpunkte

Die folgende Liste enthält Anlässe und Situationen, die einen Fixpunkt nahelegen. Wenn Sie in eine solche Situation kommen, schlagen Sie einen Fixpunkt vor.

– Ich weiß eigentlich gar nicht, was die anderen tun	(Gegenseitige Information)
– Ich würde mir jetzt gerne klarmachen, was als nächstes zu tun ist	(Planung des nächsten Schrittes)
– Ich habe jetzt etwas erarbeitet bzw. erreicht, was die anderen wissen müßten	(Ergebnismitteilung)
– Wenn wir uns jetzt nicht abstimmen, läuft alles kreuz und quer	(Abstimmung)
– Es ist jetzt schon so viel passiert, daß wir über die letzten Phasen ein paar Notizen machen sollten	(Protokoll, Dokumentation)
– Im Projekt läuft so viel auf verschiedenen Ebenen, daß ich bald den Durchblick verliere	(Orientierung)
– Die Außenstehenden (Auftraggeber, Freunde, Aufsichtspersonen, Finanziers, ...) wissen schon gar nicht mehr, was hier läuft	(Information nach außen)
– Wir haben inzwischen so viel entwickelt, daß es sich lohnt, das Ganze einmal zu betrachten	(Ergebnissicherung)
– Ich halte das nicht durch, wenn ich noch lange in diesem Tempo weitermachen soll	(Einleitung eines Tempowechsels)
– Das dauert viel länger, als wir angenommen haben	(Zeitplanung)
– Irgendwie ist uns das ursprüngliche Ziel aus dem Blick geraten	(Bestätigung oder Neubestimmung des Ziels)

Festlegung der Fixpunkte

Wir können in unserem Projekt die Fixpunkte auf zwei Arten festlegen:

Möglichkeit 1: Fixpunkte werden nicht im voraus festgemacht. Wenn Sie in eine der Situationen (linke Spalte) kommen, melden Sie sich. Wenn noch andere Mitglieder Ihren Vorschlag unterstützen, schieben wir einen Fixpunkt ein.

Möglichkeit 2: Wir setzen schon am Anfang 2 bis 3 Fixpunkte fest. Die Festsetzung erfolgt am Ende der Auseinandersetzung mit der Projektinitiative oder gegen Ende der Entwicklung des Betätigungsgebietes.

19. Komponente 7: Metainteraktion/Zwischengespräch

Metainteraktion ist die Auseinandersetzung über das Normalgeschehen im Projekt. Metainteraktion ist die Auseinandersetzung über den Umgang miteinander im Projekt. In der Phase der Metainteraktion hält man inne, um über das Abgelaufene oder das gerade Passierende miteinander zu reden.

Beispiel 1: Die Arbeit an den Ausstellungsplakaten wird unterbrochen. Th. faßt noch einmal kurz die ursprüngliche Absicht zusammen. Dann erörtern alle Teilnehmer/innen in einem 20minütigen Plenumsgespräch die Gründe für die Abweichungen. Am Schluß nehmen sich die Teilnehmer/innen vor, häufiger über den Arbeitsstand zu berichten.

Beispiel 2: Der Außenseiter der Gruppe macht nach langem Zögern auch einmal einen Vorschlag. Die Gruppe geht auf das besondere Ereignis ein. Sie schließt ein kurzes Gespräch an und bestärkt den Außenseiter, sich auch weiter zu beteiligen. Der Außenseiter teilt jetzt plötzlich mit, warum er sich sonst nicht meldete. Daraus entspinnt sich eine Diskussion über die allzu schnelle Ausführung von Plänen und die wenigen Nachdenkemöglichkeiten während der Arbeiten.

Beispiel 3: Die Gruppe legt eine Phase ein, in der sie dramaturgisch durchspielt, was sie tut. Die Mitglieder haben ihre sonstigen Rollen vertauscht. Die eine Hälfte schaut zu und teilt anschließend ihre Eindrücke mit.

Ausdruck und Aufgabe der Metainteraktion

Das Fremdwort Metainteraktion könnte man umschreiben mit»Auseinandersetzung über etwas darunter« oder»Abgehobene Auseinandersetzung« oder»Auseinandersetzung auf höherer Ebene« oder»Auseinandersetzung über Auseinandersetzung«. Wenn Sie mit dem Fremdwort nicht zurechtkommen, nennen Sie das Ganze Zwischengespräch. Das trifft Sinn und Zweck nicht voll, ist aber zumindest verständlich.

Die Komponente Metainteraktion hat eine zentrale Rolle im Projekt. Sie trägt dazu bei, daß das Tun pädagogisches Tun wird. Die Bastelarbeiten am Starenkasten oder das Kartografieren der Quartierspielplätze sind nicht automatisch pädagogische Aktivitäten. Sie sind nicht von sich aus bildend. Vielleicht bleiben sie reine Routine. Vielleicht verlaufen sie auch als blindes Nachmachen und schütten damit andere Möglichkeiten der Lernenden zu.

Die Metainteraktion hilft, die Hauptaktivitäten zu qualifizieren, als da sind: Vorbereiten der Theateraufführung, Bauen des Nistkastens, Erstellen der Plakatwand usw.

Wenn Menschen im Alltag miteinander umgehen, setzen sie sich selten zu sich selber in Distanz. Sie denken selten über das nach, was gerade geschieht. Zumindest sprechen sie nicht darüber. Nur zwei Prozent der Gespräche sind Metakommunikation (Hofer 1992). Dagegen sieht die Projektmethode diese regelmäßig und systematisch vor. Die Häufigkeit wird zunehmen und so das pädagogische Projekt vom Alltag unterscheiden.

Die Metainteraktion steht mit dieser Aufgabe nicht allein. Wesentlich sind die Entwicklung des Verständigungsrahmens in der Auseinandersetzung mit der Projektinitiative und die Entwicklung des Betätigungsgebietes. Die Metainteraktion verstärkt jedoch diese Komponenten.

Wenn Teilnehmer/innen eines Projektes eine Metainteraktion einlegen, verfolgen sie im allgemeinen einen der vier nachstehenden Zwecke:

● Die Teilnehmer/innen *besinnen sich auf den Verständigungsrahmen,* den sie während der Auseinandersetzung mit der Projektinitiative entwickelt haben. Sie stellen Fragen wie: Wurde er eingehalten? Konnte er überhaupt eingehalten werden? Gibt es Anlässe zur Revision? Sind Teile besser zu beachten?

193

- Sie *vertiefen einen Strang der ablaufenden Aktivitäten* oder einen Ausschnitt aus dem Betätigungsgebiet. Sie gehen diesen noch einmal durch und benutzen dabei besonders intensiv eine der vereinbarten Umgangsformen (z.b. eine Regel des vernünftigen Argumentierens oder des Äußerns von Gefühlen).
- Die Teilnehmer/innen *schaffen Distanz zu den Normal- bzw. Hauptaktivitäten.* Sie schaffen Distanz, indem sie das Betätigungsmedium (z.b. Sprache, zeichnerischen Ausdruck oder den Raum oder bestimmte Normen oder andere, Verhalten bestimmende Merkmale) wechseln. Über diesen Wechsel werden die Besonderheiten und die folgende Bedeutung der Hauptaktivitäten deutlich. Die folgenden Abschnitte illustrieren diese Praxis.
- Oft müssen die Teilnehmer/innen in der Metainteraktion *Beziehungsprobleme aufarbeiten.* Beziehungsprobleme werden in der Projektmethode an die Oberfläche geholt und auszutragen versucht. Sie werden nicht als störende Randerscheinungen abgetan, sondern direkt angegangen. Ein Ort der Konfliktanalyse ist die Metainteraktion.

a) Praxis der Metainteraktion

Zeitpunkte der Metainteraktion

Nachdem der erste Verständigungsrahmen vor oder nach der Projektinitiative erstellt worden ist, können die Projektmitglieder jederzeit eine Metainteraktion einlegen.

Die Teilnehmer/innen können im Zuge der ersten Verständigung Kriterien, Verfahren oder Anlässe für die Einführung einer Metainteraktion festlegen. Hier ist wie bei den Fixpunkten vorzugehen. Der Abschnitt über Fixpunkte beschreibt das Verfahren im einzelnen.

Wie häufig soll eine Metainteraktion stattfinden? Eine Regelantwort gibt es nicht. Die Antwort liegt in den genannten

Kriterien oder Verfahren. Aus eigenen Erfahrungen würde ich bei Projekten ohne besondere Auffälligkeit sagen: in Mittelprojekten (Dauer ein bis zwei Tage) etwa einmal täglich, vor allem in der Phase der verstärkten Aktivitäten im Betätigungsgebiet; in Großprojekten (Dauer ab einer Woche) in derselben Phase in etwas größeren Zeitabständen; in Kleinprojekten (zwei bis acht Stunden) vielleicht einmal; in einer Serie von Kleinprojekten in jedem zweiten oder dritten Projekt. Es gibt aber auch Projekte, die täglich mehrere kurze Metainteraktionen brauchen.

Oft ist es vorteilhaft, die Metainteraktion zeitlich zu begrenzen. In vielen Gruppen gibt es nämlich Mitglieder, die Fixpunkte und Metainteraktionen gerne zu ihrem persönlichen Wirkungsfeld machen wollen und dann entsprechend viel Zeit dafür beanspruchen. Ist die Gruppe nicht gewohnt, mit solchen Interessen umzugehen, empfiehlt sich am Anfang eine zeitliche Begrenzung, vielleicht auf 30 Minuten.

Non-verbale und verbale Interaktion

In der *verbalen Metainteraktion* unterhalten sich die Beteiligten mündlich oder schriftlich über den abgelaufenen, gerade stattfindenden oder vorausliegenden Projektabschnitt.

In der *non-verbalen Metainteraktion* finden Austausch von Gesten, mimischer Ausdruck, Veränderung von Sitzordnung, Rollentausch, gemeinsames Essen oder auch unmittelbarer Körperkontakt statt.

Die reine Form der verbalen Interaktion kommt selten vor. Ein Fall wäre dann gegeben, wenn Kommilitonen z.B. einen Mitstudenten nur vom Tonband hörten und ihm auch wieder nur per Tonband eine Mitteilung zukommen ließen. Auch rein non-verbale Mitteilungen sind selten (z.B. in der Pantomime).

Das Wissen um beide Formen der Interaktion ist allerdings wichtig, wenn man eine vielseitige Persönlichkeitsbildung im Auge hat. Die Praxis beider Kommunikationsformen verhindert Einseitigkeiten.

Ich versuche, die Konsequenzen für die Projektpraxis in zwei Regeln zu fassen:

Regel 1: Die Metainteraktion sollte als Ergänzung zum hauptsächlich praktizierten verbalen Kommunikationstyp den non-verbalen zum Tragen bringen und umgekehrt.

Das heißt z.b.: Das ständige Schreiben und Lesen im Schulunterricht oder im Sprachkurs der Volkshochschule verlangen in der Metainteraktion nach dem nichtgesprochenen Austausch im Spiel. Das stundenlange Arbeiten am Werkstück bedarf der mündlichen Aussprache zur Einordnung des Arbeitsvorganges, zur Bewußtmachung persönlicher Empfindungen oder schlicht zum Ausgleich.

Regel 2: Die Metainteraktion muß dem verbal nicht gewandten Teilnehmer die Möglichkeit geben, sich non-verbal ausdrücken und in Szene setzen zu können.

Dafür geeignet sind z.b. körperliche Spiele oder sportliche Betätigungen, in denen der verbal Benachteiligte seine alternativen Bedürfnisse und Fähigkeiten kundtun kann.

Einstiege in die Metainteraktion

Viele Lerngruppen sind gewohnt, vom Normalgeschehen auf die Metainteraktion umzuschalten. Sie brauchen keine Hilfsmittel, um das Plateau der Metainteraktion zu erklimmen. Sollte die Erfahrung nicht vorhanden sein, benutzen sie Hilfsmittel zum Einstieg, z.b. den Fragebogen. Dieser kann sehr einfach angelegt sein. R. Heinze-Prause und Th. Heinze (1978, 71ff.) berichten von einem solchen Fragebogen in der Grundschule. Hier ein Ausschnitt mit den Häufigkeiten einer Primarschulklasse:

»Wenn Du im Unterricht keine Lust hast mitzumachen, dann liegt das daran, daß ...

		Anzahl Kreuze in der Klasse
...Du das Fach nicht magst	☐	17
...die Themen so langweilig sind	☐	15
...Dich andere Dinge mehr interessieren	☐	7
...Deine Mitschüler im Unterricht immer Mist machen	☐	6
...Der Lehrer den Unterricht nicht interessant macht	☐	4
(Mehrere Kreuze möglich)		49

Meinst Du, es macht Deiner Klassenlehrerin Spaß, bei Euch
zu unterrichten? Kreuze an!

...Bei uns ist immer etwas los. Da ist es bestimmt nicht leicht, Lehrerin zu sein.	☐	20
...Wir sind keine Engel. Trotzdem macht es ihr Spaß.	☐	5
...Wir sind manchmal etwas laut, machen aber sonst keinen Ärger.	☐	5
...Unsere Klasse ist in Ordnung, sie hat keine Schwierigkeiten.	☐	0
...Ist mir egal, Sie wird ja dafür bezahlt.	☐	0
...Ohne Angaben	☐	2
		32«

Ein solches Fragebogenergebnis gibt Anlaß zur Diskussion.
Die Klasse muß nicht krampfhaft nach einem Aufhänger suchen. Und vor allem: Die Metainteraktion wird nicht erst erprobt, wenn der Konfliktfall auftritt.

Einen ähnlichen Aufhänger haben Hochschullehrer in den
letzten Jahren geschaffen. Sie haben am Schluß von Veranstaltungen Fragebögen als Rückmeldebögen eingesetzt. Auch sie
bieten einen unverfänglichen Einstieg.

Solche Rückmeldebögen beginnen mit einfachen Fragen nach der Verständlichkeit des Vortrages, nach seinem Aufbau und den Hausaufgaben. Sie wechseln dann allmählich über zu anspruchsvolleren Fragen, nach der Verbindung zu anderen Fächern oder der Beteiligung der Studierenden an der Vorbereitung. Im folgenden finden Sie einen Fragenkatalog, den ich als Einstiegshilfe in die Metainteraktion konzipiert habe. Benutzen Sie ihn je nach Lage in Ihrem Projekt. Vielleicht genügt am Anfang eine einzige Frage, vielleicht braucht Ihre Projektgruppe den ganzen Katalog, um in Abhebung davon eigene Ideen zu entwerfen.

Exkurs: Bearbeiten von Konflikten

Eigentlich enthält die Projektmethode aus sich heraus genügend Kraft, um mit Konflikten umgehen zu können.

(1) Die Projektmethode läßt prinzipiell alle Initiativen zu. Der Projektinitiator darf alle Objekte, Gefühle, Ideen, Verhaltensweisen vorbringen. Er muß nicht in einer bestimmten Sprache sprechen oder zugleich mit seiner Initiative auch schon das Siegel »pädagogisch wertvoll« mitliefern. Es wird also von daher nichts verdrängt.

(2) Die Auseinandersetzung mit der Projektinitiative gestattet den Teilnehmer/innen, sich allmählich an die späteren Hauptaktivitäten heranzutasten. Zunächst wird nur eine Projektskizze und noch kein Plan verlangt. Die Verständigung auf einen Rahmen (Zeitbudget, Umgang miteinander und mit dem Gebiet) dürfte Unsicherheit niedrig halten.
Dennoch können Teilnehmer/innen in Konflikt geraten. Die Festlegung des Rahmens geht nämlich mit Aufklärung einher. Von jedem wird etwas verlangt, eventuell sogar eine Verhaltensänderung. Zudem müssen sich die Projektinteressenten

Einige Fragen zum Einstieg in die Metainteraktion

1. Haben wir/habe ich den vereinbarten Rahmen für die Auseinandersetzung berücksichtigt?
   - Welche Regeln besonders gut? Warum gerade die?
   - Wie hat sich dies auf das Gebiet ausgewirkt, in dem wir tätig sind? Habe ich jetzt ein anderes Verhältnis zu dem Gebiet als vor dem Projekt? Was hätte ich mit einer anderen Methode anders/mehr/nicht gelernt? Wie hätten sich die Tätigkeiten ohne die vereinbarten Regeln entwickelt? Welche Bedeutung könnten die Regeln in anderen Lebensbereichen haben? Was könnte ich damit anfangen?

2. Haben wir/habe ich den vereinbarten Rahmen nicht berücksichtigt?
   - Welche Regeln? Warum nicht? Nur phasenweise nicht? Sollen wir sie fallenlassen, verändern? Was geschieht dann?

3. Welche Betätigungswünsche konnten bisher eingelöst werden?
   - Welche besonders gut? Was hat sich dadurch bei mir verändert? Was habe ich dazugewonnen? Was konnte damit entwickelt, analysiert, hergestellt werden? Mußten dadurch andere Betätigungswünsche zurücktreten? In welcher Form sind wir/bin ich dabei der vorgefundenen Umwelt gerecht geworden?

4. Welche Betätigungswünsche kamen nicht durch?
   - Warum nicht? Waren sie unangemessen? Sollten wir jetzt darauf achten? Sollten wir sie in einem anderen Fach, mit einer anderen Unterrichtsmethode, zu einem anderen Zeitpunkt angehen?

5. Wie steht es mit der Flexibilität, mit der ständigen Mitgestaltung?
   - Läuft das Projekt eng geführt, genau programmiert, in engen Grenzen, mit unverrückbarem Ziel oder unbestimmt, offen, ohne Orientierungsmöglichkeiten, stets in der Gefahr, sich zu verlieren? Wie steht's in unserem Projekt? Was ist angemessen (wenn wir die Projektinitiative, den vereinbarten Rahmen, die Projektskizze, den Betätigungsplan und unsere Gefühle in Betracht ziehen?)

6. Müßten wir/müßte ich jetzt etwas anderes tun, um das Normalgeschehen und das Gebiet aus der Distanz zu sehen oder zu würdigen?
   - Sind wir ganz gefangen, blind festgelegt, einseitig, eingleisig, einäugig? Beachten wir nur einen Aspekt? Müssen wir jetzt das Ganze einmal grafisch darstellen, historisch betrachten, von einem Externen referieren lassen, selber modellieren, nicht-verbal behandeln, öffentlich diskutieren, im Zwischenhinein bewußt machen, nicht-wissenschaftlich besprechen, Ortswechsel vornehmen usw.?

7. Gibt es Störungen in der Zusammenarbeit im Projekt?
   - Hindert der Umgangsstil von X meine kontinuierliche Arbeit? Hemmt der Konkurrenzdruck die sachliche Beschäftigung mit dem Objekt? Werde ich durch K's dominierendes Verhalten gehemmt? Lenken A's Albernheiten mich ab?

8. Gibt es Störungen im Verhältnis zum Betätigungsgebiet?
   – Habe ich Probleme, mich mit der gewählten Theorie, dem angestrebten Produkt, dem Analyseausschnitt, dem Stoff usw. zu identifizieren? Stört mich/unsere Gruppe etwas an der Art des Gebietes?
9. Welcher Strang der bisherigen Tätigkeiten erscheint im Nachhinein besonders gelungen? Welcher war problematisch, gar mißlungen?
   – Wie könnten wir diesen Strang noch einmal durchgehen, um die abgestandenen, ungelösten Probleme aufzuarbeiten oder um die gelungenen Stücke als Ergebnis in künftige Tätigkeiten hinüberzuretten?
   – Welche Form des Durchganges wäre geeignet (ein Spiel mit vertauschten Rollen? Aufzeichnen der Argumentenkette, aber mit Offenlegung der Argumentationsgründe? Noch einmal die Gegenstände bearbeiten, aber jedesmal vorher die Entstehungsgeschichte der Gegenstände bewußt machen)?
   – Der vereinbarte Rahmen für die Auseinandersetzung enthält mehrere Formen zur Vertiefung abgelaufener Stränge.
10. Entspricht das Tun in diesem Projekt Vorstellungen von Bildung?
   – Deckt sich das, was ich jetzt in diesem Projekt tue, mit meinen idealen Vorstellungen von der innerbetrieblichen Fortbildung, der Universität, der Schule, der Lehrwerkstatt? Bringt das etwas für meine Bildung? Hat das etwas mit den Zielen in der Verfassung, mit den Erziehungsrechten der Jugendlichen nach der UNO, den Menschenrechten, den Kulturverpflichtungen usw. zu tun?

auf eine Projektskizze einigen oder die Initiative ablehnen. Eigentlich müßte die Komponente aber über genügend Potential zur Konfliktverarbeitung verfügen.

(3) Die Entwicklung des Betätigungsgebietes erlaubt den Teilnehmern – und verpflichtet sie zugleich – ihre Betätigungswünsche zu äußern und zu einer Projektskizze zu formen. Dennoch kann es trotz aller Elemente der direkten Auseinandersetzung und intensiven Kommunikation zu Konflikten unter den Teilnehmenden kommen.

(4) Das Entscheidende an der Projektmethode ist jedoch, daß die Teilnehmer/innen mit den Konflikten umzugehen lernen. Das erste Hilfsmittel bietet der gesetzte Rahmen am Anfang des Projektes. Gegebenenfalls sind die Regeln aus dem ursprünglichen Rahmen zu revidieren, und es muß ihnen mehr

Geltung verschafft werden. Treten dennoch Konflikte auf, hilft nur der direkte Angriff, der aber oft blockiert wird.

Viele empfinden Konflikte als unangenehm oder problematisch, zumal unbewältigte Konflikte Gefühlsbelastungen (Unlust, Angst, Enttäuschung, Sympathieverlust) hervorrufen können. So werden Konflikte oft umgangen, weil die Folgen nicht überschaubar sind.

Hameyer (1978) hat vorgeschlagen, mit Konflikten in drei Stufen umzugehen. Er begründet das Verfahren mit einschlägigen Theorien zu sozialen Konflikten und Konfliktlösungsstrategien. Danach sollen die Projektteilnehmer/innen nacheinander die folgenden drei Frageblöcke beantworten. Ich referiere sinngemäß den Hameyerschen Vorschlag:

Erste Stufe:
Beantwortung der Fragen: Wie stellt sich der Konflikt in den Augen aller direkt oder indirekt Beteiligten dar? Worum geht es bei dem Konflikt? Welche Parteien oder Personen sind am Konflikt beteiligt? Wo erfolgt der Konflikt, und welche Tragweite erreicht er? Wie läßt sich der Konflikt genauer beschreiben (ist er offen, schwebend unbewußt, unter der Decke)? Handelt es sich um ein Verständigungsproblem, um Identitätsschwierigkeiten, um einen Zielkonflikt oder um eine andere Kategorie? Haben die Beteiligten Probleme miteinander (Beziehungsebene) oder liegt der Konflikt eher in der Sache (Inhaltsebene)? Diese Unterscheidung von Watzlawick (1971) hilft, die Konflikte zu sortieren, wenn auch nur in seltenen Fällen, sie zu lösen. Es ist allerdings darauf zu achten, daß nicht Sachzwänge vorgeschoben werden, während wir selbst gemeint sind.

Zweite Stufe:
Wie erklären sich die direkt und indirekt Beteiligten das Zustandekommen und den Verlauf des Konflikts? Diese Frage ist zu beantworten, *bevor* nach Lösungen gesucht wird. Dabei ist

zu bedenken, daß Konflikte meist nicht objektiv beschrieben werden können, da sie sich je nach Standpunkt und Betroffenheit in den Augen der Beteiligten unterschiedlich darstellen und auch eine unterschiedliche Bedeutung annehmen. Das *Konfliktbewußtsein* spielt also eine wesentliche Rolle.

Das häufigste Problemmuster ist folgendes: Die Beteiligten sehen nicht, daß ein Konflikt durch sie selbst oder andere bekannte Personen verursacht sein könnte. Sie schieben die Verantwortung für den Konflikt auf die gesellschaftlichen Verhältnisse oder andere äußere Bedingungen. Um nicht automatisch diesem Abwehrmuster zu erliegen, ist eine ausführliche Diskussion der Konfliktursachen sinnvoll.

Dritte Stufe:
Wie müssen wir mit dem Konflikt angesichts der Antworten zur ersten und zweiten Stufe umgehen? Diskutieren Sie eine der folgenden Strategien:

1. Lösen des Konfliktes (meist mit Hilfe von Durchsprechen).
2. Verkleinern des Konfliktes, die größten Probleme aus der Welt schaffen.
3. Finden einer Regelung, wie sich mit dem Konflikt leben läßt.
4. Durchstehen und Austragen des Konfliktes.

Welche Strategie die beste ist, hängt von der Art des Konfliktes und der Fähigkeit in der Lerngruppe ab, miteinander zu reden.

Ein Beispiel: Die Arbeitsplanung mündet in einen Konflikt: Vier Schüler sind sich uneinig darüber, ob sie ihr Werkstück als Vierergruppe herstellen oder mit den anderen Arbeitsgruppen zusammengehen oder ob überhaupt alle für sich arbeiten sollten.

Stufe 1: Lehrerin und beteiligte Schüler dieser Gruppe äußern ihre Standpunkte.

Stufe 2: Die vier Uneinigen sagen nacheinander, warum sie zu dem Standpunkt gekommen sind. Darauf diskutiert die ganze Klasse diese Aussagen. Jeder Schüler kann seine Meinung oder seinen Standpunkt äußern, ohne daß diese gewichtet oder sanktioniert werden. Dafür sorgt die Lehrerin durch entsprechende Hinweise.

Stufe 3: Es wird ein Brainstorming veranstaltet, um verschiedene Lösungsmöglichkeiten ins Blickfeld zu rücken. Die Vierergruppe entscheidet nach Abwägen von Pro und Contra.

LIT Zur Praxis der Konfliktbearbeitung im Unterricht Lüdtke 1973, Mertens 1974, Junker 1976. Vertiefende Hinweise zu Konflikttheorien Müller 1975 und Baumert/Raschert 1975. Sie behandeln vor allem Konflikte im Kontext von Schulinnovationen. Darüber hinaus empfiehlt sich die Lektüre des grundlegenden und spannend geschriebenen Werkes von Coser (engl. 1956)»Theorie sozialer Konflikte« sowie der konzeptionelle Artikel von Dahrendorf 1969 »Sozialer Konflikt«.

b) Vorübungen

Wer nicht gewohnt ist, Metainteraktionen anzuregen, zu leiten oder zu ertragen, der kann durch eine der folgenden Vorübungen einen leichteren Einstieg finden. Ich habe die Vorübungen nach zwei Schwierigkeitsstufen geordnet.

Stufe I

Vorübung 1: Nehmen Sie sich vor, den Unterricht an einer Stelle zu unterbrechen, wo er am schönsten im Fluß ist, um über die Frage zu diskutieren, warum sich gerade jetzt alle so gut beteiligen – was als angenehm und fruchtbar empfunden wird, warum das Thema so interessiert, wie man es weiter entfalten oder ausbauen könnte. Eine fünf- bis zehnminütige

Diskussion an einer solchen Stelle vermittelt Ihnen eine Reihe von Einsichten, vielleicht auch Bestätigungen. Sie ermöglicht weitere Diskussionen aus gut motivierten Ausgangssituationen heraus.

Vorübung 2: Reservieren Sie die letzten 15 Minuten einer Unterrichtseinheit für eine Diskussion über das abgelaufene *Lerngeschehen.* Kündigen Sie diese Phase frühzeitig an. Stellen Sie eine Frage, vorzugsweise eine, die nicht nur Kritik nach sich zieht, z.b.: Welche Teile haben Euch besonders gefallen und sollten künftig ähnlich wiederholt werden?

Veranlassen Sie für den Kurs, für das Seminar, nach der Stunde eine Zusammenkunft in einer anderen Umgebung.

Organisieren Sie ein Tonband- oder ein Videogerät, das Sie über einen längeren oder kürzeren Zeitabschnitt während des Unterrichts einschalten. Spielen Sie es ab, und lassen Sie über den Inhalt diskutieren. Dies ist der leichteste Einstieg. Er ist geplant und ohne notwendigen Konsequenzen für das Nachfolgende. Sie müssen keine Angst haben, daß Ihnen der Unterricht durch eine Metainteraktion schon am Anfang des Geschehens aus der Hand genommen wird. Sie bekommen ein Gefühl dafür, wie so eine Diskussion verlaufen kann.

Vorübung 3: Nehmen Sie sich vor, in der nächsten Stunde dann zu unterbrechen, wenn es schlecht läuft. Reden Sie mit der Lerngruppe über diese unerfreuliche Situation. Stellen Sie sich auf einen Einstieg der folgenden Art ein:»Ich habe den Eindruck, daß es heute bei uns ganz schön harzt ... Ich fühle mich angespannt und frage mich – und jetzt auch Euch –, woran die Harzerei wohl liegt ...«

Wichtig: Teilen Sie Ihre konkrete Beobachtung und Ihre Befindlichkeit mit. Beschuldigen Sie niemanden, sondern laden Sie zum gemeinsamen Nachdenken und Suchen von Lösungen ein. Solche Interventionen, in denen Sie sich selber ehrlich mitteilen, fördern das Vertrauen der Gruppenmitglieder zueinander und das Vertrauen in den gemeinsamen Prozeß. (Hinweise für die Gestaltung solcher Diskussionen finden Sie bei Bernd Fittkau u. a. (1977)).

Das kann man natürlich nur tun, wenn in der Klasse oder im Seminar ein gutes Vertrauensverhältnis herrscht. Es müssen sich auch andere als der Leiter äußern können. Ist diese Voraussetzung nicht gegeben, endet die Vorübung 3 wahrscheinlich ergebnislos. Dies wäre dann ein Grund, eine tiefergehende Änderung des Verhaltens bei Ihnen oder in der Lernumgebung anzusetzen. (Falls Sie in diese Richtung etwas unternehmen möchten, würde ich z.B. Schwäbisch/Siems 1974 oder Gordon 1977 zur Lektüre vorschlagen. Beides sind gut lesbare Bücher mit vielen Beispielen.)

Vorübung 4: Hängen Sie an ein gut gelaufenes Thema noch eine Stunde an. Sie geben den Beteiligten die Möglichkeit, sich mit demselben Thema noch eine weitere Stunde zu beschäftigen. Die Beteiligten werden angeregt, für diese Stunde eine eigene Planung zu erstellen. Die Planung sollte einige Minuten dauern. Versuchen Sie, dabei einige der Verständigungselemente aus den früher genannten Abschnitten einzubauen (rational Argumentieren, Gefühlsäußerung oder ähnliches). So findet die Gruppe vielleicht einen Einstieg in die spätere Metainteraktion.

Stufe II

Vorübung 5: Die Lerngruppe führt selbst die Diskussion. Sie plant den nächsten Abschnitt. Sie sucht vor allem das Unterrichtsmaterial aus. Eine Gruppensprecherin trägt dem Lehrer nachher die Wünsche vor.

Vorübung 6: Das Rollenspiel. Die Schüler unterbrechen den üblichen Unterricht, um während eines Zwischenaktes Rollen zu tauschen. Die Gruppe spielt vergangene Situationen nach.

Vorübung 7: Die Gruppe simuliert imaginäre Situationen, d.h. sie übt im Rollenspiel Reaktionen auf mögliche Situationen ein. Die Technik des Rollenspiels sollte jedoch beherrscht, gegebenenfalls in einem Spezialkurs erlernt werden. Alle großen Fortbildungsinstitutionen für Lehrende und die Volkshochschulen bieten zur Zeit solche Kurse an.

Vorübung 8: Hier möchte ich auf einige *Spezialitäten* hinweisen. Es sind Techniken, die in der Medizin, in der Psychologie und in den Bildenden Künsten entwickelt worden sind. Ihr Ziel ist die Entfaltung der gesamten Persönlichkeit. Es sind Techniken, die Individuen helfen, sich allein oder in der Gruppe neu zu erleben.

Solche Techniken können die Metainteraktion bereichern, weil sie die Teilnehmer/innen aus der Routine herausheben, Distanz schaffen, zu einer Plattform verhelfen, von der aus das Normalgeschehen neu gestaltet werden kann. Ich weiß von folgenden Techniken, daß sie wertvoll sein können: Gestalt-Workshops (vor allem in der Natur oder in Verbindung mit Kunsthandwerk, angezeigt z.b. bei intellektuell oder administrativ überbetontem Tun); Entspannungstechniken (nach dem Typ des Autogenen Trainings; angezeigt z.b. bei ständigem hochkonzentrierten, rigiden, automatisierten Tun); Meditation (kann wirksam sein zu Reaktivierung von Sinnzusammenhängen); Teile von Sensitivitäts-Training (angezeigt z.b. bei Abstumpfungen in der Wahrnehmung) und Teile des ergotherapeutischen Repertoires (angezeigt z.b. bei Ausfall von Funktionsbereichen).

Den Einsatz all dieser Übungen kann ich für die Metainteraktion nur empfehlen, wenn drei Bedingungen beachtet werden:

(1) Nur professionell Ausgebildete sollten solche Techniken einführen und die Wirkung dann auch überwachen. (Dazu gehört aber nicht automatisch jeder Psychologe oder Psychiater.) Vielleicht haben Sie aber einen Experten in Ihrem Bekanntenkreis. Nutzen Sie die Chance, und laden Sie ihn ein.

(2) Die Techniken müssen zunächst den Verständigungsrahmen durchlaufen. Die Teilnehmer/innen müssen diese Techniken für sich als sinnvoll ansehen und wollen. Solche Techniken können die Revision des Verständigungsrahmens bewirken. Die Revision selbst ist ein getrennter Akt.

(3) Es erweist sich als unabdingbar, mit dem Experten die Rahmenbedingungen seines geplantes Einsatzes vorher durchzugehen. Sie vermeiden dadurch, daß die Erfahrung als »isolierte Einlage« abgestoßen wird und nichts weiter bewegt. Der Experte muß sich in die Bedingungen einbinden lassen, weil er sonst zuviel Distanz im Fühlen, Denken und Erleben erzeugt. Die Teilnehmer/innen werden das Angebotene entweder nicht an sich herankommen lassen oder ihrem mitgebrachten Verhalten so sehr anpassen, daß vom Neuen nichts mehr übrig bleibt.

Vorübung 9: Die folgende Vorübung dürfte vorwiegend für Lerngebiete geeignet sein, wo Hermeneutik oder phänomenologische Soziologie einen hohen methodischen Stellenwert haben. Dort können die künftigen Projektteilnehmer/innen das ausreichende gedankliche und kommunikative Rüstzeug erwerben, um die Vorübung 9 ohne Schwierigkeiten zu praktizieren. Zwei Ansätze kommen in Frage:

(1) Die Verfahren für die Analyse dokumentierter Äußerungen (Texte, Filme, Tonbandaufnahmen). Ich meine zunächst die interpretativen Methoden, die auf verständigungstheoretische Konzepte der interaktionistisch erweiterten Hermeneutik aufbauen. Uhle (1978) hat diesen Ansatz ausgearbeitet und für den Umgang mit Äußerungen eingerichtet. Wenn eine Projektgruppe diesen Ansatz nutzen will, sammelt sie während der laufenden Aktivitäten im Projekt Textstücke und Tonbandaufnahmen, um sie in der Phase der Metainteraktion zu analysieren.

(2) Der zweite Ansatz geht von den deutenden Methoden des symbolischen Interaktionismus aus. Suin de Boutemard (1975) hat vor allem unter Nutzung des Analyseschemas von Herbert Blumer gezeigt, wie die Normalhandlungen in einem Projekt oder seiner Umgebung deutend aufgearbeitet werden können. Zu diesem Zwecke notieren die Projektmitglieder die von ihnen wahrgenommenen eigenen und fremden Handlungen, um sie nachher in der Komponente Metainteraktion zu analysieren. Das Buch über die Schulinnovationen von Michael Charlton, Heinrich Dauber, Otmar Preuß und Christoph Th. Scheilke (1975) enthält viele Beispiele in dieser Richtung, ohne aber voll mit der konzeptionellen Basis von Suin de Boutemard übereinzustimmen. Gerhard Priesemann (1971) behandelt vor allem Phänomene der Schulsprache.

Die zwei Ansätze enthalten Gemeinsamkeiten. Ihnen unterliegt eine interaktionistische Folie. Da jedoch beide im wesentlichen abgelaufene Handlungen verbalisieren und gedanklich deutend in Sinnzusammenhänge einbetten, können sie den Anspruch der Metainteraktion nicht allein einlösen. Für sie gilt dieselbe Einschränkung wie für die psychologischen Ansätze.

LIT Ergänzende und weiterführende Literatur in Sachen Metainteraktion: Diegritz/Rosenbusch (1977) haben ein Buch über Kommunikation in Schulklassen geschrieben, in dem sie eine größere Anzahl von Theorien und Untersuchungen referieren und in Anleitungen für Praktiker umgießen. Im Vordergrund steht sprachliche Kommunikation. Metakommunikation wird in einem eigenen Kapitel behandelt. Das Buch von Th. Gordon »Lehrer-Schüler-Konferenz« (1977) hat aus Werbegründen einen irreführenden Titel.

Das Buch besteht aus einer reichhaltigen Sammlung von Maßnahmen, Lehrpersonen und Schüler/innen zu aktivieren und über Routinen hinauszuführen. Wer die Hälfte dessen beherzigen kann, was in dem Buch steht, dürfte keine Schwierigkeiten haben, Metainteraktionen in Gang zu bringen und zu ertragen.

c) Begriffe und theoretische Einordnung

Folgende Motive haben mich bewogen, diese Komponente mit dem Begriff Metainteraktion zu fassen:

Erstes Motiv: Fast alle Leser/innen haben ein Vorverständnis von Interaktion. Viele haben den symbolischen Interaktionismus studiert. George H. Mead, Alfred Schütz und ihre Nachfolger haben eine Theorie über das Zustandekommen sozialer Verhaltensweisen aufgestellt. Nach ihr tauschen Individuen untereinander ständig Mitteilungen aus. Sie verständigen sich mit Hilfe dieser Mitteilungen. Sie schaffen dadurch Normen und Orientierungen. Medien solcher Mitteilungen sind aber nicht nur gesprochene und geschriebene Worte, sondern ebenso andere Zeichen (Symbole). Unsere Welt ist voll derartiger Zeichen, z.B. in Begrüßungsformen, in der Begegnung von Vorgesetzten und Untergebenen u.ä.

Und das Ganze hat durchaus mit der Komponente Metainteraktion in der Projektmethode zu tun. Die Projektteilnehmer/innen machen in der Metainteraktion Bereiche aus, in denen sie Verhaltensweisen durch mehr oder weniger eindeutig definierte Symbole steuern. Es gibt beispielsweise Projektgruppen, die erst immer dann zum nächsten Schritt übergehen, wenn ein bestimmtes Gruppenmitglied durch Nicken oder Gesichtsausdruck seine Zustimmung signalisiert hat oder die sich nur dann handlungsfähig fühlen, wenn formell abgestimmt worden ist.

Solche Gruppen machen ihr Tun selbst dann von Abstimmungen abhängig, wenn die Situation die spontane Initiative eines einzelnen ertrüge oder wenn ohnedies alle Mitglieder dasselbe tun möchten. Durch Metainteraktion wird den Teilnehmer/innen andererseits oft erst deutlich, daß ihr Verhalten auch in hohem Maß der Normierung durch eine unausgesprochen als selbstverständlich geltenden Symbolik unterliegt (z.b. Verhaltensnormierung durch Kleider oder durch Leistungsbeurteilung; vgl. Garfinkel 1973). Die Metainteraktion befaßt sich aber nur mit symbolischen Interaktionen der am Projekt beteiligten Personen. Symbolische Interaktionen können darüber hinaus auch Gegenstand von Projekten werden. So könnte man sich mit den Uniformen der Postbeamten oder den Respektgesten der jüngeren gegenüber den älteren Schülern auf dem Pausenhof befassen. Die Reutlinger Curriculumgruppe um Gotthilf Hiller hat solche Themen schon für Kinder im Vorschulalter aufbereitet, ähnlich wie Thomas Klare und Peter Krope 1977.

$\boxed{\text{LIT}}$ Literaturhinweis: Der Symbolische Interaktionismus wird umfassend in den zwei Bänden der »Arbeitsgruppe Bielefelder Soziologen« 1973 a/b dargestellt. Suin de Boutemard 1975 hat mehrere Denkfiguren des Symbolischen Interaktionismus auf das Handlungssystem Schule und darin auf die Projektmethode angewendet.

Zweites Motiv: Viele Leser/innen haben von der *Themenzentrierten Interaktion (TZI)* von Ruth Cohn und ihrer Schule gehört. TZI ist ein Ansatz für die gruppenmäßige Beschäftigung mit einem Thema.

Es gehört zur besonderen Intention des themenzentrierten Ansatzes, Spaltungen zwischen den Menschen und ihren Problemen einerseits und den Themen, Stoffen und Sachen andererseits zu überbrücken (vgl. Kroeger 1976, 171). Deshalb werden sogenannte Störungen vorrangig bearbeitet. Explizite Phasen der Metainteraktion kommen dann vor, wenn der Interaktionsprozeß selbst zum Thema wird und sich z.B. die Notwendigkeit erkennen läßt, bestimmte Kommunikationsfertigkeiten vermehrt zu üben.

Störungen können den einzelnen im Umgang mit sich selbst

befallen (z.B. körperliche Unruhe, Selbstbestrafung). Sie können das Hin und Her zwischen zwei oder mehr Personen betreffen (A läuft rot an, wenn sich B zu Wort meldet). Sie können aber auch im Verhältnis eines einzelnen oder einer Gruppe zum Thema auftreten (z.b.»Was der Grundwiderspruch der Gesellschaft bei uns in F. bedeuten soll, ist mir völlig schleierhaft«).

Theoretische Einordnung

Ich habe den Begriff Metainteraktion aber nicht nur verwendet, weil viele Leser/innen zwei Wortverbindungen mit »Interaktion« kennen. Eine ähnliche Voraussetzung hätte auch der Begriff Kommunikation angeboten (vgl. Schaefer/Schaller 1971).

Die beiden aufgeführten Interaktionskonzepte (TZI und Symbolischer Interaktionismus) passen gut in das pädagogische Grundkonzept. Die Komponente Metainteraktion fußt theoretisch nicht im symbolischen Interaktionismus und auch nicht in der TZI.

Die Metainteraktion ist vielmehr die direkte Folge a) des Curriculumverständnisses und b) dessen spezifisch curricularer Ausprägung in der Projektmethode. Das Projekt braucht nämlich nach der legitimierenden Auseinandersetzung mit der Projektinitiative und der Entwicklung der Projektinitiative zum Projektgebiet weitere, legitimierende Beiträge. Die Metainteraktion ist dafür die dritte formalisierte Instanz. Sie ist auch eine Instanz zur Qualifizierung von Tätigkeit als bildender Tätigkeit.

Diese drei Instanzen erlauben die offene Definition der Projektinitiative. Am Anfang der Unterrichtsplanung stehen weder die Intentionalität, noch das Kulturgut, noch eine Kategorialdidaktik, welche nach der Konzeption des Didaktikers das bearbeitete Phänomen zum Bildungsgut machen. Die theoretische Begründung für die Metainteraktion habe ich in den Abschnitten 6, 7, 8 sowie 14 und 15 zu formulieren versucht.

Warum heißt die Metainteraktion nun *Metainteraktion* und nicht *Metakommunikation*? Die Metainteraktion muß, wie am Analogfall TZI zu zeigen war, das Gebiet einschließen. Kommunikation reicht nicht aus. Die Metainteraktion muß eine Auseinandersetzung unter Beteiligten mit dem Betätigungsgebiet und den Tätigkeitsqualitäten sein. Die berühmte Trennung zwischen Sachebene und Beziehungsebene ist ein analytisch hilfreiches Konstrukt von Psychologen und Kulturphilosophen, aber letztlich unpädagogisch.

Ein Vergleich: Metainteraktion und Metaunterricht

Gotthilf Hiller (1973) hat ein Konzept von Metaunterricht entwickelt. Er tat dies in seinem Vorschlag für ein integriertes naturwissenschaftliches Curriculum in der Sekundarstufe I.

Er bezeichnet Metaunterricht als den Ort, an dem man die konkreten Themen, an denen man arbeitet, in einen größeren Sinnzusammenhang stellt. Der Metaunterricht macht die Unterrichtteile in einem größeren Kontext sinnvoll. Er ordnet sie in ein umfassenderes Thema ein.

Hiller geht davon aus, daß man sich in der Regel mit Themen befaßt, die einen mittleren Allgemeinheitsgrad darstellen (z.B. Energietransport, klassische Mechanik, Themen aus der Lebensmittelproduktion, der Rohstoffveredelung, Naturverfahren oder Müllverbrennung).

Diese Problemfelder mittlerer Reichweite sollten durch »Metaunterrichtliche Reflexionsstücke« in das Gesamtcurriculum eingebaut werden. Durch solchen Metaunterricht werden dann Sinnzusammenhänge geschaffen. Der Metaunterricht würde sozusagen die Probleme, die man im einzelnen behandelt, in ihrer Bedeutung ausweisen. Er behandelt die großen Zusammenhänge. Nach Hiller wäre z.B. das Welthungerproblem, das ein Drittel der Menschheit berührt, ein solcher großer Zusammenhang. Der Lernende soll eine Beziehung zu diesem allgemeinen, übergeordneten Thema gewinnen, dabei liegt der Schwerpunkt auf »allgemein«. Zur Verdeutlichung von »allgemein« spricht Hiller mit Carl Friedrich von Weizsäcker von »Brennpunkten der Weltinnenpolitik«. Diese wären etwa Ernährung, Frieden oder kulturelle Freiheit. Nach Hiller ist ein solcher allgemeiner Metaunterricht in ein Gefüge verschiedener Lehrgänge, Zwischenkurse, Projekte und Zwischenspiele eingebaut. Das folgende Schema veranschaulicht das Gefüge. Es handelt sich um einen integrierten naturwissenschaftlichen Unterricht für das 7. bis 10. Schuljahr.

Grafisches Schema zur Darstellung eines NIC-Sek I

7. Schuljahr   8. Schuljahr   9. Schuljahr   10. Schuljahr

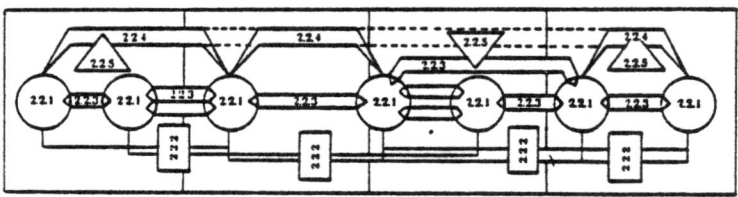

Einzelerläuterungen im Text

2.2.1	Projektunterricht	Problemfelder
2.2.2	Metaunterricht	Problemkomplexe – Brennpunkte der Weltinnenpolitik
2.2.3	Zwischenkurse	Welt der Tatsachen vs. Soziale Lebenswelt
2.2.4	Lehrgänge	»Sparkonten«-Übersicht über akkumuliertes Wissen
2.2.5	Zwischenspiele	Formalisierung von Aussagen durch mathematische Verfahren

Hiller in Frey/Häussler 1973, 304

Die Metainteraktion unterscheidet sich in einigen Punkten vom Metaunterricht. Sie hat wie der Metaunterricht auch den Zweck, Sinn zu stiften. Quelle von Sinn ist aber nicht nur der große Problemkomplex. In der Metainteraktion kann jeder

Gegenstand Sinn machen – ein halber Gedichtvers, die Stimmung der Frühstücksrunde. Entscheidend ist, in welchem Verständigungsrahmen, nach welcher Art von Auseinandersetzung und – damit verbunden – mit welcher Qualität des Handelns die Teilnehmer/innen mit dem Gegenstand umgehen.

Wichtige Voraussetzungen der Projektmethode

20. *Disposition von Projektzeit*

a) Eine unumgängliche Aufgabe

Die verfügbare Zeit spielt in der Projektmethode eine wichtige Rolle. Dafür gibt es einen allgemeinen und einen besonderen Grund.

Allgemeiner Grund: Ein Projekt besteht aus mehreren Komponenten. So entwickeln die Projektmitglieder ihre eigene Fragestellung. Nach größeren Arbeitsschritten halten sie inne und legen Fixpunkte ein. Sie benötigen Einschubzeiten für die Komponente Metainteraktion. Die verschiedenen Komponenten lassen sich leichter zusammenfügen, wenn der Zeitrahmen für das Projekt bekannt ist.

Zudem möchte die Projektmethode zum selbständigen Definieren und Erfüllen von Aufgaben anleiten. Die Lernenden sollen sich selbst organisieren und dabei Verantwortung einüben können. Solches Handeln hat die Zeitlimits zu berücksichtigen. Oft sind Zeitlimits Bestandteil jenes Rahmens, der erst sinnvolles Handeln ermöglicht.

Besonderer Grund: Die gegenwärtigen Bildungsinstitutionen sind relativ stark durchorganisiert. Die Schulen, Universitäten, Berufsbildungsinstitutionen und auch die meisten innerbetrieblichen Qualifikationseinrichtungen sind in »Fächer« gegliedert. Man findet folglich kaum zusammenhängende Zeitblöcke von mehreren Stunden oder Tagen, die für die Projektmethode geeignet wären.

Der allgemeine und der besondere Grund legen es nahe, bewußt auf die Zeit zu achten, das heißt: Zeit zu disponieren. Zunächst geht es darum, einen bestimmten Zeitraum für mögliche Projekte freizuhalten. Ob die Verfügungszeit dann tatsächlich für Projekte genutzt wird, kann offen bleiben. Im folgenden gebe ich acht Beispiele für die Zeitdisposition in Bildungsinstitutionen.

Beispiele:
1. Zwei zusammenhängende Stunden innerhalb von sieben Wochen.
2. Zunächst Einzelstunden für die Komponenten Projektinitiative und Auseinandersetzung mit der Projektinitiative; dann zwei Wochen, später drei volle Tage Entwicklung des Betätigungsgebietes und verstärkte Aktivitäten; bei Bedarf etwas später zwei Stunden zur Nachbereitung.
3. Jeder erste Montag im Monat ist für Projektarbeit reserviert.
4. Die zwei kommenden Wochenenden (mit Vorbesprechung am Donnerstag).
5. Drei Tage zu Beginn des Schuljahres.
6. Auf die Dauer von vierzehn Tagen alle Stunden der Fächer X und Y einschließlich der Hausaufgabenzeit.
7. Drei Nachmittage im vierzehntägigen Abstand.
8. Eine Projektwoche Anfang September.

Es empfiehlt sich nicht, die Projektzeiten auf die letzten zwei Tage vor den Weihnachtsferien oder auf die letzte Schulwoche vor den großen Ferien oder ähnliche Auslaufzeiten zu legen. Die Projekte bekommen dadurch einen falschen Stellenwert. Sie erscheinen als Sonntagsvergnügen. Sie werden mit dem Etikett »Unechtes Lernen«, »Weiche Welle« assoziiert. Lernen nach der Projektmethode ist genau das Gegenteil.

Natürlich ist es möglich, ein Projekt anzufangen, ohne ein zeitliches Ende festzulegen. Projekte mit offenem Ende verlangen aber eine besondere Qualifikation. Es ist schwierig, ein

Projekt zum richtigen Zeitpunkt abzubrechen, mit unfertigen Produkten ohne Frustrationen fertig zu werden. Die Mitglieder müssen schon ein wenig projekterfahren sein, um in Projektablauf und den dort vorkommenden Tätigkeiten den entscheidenden Wert zu sehen und auch, um einen bewußten Abschluß nicht zu brauchen.

b) Orte für die Disposition von Projektzeit:
Beispiel Schulgesetz, Lehrplan

Geeignete Orte für die Disposition von Projektzeit sind
– das Bildungsgesetz,
– der Abschnitt über die Fächerverteilung im Lehrplan,
– die Prüfungsordnung,
– die Aufstellung des Stundenplanes für das Semester oder das Schuljahr, die Pensenverteilung (Deputatsverteilung, Stundenzuteilung) im Lehrkörper,
– die Festlegung des Jahresprogrammes,
– die Belegung der Fach- und allgemeinen Arbeitsräume,
– der Stoffverteilungsplan im Lehrbuch.

Das sind einige jener Stellen, an denen das Zeitbudget bestimmt wird. Genau da muß auch die Zeit für Projekte disponiert werden. Der bloße Appell in der Präambel des Lehrplanes, projektmethodisch zu arbeiten, verhallt wirkungslos. Die Parzellierungsmaschinerie der Fächerbildung läßt später kaum mehr Raum für Projekte. Die Projektzeit wird zusätzlich durch institutionelle Nebenerscheinungen gefährdet, z.B. durch die nebenamtlichen Lehrpersonen oder Lehrbeauftragten, die sich für ihren Spezialkurs jede Woche nur zu einem bestimmten Zeitpunkt bereithalten können und damit die zusammenhängenden Unterrichtszeiten zerschneiden, oder durch die Fachlehrergruppe, die ihre Spezialräume über die Woche verteilt nutzen möchte oder muß.

Einmal festgelegte Einzelstundenpläne und hochorganisierte Alltagsroutine sind viel zu mächtig, um sie durch einen spontanen Projektentschluß außer Kraft zu setzen. Diese Erfahrung macht man auch mit den curricularen Richtlinien oder Studienordnungen, welche Projektunterricht oder interdisziplinäres Lernen vorschlagen. Selbst gutgemeinte Empfehlungen der Kultus- oder Bildungsminister und Vorschriften im Lehrplan bleiben folgenlos, wenn die Zeit nicht entsprechend disponiert wird. Deshalb ist es wichtig, an allen Kodifikationsstellen die Projektzeit zu disponieren. Im folgenden gebe ich einige Beispiele wieder:

Beispiel Gesetz: Das dänische Volksschulgesetz aus dem Jahre 1975 sieht vor, daß vom ersten bis zum letzten Schuljahr projektmäßig gearbeitet werden kann und soll. Dieser Unterricht soll außerhalb der Schulhäuser stattfinden. Dafür sind aufsteigend von der ersten bis zur letzten Klasse zwei bis sechs Wochen pro Jahr anzusetzen.

Beispiel Lehrplan: Die Lehrpläne für Real- und Sekundarschulen von Basel disponieren die Projektzeit mit folgendem Text:»Ganze Tage oder Wochen eignen sich für projektartiges Lernen am besten. Neben möglichen Ferienkolonien sind deshalb pro Schuljahr mindestens sechs und höchstens zwölf Schultage für projektartiges Lernen vorzusehen. Diese sind möglichst schulhausweise zu organisieren. Die Terminfestlegung erfolgt in Abstimmung mit dem Rektorat. Neben den Projekttagen sollten auch die regulären Fachstunden für projektartiges Lernen genutzt werden. Dazu sind oft Absprachen zwischen den einzelnen Lehrern erforderlich. Es empfiehlt sich eine entsprechende Berücksichtigung bei der Aufstellung der Stundentafeln und der Stundendeputate. Überdies steht unter Umständen die wöchentliche Epoche mit ihren drei Stunden zur Verfügung.«

Die Stundentafeln der Hamburger Haupt- und Realschulen vom 1. August 1976 bestimmen für die 7. Klasse bis zu fünf Wochen, für die 8. bis 10. Klasse bis zu sechs Wochen Projekt-

Stundentafel für die Haupt- und Realschule

Schülergrundstunden

Fach: / Klasse:	7 H	7 R	8 H	8 R	9 H	9 R	10 R
1 Deutsch	4	4	4	4	4	4	4
2 Erdkunde a)	2	2	2	2	-	-	-
3 Geschichte a)	2	2	2	2	-	-	-
4 Politik/Sozialkunde b)	-	-	-	-	3	3	2
5 Religion/Politik II c)	-	-	-	-	1	1	2
6 Englisch	3	3	3	3	3	3	3
7 Mathematik	4	4	4	4	4	4	4
8 Biologie	2	2	2	2	2	2	2
9 Physik / 10 Chemie	2	2	2	2	2	2	2
11 Technik	2	2	(In Wahlpflichtkursen)				
12 Arbeitslehre / Berufsorientierung	-	-	1	1	1	1	1
13 Bildende Kunst / 14 Musik	2	2	(In Wahlpflichtkursen)				
15 Sport	3	3	2	2	2	2	2
16 Wahlpflichtkurse	-	-	4	4(2)	4	4(2)	4(2)
17 2. Fremdsprache d)	-	-	-	(3)	-	(3)	(3)
18 Verfügungsstunde e)							
19 Schülergrundstunden	26	26	26	26	26	26	26
20 + Lehrer-Mehrstunden	9,5	6	9	9	9	9	9
21 Lehrerstunden	35,5	32	35	35	35	35	35
22 Projektzeiten bis	5 Wochen		6 Wochen		6 Wochen		6 Wch.
23	– Außerunterrichtliche Neigungsgruppen am Nachmittag. –						

a) Unter Einschluß von Themen aus Politik/Sozialkunde
b) In Verbindung mit Zeitgeschichte und unter Berücksichtigung geographischer Thematik
c) Gruppenbildung jeweils klassenübergreifend
d) Realschüler, die die zweite Fremdsprache wählen, brauchen daneben nur an einem weiteren Wahlpflichtkurs teilzunehmen; sie haben insgesamt 27 Grundstunden
e) Für je zwei parallele H-Klassen als ganze Stunde einzusetzen.

(Aus Struck 1980, S. 15).

219

zeit. »Der Projektuntericht bildet neben dem Pflichtunterricht und dem Wahlpflichtunterricht die 3. Säule der neuen Stundentafel« (Struck 1980). Die Projektzeit sollte nicht en bloc genutzt, sondern übers Jahr gestreut werden.

c) Der Wochenarbeitsplan

Wenn wir die nötige Zeit für Projekte vorsehen wollen, kann der Wochenarbeitsplan als hilfreiches Instrument dienlich sein. In ihm ist die verfügbare Unterrichtszeit einer Woche in verschiedene Blöcke aufgegliedert. Der Wochenarbeitsplan ist nicht identisch mit den gegenwärtigen Stundenplänen.

Die Stundenpläne legen den 45-Minuten- oder 50-Minuten-Zeittakt zugrunde und lösen diesen in der Regel nicht auf. Entsprechend heißen die Zeitverteilungspläne meist auch Stundentafeln, oft auch Pensenplan. Der letzte Ausdruck deutet an, daß in den Zeitplänen primär die Erfüllung der Lehreraufgabe (Lehrerpensum) geregelt werden soll.

Der allgemeine Wochenplan kann einigen Nachteilen der Stundentafeln entgegenwirken. Er kann nämlich im Lehrplan unter allgemeinen schulpädagogischen Gesichtspunkten festgehalten werden. In den Wochenarbeitsplan haben sich dann die einzelnen Fächer und Pensen der Lehrpersonen einzuordnen. Der bekannteste Wochenarbeitsplan für Schulen ist rund 50 Jahre alt und entstammt dem Kleinen Jena-Plan von Peter Petersen (1927), siehe nächste Seite.

Im Zusammenhang mit der Projektmethode interessiert hier vor allem das, was Petersen als gruppenunterrichtliches Verfahren bezeichnet. Zu einem größeren Teil entspricht es der Projektmethode. Dafür ist charakteristisch, daß längere Zeiträume von über eineinhalb Stunden für die jeweilige gruppenunterrichtliche oder auch individuelle Arbeit zur Verfügung stehen. Die Beschäftigungsgebiete sind entweder von der Kulturwelt oder der Natur her bestimmt. Im Schema steht für diese Gruppenarbeit im Wochenarbeitsplan ein bestimmter, immer wiederkehrender Zeitraum zur Verfügung. Und

Jena-Plan

Schularbeit und Schulleben in ihrem Wochenrhythmus

Erklärung:

Kurse

Von der Kulturwelt her bestimmte Gruppenarbeit

Von der Natur her bestimmte Gruppenarbeit

Gestaltungslehre

Einschulungs- und Übungskurse (nach Bedarf)

Wahlkurse (nach Bedarf)

Gemeinschaftsformen { Religion, Feier / Freies Arbeiten / Kreis

Sporttag

Freizeit innerhalb der Schule { Pause / 10-Minuten-Turnen

Freizeit außerhalb der Schule { Familienleben / Spielwelt / Ausflüge / Schulweg diese Disposition der Zeit ist entscheidend. Sie bildet überhaupt die Voraussetzung, etwas wie Projektmethode realisieren zu können. Im Sinne des Kleinen Jena-Plans wären etwa folgende Aktivitäten in diesem Zeitraum denkbar:

»In den Gruppen werden die von der Kultur- bzw. von der Naturwirklichkeit her bestimmten Gebiete sowie die Gestaltungslehre nach dem gruppenunterrichtlichen Verfahren bearbeitet. Nach gemeinsamer Besprechung des neuen Arbeitsgebietes werden die Arbeitsmittel und Arbeitswege einzeln oder mit den Tischgruppen besprochen und es setzt über Monate ein vielgestaltiges Schaffen am Stoff ein. Sobald die ersten Ausarbeitungen festgestellt sind, beginnen Berichte mit anschließenden Aussprachen zur Erweiterung und Vertiefung, aber auch zur Befestigung des für alle Wissenswerten aus dem abgehandelten Teilgebiet, und dies wiederholt sich solange, bis eine (natürlich immer nur sehr relative) Erschöpfung des Themas erreicht ist und sich das Verlangen oder das wohlempfundene Bedürfnis nach einem neuen Gebiet einstellt oder der Lehrer aus seiner immer ja übergeordneten Einsicht heraus den Übergang für geboten hält« (Petersen 1927).

Hier ein Wochenarbeitsplan aus einer dänischen Schule:

ENTWURF STAND APRIL 1978

JAHRESABLAUFPLAN 1978/79

10. SCHULJAHR HAUPTSCHULE

DEUTSCH	RELIGION EV/KATH	LERNBEREICH GESELLSCHAFTS-LEHRE	POLYTECHNIK ARBEITSLEHRE	LERNBEREICH NATUR-WISSENSCHAFTEN	MATHEMATIK	MUSIK KUNST	SPORT	WAHL-ANGEBOTE	ENGLISCH
4 STD.	2 STD.	4 STD.	8 STD.	4 STD.	3 STD.	2 STD.	2 STD.	2 STD.	3 STD.

4.9. – 28.10.1978

① ② VORHABEN I — **EINSTIEGSPHASE**

U. E. WAHLEN — SERIENFERTIGUNG — U. E. WAHLEN

"EIN BETRIEB MUSS GEWINN ERWIRT-SCHAFTEN" — METALLE — KURS I

FÄCHERÜBERGREIFENDE THEMENEINHEIT ③ ④ ⑤ ⑥ ⑦ ⑧ ⑨

FOTO-KURS / TANZ-JUGEND-SPIELE / MASCHINELLE TEXTILVERARBEITUNG / SPORT-ABZEICHEN — POP-SONGS

HERBSTFERIEN

6.11. – 21.12.1978

⑩ ⑪ VORHABEN II ⑫ — **BETRIEBSPRAKTIKUM**
ZUFRIEDEN MIT WELCHER ARBEIT — KRITERIEN ZUR BEURTEILUNG

⑭ KURS I — FREIHEIT UND ANGST — ⑬ ⑮ KAUF AUF RATEN — WÄRME ENERGIE MASCHINEN — KURS II / GELD — SCHREIB-MASCH. I — POP-SONGS / SCIENCE-FICTION

WEIHNACHTSFERIEN

12.1. – 30.3.1979

SPRACHE UND RECHT — KIRCHE IN DER WELT — ENTSTEHUNG DER BUNDESREPUBLIK DEUTSCHLAND — KAUF AUF RATEN ① A ① B ② FÄCHERÜBERGREIFENDE THEMENEINHEIT — NÄHRSTOFFE UND GENUSSMITTEL / HOLZ ⑤ — GELD ④ — SCHREIB-MASCH. II / SCIENCE-FICTION

⑥ ⑦ ⑧ — VORHABEN III — **AUTOMATION** ⑨ ⑩ ⑫ ⑪ — ⑦ ⑧ ⑨ — SCHREIBMASCHINE IM BEREICH METALL, HOLZ, LEDER, HAUSWIRTSCHAFT — RUN-AWAY

② ③ ④ ⑤ FÄCHERÜBERGREIFENDE THEMENEINHEIT — VORHABEN IV **ARBEIT UND FREIZEIT** ⑨ ⑩ — NORTH AMERICAN INDIANS

KURS II — ÖFFENTLICHE AUSGABEN — "KANTINE" / MITTAGESSEN IM BETRIEB — REISEN — GEWINN VON

OSTERFERIEN

23.4. – 12.7.1979

⑪ ⑫ ⑬ ⑭ — "KANTINE" / MITTAGESSEN IM BETRIEB — KOHLE, ERDÖL UND ERDGAS — KURS III — SCHWIMMSCHEIN

① ② ⑮ ⑯ RAUMPLANUNG ③ — RAUCHEN ALKOHOL — SCHREIBMASCHINE IM BEREICH METALL, HOLZ, LEDER / VERSCHIEDENE SPRACHSITUATIONEN

④ ④ — ④ VORHABEN V — ⑤ ⑥ ⑦ ⑧ ⑨ — BAUEN UND WOHNEN

④ ⑩ ⑪ **ERZIEHUNG** ⑫ — KUNSTSTOFF

FÄCHERÜBERGREIFENDE THEMENEINHEIT ⑬ — RENTABILITÄT UND ARBEITSSCHUTZ

KREATIVES SCHREIBEN — VERANTWORTUNG FÜR DEN FRIEDEN — FRIEDENSSICHERUNG — DROGEN

* EINE RUBRIK EINE WOCHE

HESSISCHES INSTITUT FÜR BILDUNGSPLANUNG UND SCHULENTWICKLUNG

223

Die vorausgehende Seite zeigt den Wochenarbeitsplan für das 10. Schuljahr in Hessen. Von besonderem Interesse dürften die vorgesehenen Blöcke für Projekte sein. (Quelle: Hessisches Institut für Bildungsplanung und Schulentwicklung.) Inzwischen hat der alte Wochenplan eine große Renaissance erlebt. Ich habe siebenjährige Knirpse gesehen, die 7 Tage Schullernen geplant und durchgezogen haben. Es gibt auch neue Literatur zum Thema (vgl. Huschke 1995).

21. Gestalten der Projektumgebung

Die These zu diesem Thema lautet: *Die Umgebung beeinflußt das Verhalten und somit auch das Lerngeschehen.* Größere Industriebetriebe und Verwaltungen haben daraus Konsequenzen gezogen. Je nach Bedarf suchen die Arbeitsplatzgestalter eine beruhigende oder anregende Pultfarbe aus. Sie bestimmen die Lichtqualität, verringern oder erhöhen den Lärmpegel. Sie geben eine bestimmte Hintergrundmusik vor oder lassen sie auch weg. Sie fertigen Werkzeuge in verschiedenem Material, öffnen Räume zueinander oder trennen sie. Diese Finessen der Arbeitsplatzgestaltung sind in der Projektmethode nicht zu beachten. Sie will ja nicht eine spezialisierte Lernleistung mit möglichst wenig Aufwand erzeugen. Immerhin zeigen aber die Anstrengungen der Arbeitsplatzgestalter und auch der Marketingleute in Kaufhäusern, daß die Umgebung ein wichtiger Faktor für Verhalten ist.

Umgebung Klassenzimmer:

Das normale Schulzimmer mit fünfzehn Bänken, in Reihen hintereinander angeordnet, zentriert das Lernen auf Lehrer/in, Lehrbuch und Arbeitsheft. Dies ist offensichtlich eine effektive Anordnung, um Stoff in Fächern zu lernen und wiederzugeben.

Wer mit der Projektmethode andere Vorstellungen vom Lernen verfolgt, muß auch die Lernumgebung anpassen. Die Projektmethode kann im kargen Klassenzimmer nicht gedeihen. Ein untrügliches Zeichen dafür setzen die Anfangsprojekte im Schulalltag. Sie haben oft die Umgestaltung des Klassenraumes zum Gegenstand. Danach folgt die Verschönerung des Schulhofes.

Im folgenden möchte ich zwei Elemente der Projektumgebung näher behandeln, zuerst die Räumlichkeiten und danach die Anordnung der Einrichtung innerhalb der Räume.

Die Räume in Schulen

Jörg Ramseger resümiert die Entwicklung in der open education in England wie folgt: Die Entwicklung der open education hat sich »so vollzogen, daß einige Lehrer zunächst nur die Tische aus dem Klassenzimmer entfernten, dann den Flur als Unterrichtsfläche mit einbezogen (›open corridor teaching‹) und schließlich das Schulgebäude selbst verließen und die Umgebung der Schule zum Lernort machten (›environmental studies‹). Zuletzt wurden dann bei Schulneubauten auch architektonische Folgerungen gezogen: Großraumschulen (›open plan schools‹) mit Türen rundherum, die jede einen Ausbruch aus dem Gebäude erlauben, sollten die didaktische Freiheit organisatorisch sichern helfen« (Ramseger 1977).

Es nützt allerdings nichts, durch Architekten ein offenes Schulgebäude ohne Klassenräume, aber mit anregenden Materialien bereitzustellen. Die norwegischen Behörden bauten von 1968 bis 1979 etwa vierhundert derartige Gebäude für die obligatorische Schule. Nach den Untersuchungen von Trond E. Hauge (1981) bereiteten die offenen Räume Lehrer/innen große Schwierigkeiten. Viele von ihnen wurden mit den Bewegungsmöglichkeiten der Schüler/innen und den Hintergrundgeräuschen nicht fertig. Andere Lehrer/innen hat die elementare Arbeitsorganisation überfordert. Die Lehrpersonen hat-

225

ten in den Großraumschulen dieselben Probleme wie jene, die zum ersten Mal in einer Mehrklassenschule unterrichteten. Die bisherigen Forschungsergebnisse zeigen jedoch, daß – abgesehen von den Anfangsschwierigkeiten der Lehrer/innen – die offenen Gebäude informelle Lernformen fördern. Carol S. Weinstein faßt die Forschungsergebnisse folgendermaßen zusammen: »Offene Gebäude scheinen bei Schülern das Gefühl der Selbständigkeit zu erhöhen und die Risikobereitschaft zu stärken. Die Schüler bleiben länger an einer Aufgabe, packen eine größere Zahl von Dingen an und gehen mehr umher. Unklar ist jedoch, welchen Verlauf die Selbsteinschätzung, das Verständnis von sich selber, das sogenannte Selbstkonzept, nimmt« (Weinstein 1979, 595).

Anordnung der Einrichtungsgegenstände

Eine andere Untersuchung von Weinstein zeigt ferner, daß die Raumgestaltung das Lernverhalten beeinflußt. Er hat zwei Wochen lang Zweit- und Drittkläßler beobachtet und registriert, welche Wege die Schüler im Raum gehen, welchen Geräten, Bücherregalen, Arbeitstischen und Exponaten sie sich zuwenden. So haben z.b. die Mädchen die Ecken mit den naturkundlichen Angeboten und den Spielsektor weniger benutzt als die Jungen. Nach vierzehn Tagen hat die Lehrerin umgestellt. Gehwege und Zuwendungen zu den verschiedenen Lernangeboten haben sich statistisch bedeutend verschoben.

Hintereinander aufgereihte Tische lenken den Blick der Lernenden in eine Richtung. Steht der Projektleiter vor der Tischreihe, verläuft die Kommunikation in der Regel nach dem Trichterschema. Bleibt der Gruppenleiter immer vorne im Raum stehen, bildet sich die sogenannte »Aktionszone« (Adams/Biddle 1970). Der Unterricht erreicht vor allem Anwesende, die vorne und in der Mitte sitzen. Will der Leiter eine selektive Aktivierung dieser Teilgruppe verringern, muß er im Raum den Platz wechseln. Er hat damit noch nicht Bevorzugung und Benachteiligung ausgeschaltet. Immerhin dürfte er einen möglichen Faktor für Ungleichheit beseitigt haben.

Ganz andere Effekte entstehen, wenn zwei Schulbänke einander gegenübergestellt werden oder wenn alle im Kreise sitzen. Welche Auswirkungen die Anordnung von Tischen und Bänken speziell auf projektartiges Lernen hat, ist noch nicht untersucht worden. Es ist aber plausibel,

– daß eine gleichförmige Sitzordnung (alle im selben Kreis oder hintereinander gereiht) über eine längere Zeit auch Gleichförmigkeit im Verhalten der Teilnehmer/innen nach sich zieht;
– daß sich Variationen und Vielfalt in der Sitzordnung auch in Verhaltensweisen niederschlagen.

Es gibt eine empirische Untersuchung, die vielleicht hierher paßt. Wynne Harlen hat 1975 bei der Evaluation des Sachkundecurriculums »Science 5–13« einen Zusammenhang zwischen Anordnung der Arbeitsplätze und Unterrichtsart festgetellt. Präziser: Jene Lehrer, die »Pulte oder Tische im Klassenraum in unregelmäßigen Gruppen angeordnet« haben, gestalteten den Unterricht curriculumgerechter. Sie gestatten den Schülern, Fragen zu Plastik, Holz, Zeit und anderen Natur- und Technikphänomenen zu stellen. Die Schüler konnten ihre Fragen selbst zu beantworten versuchen und entdeckend vorgehen. Die Lehrer, die so verfuhren, waren mit ihrem Unterricht zufriedener als ihre Kollegen.

Wynne Harlens Befund gestattet uns nicht zu schließen: Variable Tischordnung führt zu entdeckendem Unterricht im Sinne von Science 5–13. Es ging nicht um ein Experiment zur Hypothese, wer was beeinflußt. Die Untersuchung stellte nur fest, was gehäuft gemeinsam auftrat.

Die Idee mit der Aktionsfläche

Eva Leveton (1980) schlägt vor, im Veranstaltungsraum – ganz egal, wie er aussieht – irgendwo einen freien Platz für eine »Aktionsfläche« zu schaffen. Die Aktionsfläche erlaubt das Ausbrechen aus dem Vorgegebenen und Festgefügten. Wenn man eine Aktionsfläche freihält, macht man das Produktivitätsprinzip an einer Stelle praktisch. Man schafft eine Voraussetzung, um die Perspektiven wechseln und um überhaupt produktiv werden zu können. Diesen Gedanken haben Omar K. Moore und Alan R. Anderson in ihrem Aufsatz über »Clarifying Educational Environments« (1976) einleuchtend herausgearbeitet.

22. Abstimmen mit Externen

a) Warum abstimmen mit Externen?

Ein Abschnitt über das Abstimmen mit Externen muß Ihnen in einer Schrift über die Projektmethode paradox erscheinen. Projekte leben doch gerade von der offenen Arbeitsform. Sie überschreiten Grenzen. Zusammenarbeit und Tätigkeit im offenen Feld charakterisieren das lernende Tun.

Und doch begegnet man immer wieder Projektruinen und noch häufiger frustrierten Schüler/innen und Lehrer/innen. Sie klagen über ihre Umgebung, die das Projekt nicht angenommen hat. Oft bedauern sie das geringe Echo. Diesen Problemen kann man vorbauen, wenn die Beziehung zu den Externen bewußt gestaltet wird.

Dazu gehört zunächst ein offenes Verständnis für die Rolle der Externen. Sieht man die Rektorin, den Polizeibeamten oder die Elternschaft zum voraus als potentielle Störenfriede des Projektes an, schafft man sich selbst einen Wall. Ein Projekt sollte deshalb nicht unter der Frage laufen: Wer könnte unserem Unternehmen hinderlich sein? Konstruktiver lautet die Frage:

1. *Wer hat mit dem Projekt zu tun oder erfährt von ihm aus organisatorischen, rechtlichen oder anderen Gründen?*
2. *Wessen Mithilfe, Erlaubnis, Duldung benötigen wir?*
3. *Wem wollen wir indirekt oder direkt im Projekt etwas nahebringen?*

In der Antwort auf diese Fragen finden die Projektmitglieder dann Personen, die sie als indirekt Mitbeteiligte ansehen könnten. Unter diesem Gesichtspunkt wäre es nicht falsch, diesen Abschnitt mit folgendem Titel zu überschreiben: Abstimmen mit den indirekt Beteiligten. Ich habe den Ausdruck Externe gewählt, weil er gewohnter klingt.

Ein Tip:

Notieren Sie während der Entwicklung des Betätigungsgebietes alle direkt oder indirekt Mitbeteiligten. Verwenden Sie bei der Suche die drei Fragen. Sprechen Sie dann darüber, in welcher Form und zu welchem Zeitpunkt die indirekt Beteiligten in das Projekt einbezogen werden sollen.

Beispiel: »Die Schüler (der 4. Klasse) zählen Klassenlehrerin, Hausmeister und Schulleiter als Personen auf, die im Zusammenhang mit dem geplanten Projekt (Fußballtore) stehen und als solche

− um ihre Zustimmung zur geplanten Arbeit gebeten werden müssen,
− eventuell bei der Beschaffung der Tore helfen könnten.

Nach Abstimmung übernimmt die Lehrerin die Aufgabe, zunächst die Klassenlehrerin um Unterstützung bei der geplanten Arbeit dahingehend zu bitten, daß die Arbeit zugelassen wird.

Die Klassensprecher fragen auf Beschluß der Klasse hin den Hausmeister, ob er mit der möglichen Errichtung zweier Tore auf der Sportwiese einverstanden ist. Das Ergebnis der Anfragen wird im Plenum besprochen ...« (Leroy 1975, 87).

Dabei ist eines zu beachten:

Mitglieder von Projekten haben die Tendenz, zu wenig Informationen an Externe oder indirekt Mitbeteiligte abzugeben.

Die Projektarbeit zentriert die Aktivitäten. Sie ruft eine relativ starke Gruppenkohärenz der unmittelbar Beteiligten hervor. Deshalb wird tendenziell die Innen-Außen-Beziehung zu wenig berücksichtigt.

Die Abstimmung mit den Externen und indirekt Beteiligten sollte nicht auf die förmlich notwendigen Fragen und Genehmigungen beschränkt werden. Informelle Kontakte schaffen Beratungsmöglichkeiten und eröffnen oft unerwartete Bereicherungen.

Weiter dürfte wichtig sein: Man darf sich nicht erst dann an Einzelpersonen oder Organisationen wenden, wenn man etwas von ihnen möchte. Es lohnt sich auch nicht, mit Individuen nur Kontakt aufzunehmen, um bei ihnen Beißhemmungen zu erzeugen. Solche ad hoc-Aktionen zahlen sich nicht aus. Zudem widersprechen sie der Philosophie der Projektmethode. Angemessener sind kontinuierliche Information und ständiger Kontakt.

Bei der Abstimmung ist besonders darauf zu achten, daß sie nicht nur schriftlich erfolgt. Die Abstimmung wird offener und dynamischer, wenn sie mündlich von Angesicht zu Angesicht passiert. Ich selber habe in diesem Punkt einige Male Fehler gemacht. Um möglichst wenig Zeit zu verlieren, gab ich schriftliche Mitteilungen. Oft lud ich auch zu schriftlicher Stellungnahme ein. Der Verständigungseffekt war oft gleich Null. Empfehlenswerter ist folgendes:

Beispiel: Projekt »Steuermittel«. In der Wirtschaftskunde einer Abschlußklasse hatten die Fünfzehnjährigen Schwierigkeiten sich vorzustellen, wie die öffentliche Hand die Steuermittel nutzt. Auch das Ressortdenken wurde ihnen nicht plausibel. Zudem hatten die Schüler das Bedürfnis, sich selbst zu betätigen. Sie wurden unruhig, die Decke des Klassenraumes fiel ihnen auf den Kopf. Daraufhin gab ihnen der Lehrer H. Herzog die Möglichkeit, sich selbst einen Einblick zu verschaffen und die notwendigen Informationen zu besorgen. Die Schüler beschlossen, einen Überblick über Umfang und Verwendungsbreiche der Steuermittel zu gewinnen. Der Lehrer vermittelte durch persönlichen telefonischen Anruf den Kontakt zu zwei Ämtern (Ressorts) der Stadtverwaltung. Zwei Schüler besuchten je ein Amt. Sie ließen sich zugleich weitere Kontaktpersonen der Stadtverwaltung nennen und sich weiterempfehlen. In der Folge konnte die gesamte Klasse in Zweier- und Dreiergruppen die Ämter besuchen und Antwortmaterial zusammentragen.

In diesem Beispiel genügten zwei Telefonate, um die Außenbeziehungen aufzubauen. Die weitere Verständigung erfolgte durch informelle, direkte Auseinandersetzung mit den indirekt Beteiligten. Dabei war es nicht nötig, die vorher unruhigen, fast aufsässigen Jugendlichen darüber zu instruieren, wie sie sich verhalten sollten.

Der Lehrer in B. war in der Lage, die Kontakte mit der ganzen Stadtverwaltung in zwei Telefonaten zu eröffnen. Es gibt aber Gemeinden, in denen formelle Sozialformen vorherrschen. Hier sollte vielleicht ein Projektausweis ausgestellt werden.

Bernhard Suin de Boutemard bildet in seinem Buch über Projektunterricht im Fach Religion einen Projektausweis ab (1973, 118). Ich gebe das Muster hier wieder:

Nach der Konzeption würde ich folgendes Vorgehen empfehlen: Stellen Sie, wenn es nötig ist, den Ausweis aus. Erklären Sie den Studenten oder Jugendlichen aber zugleich:»Benutzt den Ausweis nur im Notfall. Versucht zuerst immer im persönlichen Gespräch und ohne das Schriftstück, mögliches Mißtrauen abzubauen.«

b) Abstimmen mit Eltern von Schüler/innen

Ein besonderes Problem stellt die Information der Elternschaft bei größeren Umstellungen zugunsten von Projektunterricht dar. Es ist nicht einfach, aber unbedingt erforderlich, Eltern über Zweck und Form der Projektmethode zu unterrichten, sofern sie sonst nur den fächergeteilten Sektionsunterricht mit dazugehörigen Hausaufgaben kennen. Allerdings ist die besondere, förmliche Abstimmung mit den Eltern nur dann nötig, wenn Projekte in Angriff genommen werden, die sich über Tage oder Wochen erstrecken.

Im folgenden drucke ich zwei ziemlich unterschiedliche Briefe von Lehrern an Eltern ab. Beide stammen aus Projektberichten und scheinen mir für die Kontaktaufnahme mit Eltern geeignet zu sein. Welchen Brieftyp Sie bevorzugen und in welchen Punkten Sie ihn für Ihre Zwecke abändern, hängt von Ihrer Situation und Ihrem Selbstverständnis ab.

Den ersten Brief hat Robert Schweingruber anläßlich seines Bauernhofprojektes an die Eltern geschrieben (1984, 67).

Liebe Eltern,
Sie erfahren täglich selber, wie uns das Leben immer wieder vor neue, z.T. unerwartete Probleme stellt, die wir bewältigen müssen. Sie fragen sich wohl auch, wie Sie Ihr Kind darauf vorbereiten wollen. Die Schule möchte Sie in Ihren erzieherischen Anstrengungen unterstützen. Wir versuchen, Ihrem Kind die notwendigen Grundkenntnisse (Rechnen, Lesen und Schreiben) zu vermitteln und geben ihm Gelegenheit, sich im Kreis seiner Klassenkameraden zurechtzufinden. Heute mehr denn je müssen wir lernen, Probleme zu erkennen und sie gemeinsam zu lösen. Dies wollen wir jetzt mit einer Gemeinschaftsarbeit üben (Projekt). Dazu werden wir während einiger Wochen ein paar Fächer zusammenlegen, um uns auf diese Art besser auf unser Thema zu konzentrieren. Die Klasse wird recht selbständig arbeiten, und es ist möglich, daß sich einige Schülergruppen auch außerhalb der Schulzeit zur Lösung bestimmter Aufträge treffen werden.
Am Schluß des Projekts (Ende September) werden wir Sie über die geleistete Klassenarbeit ins Bild setzen. Wie dies geschehen soll, wird die Klasse in Bälde selber beschließen.
Ich hoffe, daß Sie mit dem hier geäußerten Plan einverstanden sind. Für zusätzliche Erklärungen stehe ich Ihnen natürlich jederzeit gerne zur Verfügung.

Mit freundlichen Grüßen   Ihr
                                 Klassenlehrer

Und nun der zweite Brief. Ihn haben Lehrer von Fünft- und Sechstklässlern verfaßt:

»Liebe Eltern,
dieses Schreiben hat vor allem den Sinn, Ihnen ein Vorhaben ... anzukündigen, das für uns alle neu ist: *Projektunterricht.*
Was heißt das?
1. Der Regelstundenplan wird für diese Zeit außer Kraft gesetzt.
2. Die vorgesehene Unterrichtszeit wird – statt sie in einzelne Fachstunden aufzuteilen – pauschal den Schülern (und Lehrern) zur Verfügung gestellt.

233

3. Die Schüler arbeiten ca. 4 bis 5 Stunden jeden Vormittag in Gruppen selbständig an Aufgabenstellungen ihrer eigenen Wahl.

4. Die Lehrer verlassen ihre traditionelle Führungsrolle und stehen den Schülern als Berater und Helfer bei Schwierigkeiten zur Verfügung.

5. Die Schüler bestimmen also (im Idealfalle) sowohl *Arbeitsbereich* als auch *Lernziele, Arbeitsweisen* und *Arbeitsplanung* selbst nach ihren Interessen und Fähigkeiten. Sie müssen sich auch selbst um die notwendigen *Hilfen und Materialien* bekümmern und sie beschaffen.

Wozu das?
Unser regulärer Unterricht ist so konzipiert, daß er den Schüler vorwiegend in die Konsumentenrolle drängt:
Alles, was er lernen soll und was er zum Lernen braucht, wird ihm vom Lehrer präsentiert, und er lernt meistens als einzelner.
Dadurch wird die Herausbildung sehr wesentlicher Qualifikationen nicht angemessen gefördert, die zur Bewältigung späterer Situationen von entscheidender Bedeutung sind, z.B.:
Selbständigkeit,
Mündiges Verhalten,
Verfolgung eigener Interessen,
Zusammenarbeit mit anderen,
Umgang mit Institutionen und Informationen.
Die Schule möchte einmal versuchen, dem Anspruch, Schüler sollten *vor allem das Lernen lernen*, näherzukommen. Vom 23.5. an werden in den Verfügungsstunden den Schülern das Anliegen und sein Ablauf nach und nach erläutert und die Vorstellung darüber geklärt ...
Wenn vorweisbare Ergebnisse (Geschriebenes, Gemaltes, Gebautes usw.) entstehen, so wäre das sehr schön, das vorrangige Ziel dieses Projektes ist es indessen nicht; es besteht vielmehr in Lerneffekten aus dem Erleben des Prozesses selbst.
Diese unkonventionelle Form von Unterricht kann möglicherweise den Lehrer mehr in Anspruch nehmen als gewohnt. Es ist auch denkbar, daß Wünsche und Bitten um Mithilfe an Eltern herangetragen wer- den. Ich bitte alle Betroffenen, in solchen Fällen ihre Bereitschaft nicht zu versagen, weil dadurch das Engagement der Schüler bestärkt wird.
Dies ist ein Versuch, wesentliche Lernziele ... direkt anzustreben. Seine positiven und negativen Ergebnisse werden danach nüchtern abzuwägen sein« (Garbers u.a. 1977, 210f.).

Dieser Brief bietet am Schluß auch das weitere Gespräch an. Zugleich regt der Brief kritische Mitbeurteilung und geistige Auseinandersetzung mit dem Unterricht an. Damit ist auch ein Stück möglicher Rechtfertigung in breiterem Rahmen angelegt (vgl. Abschnitt 6 über den idealen Curriculumprozeß).

Zum Schluß dieses Abschnittes über das Abstimmen mit Eltern von Schüler/innen möchte ich noch einen pädagogischen Klassiker ins Feld führen. Er ist ein Autor, der eigentlich nicht verdächtig ist, elternangepaßten Unterricht zu machen. Pavel P. Blonskij sagte einmal:»Führen Sie keine Neuerungen (und überhaupt nichts Ernsthaftes) ohne eine Reihe von Elternversammlungen durch: Die Eltern müssen begreifen, was die Schule mit ihren Kindern macht« (1973, 227).

c) Projekte mit Betrieben und Unternehmen

Zahlreiche Projektgruppen haben bei dem Versuch, mit Betrieben zusammenzuarbeiten, Schiffbruch erlitten. Dies muß nicht sein. Nach meinen Erfahrungen sind Betriebe und Unternehmen grundsätzlich zur Kooperation mit Bildungseinrichtungen bereit. Allerdings sind einige, zum Teil selbstverständliche Regeln zu respektieren:

1. Anfragen und Kontakte laufen möglichst über eine Person, die sonst auch mit Betrieben oder Unternehmen zu tun hat (ein Elternvertreter, eine nebenamtliche Lehrerin aus der Wirtschaft, ein erwachsenes Projektmitglied usw.).
2. Die Anfrage erfolgt rechtzeitig, möglichst mündlich und schriftlich (zuerst telefonieren, danach Genaueres schriftlich hinterher).
3. Die Absichten im Projekt werden offen mitgeteilt.
4. Der Kontakt mit der Firma erfolgt über den Eigentümer oder Leiter, bei Großunternehmen über die entsprechenden Kontaktstellen (in der Regel bei Öffentlichkeitsarbeit).
5. Man bietet an, die Ergebnisse aus der Besichtigung, der Benutzung, den Interviews usw. nachher vorzulegen, zu besprechen, gemeinsam auszustellen.

6. Vorher muß geklärt werden, mit welchen Geräten oder Verfahren man in den Betrieb kommen darf (Tonband, Fotoapparat, Interviewleitfaden usw.).

7. Man muß dem Betrieb im voraus die Möglichkeit zur Selbsteinführung und Selbstdarstellung geben. (Nicht nur mit dem Fragebogen zur Lärmbelästigung hineindrängen!)

Diese sieben Regeln gelten auch für die Zusammenarbeit mit Behörden, Vereinen und anderen Institutionen. Die Abstimmung muß natürlich nicht genau diesen Regeln folgen. Die Kooperation verläuft im Prinzip problemlos, wenn man seinem Verhalten jene respektvollen Kooperationsformen zugrundelegt, die man im inneren Kreis eines Projektes selbstverständlich praktiziert.

LIT Weitere Erfahrungen, Hinweise und Beispiele finden Sie in den Fachbüchern zur Frage Betriebserkundung, Betriebsbesichtigung und ähnlichen didaktischen Vorhaben bei Bönsch 1968; Weiß 1970; Eckert/ Stratmann 1978 (ein Überblick über den berufsbildenden Bereich); Bielefelder Lehrergruppe 1979 (ein Buch mit mehreren Beispielen. Diesem Buch entnahm ich auch die sieben Regeln. Ich habe sie allerdings für diesen Zusammenhang etwas abgeändert und deshalb nicht in Anführungs- und Schlußzeichen gesetzt.)

d) Pflege von Innen-/Außenbeziehungen (auch administrative Aklärungen)

Administrative Abklärungen sind vor allem erforderlich, wenn Verbundprojekte durchgeführt werden. Der Verbund kann sich über mehrere Organisationen oder Institutionen erstrecken.

Verbundprojekte können auch entstehen, wenn in einer Institution Entwicklungen durchgeführt werden, die auf eine andere Institution übertragen werden.

Beispiel: Studierende im Fach Chemie der Universität H. haben umfangreiches Material zum Thema Waschmittel zusammengetragen. Sie betrieben dazu didaktische Studien. Dies geschah mit der Absicht, später selber eine Unterrichtseinheit in der Schule durchzuführen. Dazu wurden Hospitationsphasen in einer Klasse eingeschaltet. Es entstand ein Unterrichtsbeobachtungsbogen. In diesem organisatorisch aufwendigen Projekt waren zahlreiche Abklärungen über die gültigen Lehrpläne, das Zeitbudget, die rechtlichen Voraussetzungen für die verschiedenen Institutionen zu berücksichtigen.

Unnötige Pufferzeiten

Wird ein komplexes Verbundprojekt spontan und sukzessive entwickelt, entstehen viel zu lange Pufferzeiten, weil Zuständigkeiten noch nicht bekannt sind, Genehmigungen nicht vorliegen oder Programme nicht parallelisiert sind. Während dieser Pufferzeiten müßten die Aktivitäten eingestellt werden.

Deshalb ist in jedem Projekt, das sich über die Grenzen einer Institution hinausbewegt, eine eindeutige administrative Abklärung erforderlich. Diese muß rechtzeitig nach der ersten Projektskizze eingeleitet werden. Besteht eine Vorbereitungsgruppe, kann sie mit der Aufgabe betraut werden (vgl. Abschnitt 15d).

Erfolgen die administrativen Abklärungen nicht, bleiben Frustrationen und Desinteresse nicht aus. Projektmitglieder machen sich dann Luft, indem sie über die vermeintlichen und tatsächlichen bürokratischen Zwänge und institutionellen Verhärtungen schimpfen. Es gibt zahlreiche Projekte, die ein vorzeitiges Ende gefunden haben, weil nicht genügend administrative Vorabklärungen durchgeführt worden sind, obwohl dies – zur richtigen Zeit getan – keinerlei Probleme mit sich gebracht hätte.

Dazu ist es aber erforderlich, allmählich ein Gefühl für Innen-Außen-Beziehungen zu entwickeln. Es empfiehlt sich, damit in Klein- und Mittelprojekten zu beginnen. Bei intensiver Pflege dieser Innen-Außen-Beziehungen kann auch ein Groß-projekt ohne Schwierigkeiten bis zu seinem Ende geführt werden. Das folgende Beispiel zeigt, wie komplex ein derartiges Projekt werden kann und wie viele administrative Abklärungen nötig sind.

Beispiel: Bei der Umgestaltung des Schulhausplatzes in Lausen haben Lehrerstudenten des Fachgebietes »Visuelle Erziehung« den Schulhausplatz neu gestaltet und ein altes Gebäude zu einem Spielhaus für die Kinder umgebaut. Die folgende Skizze »Beteiligung am Projekt Lausen« zeigt, daß verschiedene Gruppen mit dem Projekt verbunden waren. Die Umgestaltung von Schulhausplatz und Gebäude läßt sich gar nicht denken, wenn man nur schematisch mit Projektbeteiligten und Externen agiert. Vielmehr setzt ein solches Projekt eine permanente Verständigung auf verschiedenen Ebenen mit unterschiedlichen Zuständigkeiten und variierender Beteiligungsintensität voraus. Die Innen-Außen-Beziehung wird in einem solchen Projekt dynamisch.

»Durchhalten! Nicht verzagen!« Lehrer Schmidt wurde das erste Mal abgelehnt, als er beim Gemeinderat von W. die leer-stehende Wohnung des alten, ungenutzten Schulhauses für ein Projekt mit seinen Primarschüler/innen verwenden wollte. Er mußte einen zweiten Anlauf nehmen und ein zweites Mal vor-sprechen. Nun willigte der Gemeinderat ein. Daraus entstand ein halbjähriges Projekt, an dem am Schluß ein Großteil der Gemeinde teilhatte.

e) Hilfen einer Koordinationsstelle (Proko)

Eine Koordinationsstelle ist unter zwei Voraussetzungen an-gezeigt, einmal, wenn Projekte in einer großen Institution mit vielen hundert Personen stattfinden, und zum anderen Mal,

238

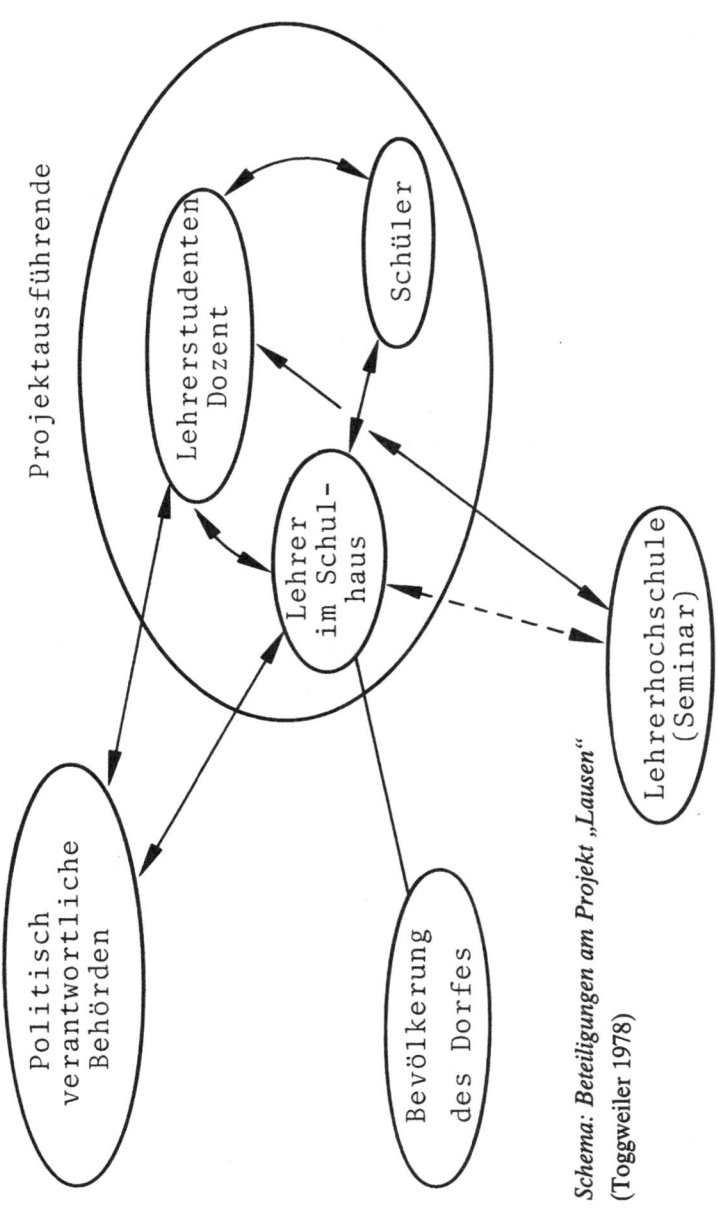

Schema: Beteiligungen am Projekt „Lausen"
(Toggweiler 1978)

239

wenn sich Projekte in einem offenen Feld mit wenig Organisation etablieren. Die erste Voraussetzung trifft man am häufigsten bei großen Schulen, innerbetrieblichen Fortbildungsabteilungen oder in Universitäten (in denen Projekte einen festen Stellenwert in den Studiengängen besitzen). Die zweite Voraussetzung ergibt sich in Volkshochschulen mit weitgefächertem Kurssystem, in Quartier- und Dorfvereinen, in Jugendverbänden und Universitäten (in denen sich das Projektstudium als offenes Angebot selber organisieren muß). In beiden Fällen kann es sinnvoll sein, eine Koordinationsstelle einzurichten. An der Gesamthochschule Kassel hat man sie Proko genannt. Das Kürzel steht für Projektkoordination. Die erste Proko kam 1973 auf studentische Initiative zustande.

»Sie sollte
- Pläne aller Projektstudenten organisieren, auf denen Erfahrungsaustausche stattfinden und die Möglichkeit bestehen sollte, daß die aktiv Beteiligten die Theorie des Projektstudiums weiterentwickeln,
- die formale und technische Arbeit bewältigen (etwa Korrespondenz),
- Ansprechpartner für die Projekte zwischen den Plenumsterminen sein (z.B. Informationsaustausch, Projektmarkt für interessierte neue Studenten und Studentensuchende Projekte),
- die Auseinandersetzung mit Hochschulgremien führen,
- Ansprechpartner für die Hochschule sein,
- ein Forum für Zusammenarbeit zwischen Studenten und Hochschullehrern sein,
- die Projektarbeit dokumentieren«
(Gesamthochschule Kassel, Projektkoordination 1981, 68f.).

Folgende Aufgaben kommen oft noch dazu:
- Beratung in Sachen Versicherung durchführen,

- Zeitliche Abstimmungen (wegen Verwendung von Geräten, Räumen, anderen Aufgaben, Leiter/innen usw.) vornehmen,
- als Ansprechpartnerin für Aufsichtsbehörden fungieren,
- als Ankerplatz für Projektmitglieder dienen, die ein Bedürfnis nach einem organisatorischen Halt haben.

Es gibt keine verallgemeinernde Erfahrungen zum Aufgabenkatalog einer Proko. In jedem Feld ist die Rolle situativ zu bestimmen. Die Rolle kann sich mit der Zeit auch verändern. Im zitierten Bericht über das Kasseler Beispiel heißt es sieben Jahre später (nämlich 1980):»Die Proko ist Ansprechpartner, Datenbank, Infozentrale, Materialdepot, Beratschlagungsstelle, Bibliothek, Finanzberaterin, Projekte-›Mäzen‹, Bündnispartner, Selbstverwaltungszelle und Erfahrungsbörse...« (Gesamthochschule Kassel, Projektkoordination 1981, 74).

23. Die Lehrperson im Hintergrund

Der Ausdruck»Hintergrundlehrer« soll die Rolle der Lehrperson in der Projektmethode charakterisieren. Gemeint ist die professionelle Lehrer/in, die berufsmäßige Lehrperson. Ich möchte diesen Umstand hervorheben. Wir denken bei Lehrer/in fast nur noch an die Berufslehrperson. Dabei ist die Berufs-Lehrer/in im Grunde ein Spezialfall von Lehrperson. Dieser Spezialfall Berufs-Lehrperson zeichnet sich in der Regel dadurch aus, daß sie den Unterricht gestaltet. Sie strukturiert das Geschehen. Sie trägt vor, gibt Anweisungen, bestätigt, stellt Fragen. Damit zentriert sie den Unterricht auf sich und handelt im Vordergrund. Dieses Verhalten ist das Regelverhalten im organisierten Unterricht. Den Beleg dafür liefern viele Untersuchungen (vgl. Gage/Berliner 1979). Die Projektmethode hingegen verlangt den Hintergrundlehrer. Einige Merkmale dieser Rolle solle im folgenden ausgeführt werden:

241

Allmählich zurückziehen

William H. Kilpatrick, einer der geistigen Väter der Projekt-
methode, schrieb sinngemäß: Der Lehrer greift ein, wenn die
Schüler Hilfe brauchen. Die Teilnehmer, auch die Kinder, sollten aber möglichst alle Schritte selbst tun. Der Lehrer sollte so
weit kommen, daß er sich *»allmählich von dem Fortgang des
Verfahrens« zurückziehen kann.*
Der Abschnitt 17 referiert ein Projekt über Tonarbeiten aus
Köln. Das Tonprojekt schildert diesen Vorgang aufs Schönste.
Es wird schon mit dem Hinweis angekündigt, daß sich die Lei-
ter/innen nach einiger Zeit von ihren Aufgaben zurückziehen
werden.

Helfen, wenn nötig

Der Hintergrundlehrer ist keine unsichtbare Figur. Er hält
sich nicht nur als Problemlöser im Hintergrund. Er springt
auch nicht als Deus ex machina in die Szene. Vielmehr hilft er
aus, wenn es nötig wird. Dazu möchte ich gerne einen Musiklehrer zitieren. Er hat viele Jahre hindurch das Komponieren
projektmäßig lernen lassen. Er meint zur Rolle der Hintergrundlehrer:

»Der Lehrer (darf sich) gewöhnlich nicht auf Beobachten und
Gewährenlassen beschränken. Der Idealfall, daß Schüler ihre
Projekte ganz ohne seine Hilfe planen und auch ausführen, ist
nicht die alltägliche praktizierbare Norm. Jedenfalls nicht bei
Klassenstärken von über dreißig Schülern und einem auf sich
gestellten Musiklehrer, der in der betreffenden Klasse ein bis
zwei Stunden pro Woche unterrichtet.« Er darf auch »wenn
das nötig ist, eigene Vorstellungen vorsichtig beisteuern«
(Komleitner 1972, 5).

Wie die Schüler/innen oder Student/innen mitmachen

Nach den früher dargelegten Konzeptionen kann sich der Lehrer auch integrieren. Er arbeitet wie die anderen Mitglieder im Team mit. Man darf aber eines nicht übersehen: Seine sonst übliche Rolle macht es den Schüler/innen schwer, den Lehrer als Normalmitglied zu akzeptieren. Dies wird auch aus dem Zitat von Kohlmann deutlich. Die Umstellung kann nicht abrupt erfolgen. Darüber können auch jene berichten, die glauben, das Du zwischen Lehrer und Schüler/in würde das Autoritätsgefälle aufheben.

Aushalten, nicht eingreifen

Der lehrer- und stoffzentrierte Unterricht geht in den meisten Fächern mit einer eigentümlichen Erwartungshaltung einher. Es darf keine Zeit vergeudet werden. Es muß stets etwas »Produktives« passieren. Und dazu gehört das Lehrerselbstverständnis. Wenn ich als Lehrerin aktiv bin und das Geschehen bewege (zumindest kontrollierend durchschaue), dann ist der Unterricht produktiv und effizient. Das trifft natürlich zu, aber nur für den Part der Lehrerin. Diese ist in Bewegung, hat etwas getan und geleistet.

Wer mit dieser Vorstellung die Projektmethode einsetzt, bleibt von inneren Spannungen nicht verschont. Franz Handschuh erzählt in seinem Tagebuch über das Projekt Landschaftserkundung:

»Während die Gruppe so sitzt, um bei der Müllsammelaktion von Bernd und Helga zuzusehen, verspüre ich noch ein Kursleiter-Unbehagen, d.h. ich bin mir immer noch nicht ganz sicher, ob die momentane Verweilsituation nicht die Gefahr in sich birgt, in Langeweile umzukippen, und ob nicht wir Kursleiter rechtzeitig eingreifen und die Teilnehmer mit neuen Zielvorstellungen wieder auf den Weg schicken müßten. Doch ich kann die Spannung aushalten, und erst nach einer ganzen Weile schlage ich vor, weiterzugehen« (1980, 47).

Offensichtlich ist es für Lehrerinnen und Lehrer schwierig, sich zurückzuhalten. Etwa ein Drittel der Lehrer in Österreich haben wesentlich mehr vorbereitet als im üblichen Unterricht. Und damit haben sie auch sicher den Unterricht beeinflußt (Petri 1991, 185ff.).

Ich möchte im folgenden eine Untersuchung vorstellen, die deutlich macht, in welche Richtung Sie sich vorbereiten könnten, wenn Sie als Hintergrundlehrer/in im Projekt agieren wollen.

Neville Bennett und Mitarbeiter haben 1973 in England den Einfluß des informellen Unterrichtsstils auf den Unterrichtserfolg untersucht und zu diesem Zweck Lehrer und Rektoren von zwölf Schulen darstellen lassen, was sie sich unter einem informell und einem formell unterrichtenden Lehrer vorstellen. Die Forscher klassifizierten dann die Vorstellungen. Das Resultat waren die folgenden elf Merkmale.

Zur Lektüre müßten Sie noch folgendes aus dem Kontext wissen: In der damaligen englischen Schulsituation setzte man »informell« mit »progressiv« gleich, was hier aber nichts zur Sache tut. Vergleichen Sie die Einzelpositionen der Liste mit Ihrer gängigen Praxis. Machen Sie bei jeder Position des informellen Stranges ein Plus-Zeichen (+), falls Sie finden, daß Ihr Unterricht bislang schon einigermaßen dieser informellen Art entspricht. Versuchen Sie in der nächsten Unterrichtseinheit, diese bereits vorhandenen Elemente noch zu vertärken. Es wird Ihnen Sicherheit geben. Später können Sie sich dann den Elementen zuwenden, die noch kein Plus-Zeichen erhalten haben.

Hier nun die Liste von Bennett und Mitarbeitern. Ich habe sie frei übersetzt, weil die wörtliche Übernahme abstrakte Formulierungen hervorgebracht hätte (s. nächste Seite).

Informell (progressiv)	Formell (traditionell)
1. Im Unterricht kommen viele integrierte Themen vor (fächerübergreifender Unterricht)	Getrennte Themenbehandlung (strenger Fachunterricht)
2. Der Lehrer ist vorwiegend Ratgeber beim Verarbeiten von Lebenserfahrungen	Der Lehrer agiert vorwiegend als Vermittler von Wissen
3. Die Schüler tun vieles selber, von sich aus (aktive Schülerrolle)	Die Schüler führen vorwiegend aus, was der Lehrer angeordnet hat (passive Schülerrolle)
4. Die Schüler überlegen und diskutieren bei der Auswahl der Stoffe, Gebiete usw. mit	Der Lehrer bereitet den Unterricht allein vor oder er stützt sich auf Lehrplan oder Schulbuch
5. Die Schüler versuchen, die Probleme selbst zu beantworten (entdeckendes Lernen)	Der Unterricht verläuft nach dem Rhythmus zuerst Lernen, dann Anwenden
6. Belohnungen und Bestrafungen sind nicht nötig, d.h. sachbezogene Motivation	Belohnungen und Bestrafungen sind nötig, d.h. von außen veranlaßte Motivation
7. Der Lehrer schätzt viel Wissen, ein gutes Gedächtnis und gute Leistungen in Tests und Klassenarbeiten nicht besonders hoch ein	Der Lehrer betrachtet viel Wissen, ein gutes Gedächtnis und gute Leistungen in Tests und Klassenarbeiten als sehr wichtig. Für ihn haben akademische Standards (Schulleistungen) einen hohen Stellenwert
8. Der Lehrer beschränkt sich auf seltene Prüfungen	Der Lehrer setzt häufig Prüfungen an
9. Die Schüler arbeiten häufig kooperativ in Arbeitsgruppen	Die Schüler arbeiten oft in Konkurrenz und Wettbewerb
10. Der Untericht ist nicht vom Klassenraum abhängig (Unterricht findet auch an anderen Orten statt)	Der Unterricht ist auf den Klassenraum zugeschnitten und findet praktisch nur dort statt
11. Die Schüler haben vielfältige Ideen. Der kreative Ausdruck wird hoch eingeschätzt	Wenig Betonung des Ausdrucks und vielfältiger Ideen

Es ließen sich noch weitere derartige Merkmale ausmachen. Ich möchte aber lieber mit einem Fall abschließen, den ich aus nächster Nähe miterleben konnte.

Im Dorf M. nahm ein 35jähriger Lehrer seine Arbeit an der Grundschule auf. Nach kaum einem Monat begann man im Dorf zu munkeln:»Dem Neuen gleitet die Klasse aus der Hand«. Vorbeigehende hatten ein ständiges Schwatzen aus dem Klassenraum gehört. Die Schüler dürften jederzeit aufstehen und umhergehen. Der Lehrer verteile zwar Hausaufgaben, aber sammle sie nicht ein. Man befürchtete Schlimmes. Die Schulaufsicht wurde avisiert. Zwei Großbauern vom Dorf machten sich auf, um selber nach dem Rechten zu sehen. Der Lehrer unternahm aber keine Anstalten, Disziplin einkehren zu lassen. Die beiden Besucher standen zwischen den 35 Kindern, die in kleinen Gruppen untereinander redeten, schrieben, einander vorlasen und sich ungeniert wie zu Hause gaben. Einige gönnten sich sogar ein Schwätzchen am Papierkorb, wo sie die Bleistifte spitzten. Der Lehrer meldete sich während der ganzen Besuchsstunde nur zweimal zu Worte. Die beiden Besucher fanden die Methode des Lehrers etwas sonderbar, mochten aber noch nicht eingreifen. Zumindest schienen ihnen die Kinder zufrieden zu sein. Sie kamen nach einigen Wochen wieder und fanden dasselbe Bild. Immerhin waren nach ihrer Auffassung die Hefte in Ordnung. Dasselbe meinte auch die Behörde. Man wollte abwarten. Der Abrechnungstag würde ja noch kommen, die Aufnahmeprüfung in die weiterführenden Schulen (dort und damals mehrere Tage schriftlich und mündlich). Aus der Klasse des neuen Lehrers bestanden überdurchschnittlich viele Schüler die Aufnahmeprüfung. Einige Jahre später haben die Schule und das Dorf den Lehrer zum Rektor gewählt.

Prüfen und Zensieren in der Projektmethode

24. *Zur Rolle von Prüfen und Zensieren*

Prüfen und Zensieren in Projekten sind keine Selbstverständlichkeit. Es muß von Fall zu Fall entschieden werden, ob man benoten will. Einige Argumente sprechen für Prüfungen und Zensuren, einige dagegen. Ich möchte Ihnen die Argumentationslage vorführen, indem ich die häufigsten Pro- und Contra-Argumente darstelle.

Argumente GEGEN Prüfen und Zensieren

Argument 1: Das erstellte Produkt oder das gelöste Problem sind Leistungsnachweis genug. Weitere Leistungsnachweise sind überflüssig.

Argument 2: Projektlernen macht Fortschritte beim Lernen den selbst erfahrbar. Er spürt die Wirkung seiner Lerntätigkeit bei sich selbst. Er erfährt insbesondere den unmittelbaren Gebrauchswert seiner Tätigkeit.

Argument 3: Die Zensur weist dem einzelnen einen Status zu. Die Mitglieder eines Projektes verleugnen das Phänomen Status nicht. Im Gegenteil. Sie befassen sich ausdrücklich damit. Die Auseinandersetzung mit der Projektinitiative, die Entwicklung der Projektinitiative zu einem Betätigungsgebiet und die Metainteraktion verhelfen zu einer differenzierten Einschätzung des Status. Die Projektmitglieder beschäftigen sich mit ihrem eigenen Status. Sie diskutieren Rolle und Status des einzelnen im Projektablauf. Die gegenseitige Zusprechung von Eigenschaften ist mehrmals Thema in einem Projekt. Die Projektmitglieder fragen sich, wer etwas Bestimmtes tun soll. Warum gerade M.? Warum nicht U.? Warum auf diese bestimmte Art und Weise? Also ist eine Statuszuweisung durch Zensur überflüssig.

Argument 4: Die Projektmethode möchte die Gräben zwischen Guten und Schlechten, zwischen den Dirigenten und Ausführenden, zwischen Kopf- und Handarbeitern nicht verbreitern, sondern an einigen Stellen überbrücken, um die verschiedenen Gruppen zu kooperativem Tun anzuhalten. In diesem Unterfangen können Zensuren kontraproduktiv wirken.

Argument 5: Das Bildungssystem ist mit Benotung und Selektion überfrachtet. Mit Projekten sollten wir einen unbelasteten Freiraum schaffen.

Argumente FÜR Prüfen und Zensieren

Argument 1: Wenn jemand eine Leistung erbracht hat, soll er dies auch dokumentieren dürfen und als Ausweis mitnehmen können.

Argument 2: Die Projektmethode ist eine Lehr-Lernmethode wie jede andere auch. Wenn wir die erbrachten Leistungen der Teilnehmer/innen nicht auch öffentlich nachweisen, wird sie nicht ernst genommen.

Argument 3: Die Projektmethode berücksichtigt Fähigkeiten, die andere Methoden vernachlässigen. Die Noten aus Projekten ergänzen die Noten aus dem übrigen Unterricht. Will man das ganze Leistungsspektrum einer Lernenden berücksichtigen, sind Zensuren aus Projekten unerläßlich.

Argument 4: Der übliche Leistungsbegriff ist zu eng. Bildung wird als Ware mit Tauschwert betrachtet. Im Projekt produzieren die Lernenden gemeinsam etwas mit Gebrauchswert. Wenn sie in Selbstbeurteilung etwas über diesen Prozeß aussagen, erweitern sie den Leistungsbegriff.

Und die Konsequenz?

Angesichts dieser Argumentationslage müssen Sie also selbst entscheiden, ob in Ihrem Projektzusammenhang eine Prüfung oder Zensur angezeigt ist. Falls Sie Lehrerin im obligatorischen Schulwesen sind und zu Ihrer Meinungsbildung noch einige weitere Überlegungen Ihrer Kollegen kennenlernen möchten, sehen Sie sich den Aufsatz von Bastian/Petram/Affelt/Gessert (1980) an.

Vorgehen beim Prüfen und Zensieren

Sofern Sie sich entschließen, Projekttätigkeiten und -ergebnisse zu beurteilen, sollten Sie eine Bedingung erfüllen:

Das Prüfen und Beurteilen sollte dem projektmethodischen Arbeiten möglichst entsprechen.

Was und *wie* beurteilt wird, ist möglichst mit denselben Mitteln zu entwickeln wie das Projekt selbst.

1) Die Teilnehmer/innen beraten über die Beurteilung und Benotung, wie über die Projektinitiative (dargestellt in Abschnitt 14).
2) Die Teilnehmer/innen entwickeln den Vorschlag zur Beurteilung und Benotung in gleicher Weise wie das Hauptbetätigungsgebiet. Prüfen und Beurteilen werden integriert. Die Zensur ist nicht die Rückkehr zum Lebensalltag. Das Entwickeln eines Betätigungsgebietes ist im Abschnitt 15 beschrieben.

Die Projektpraxis bietet mehrere Vorgehensweisen an:

Vorgehen a: Alle Teilnehmer/innen setzen nach dem Vorbild der Metainteraktion eine Phase für die Ausarbeitung der Beurteilungskriterien und des Beurteilungsverfahrens an.

Vorgehen b: Die Lehrerin macht einen ersten Vorschlag, z.B. nach der Entwicklung des Betätigungsgebietes. Die Schüler/innen behandeln den Vorschlag in einer Metainteraktion. Die Lehrerin revidiert danach den Vorschlag.

Vorgehen c: Die Projektgruppe bestellt ein oder mehrere Mitglieder zu Prüfenden (Evaluatoren). Diese verfahren nach b).

Vorgehen d: Bei einer Serie von Kleinprojekten wird eines für die Entwicklung der Prüfungsmodalitäten reserviert. Später werden diese Prüfungsmodalitäten eingesetzt.

»Gegenstände« von Prüfungen

Die Projektmethode achtet besonders darauf, wie etwas getan wird. Es kommt darauf an, daß mit einem Gebiet adäquat umgegangen wird, daß sich die Beteiligten einen sinnvollen Zeitrahmen zunutze machen, daß sie ihre Betätigungsinteressen aktiv einbringen, daß sie nur ausgewiesenermaßen arbeitsteilig handeln, daß sie anfallende Probleme aufarbeiten, daß sie sich von Zeit zu Zeit aus Routine und blindem Tun herausheben usw. Wesentlich für die Projektmethode ist somit die Qualität des Handelns.

Die sieben Komponenten geben Anlaß, die projektmethodischen Handlungsqualitäten zu entwickeln. Dort zeigt sich, welche Handlungsqualitäten möglich und sinnvoll sind. Wenn in der Projektmethode bewertet wird, dann sind es die sieben Komponenten und die Umsetzung bzw. der praktische Vollzug der einzelnen Komponenten. Dabei entsteht kein einfaches Bild von Leistung. Die schlichte Unterscheidung in gut und schlecht wird aufgelöst. Die Gesichtspunkte von Wettbewerb, Konkurrenz, Statuszuweisung, Herstellen von Unterschieden zwischen Individuen treten zurück. Der herkömmliche Leistungsbegriff wird durch einen erweiterten Leistungsbegriff ergänzt. Man könnte ihn in folgende Formel fassen: *Kooperative Produktivität in einem Betätigungsgebiet.*

Selbstverständlich kann auch das hergestellte Produkt bewertet werden. Die Produktbewertung darf nur nicht vom Prozeß losgelöst werden, da mag das hergestellte Gerät noch so gut funktionieren. Der projektmethodische Bildungseffekt ist verfehlt, wenn nur die zwei talentierten Bastler der Gruppe am Gerät bauten, die anderen aber zuschauen mußten.

Ein Hinweis: Wer sich im Geschäft des Zensierens nicht sicher fühlt, sollte ein Seminar über Wortzeugnisse und informelle Tests besuchen oder eine der einschlägigen Handreichungen zu Rate ziehen.

[LIT] Schröter 1981: Zensieren? Zensieren!: Ein Buch, das die meisten einschlägigen Fragen für Praktiker erklärt und fundierte Anleitungen vermittelt. Langer/Schulz von Thun 1974: Messung komplexer Merkmale in Psychologie und Pädagogik: Der Titel wirkt bedrohlicher als sein Inhalt. Die meisten Teile des Buches sind auch für den interessierten Laien unmittelbar verständlich. Mit komplexen Merkmalen sind z.B. Engagement, Kooperationsverhalten, Interaktionen gemeint. Schwarzer/Schwarzer 1977; Klauer 1978: Zwei umfassende Nachschlagewerke. Bolscho/ Schwarzer 1979: Besonders für den Grundschulbereich; Götsch 1990: Zum Problem der Bewertung der selbständigen Leistung einzelner Projektmitarbeiter.

25. *Ein Vorschlag für nachgeschaltete Prüfungen: Situationstests*

Die Projektmethode zielt besonders darauf ab, verschiedene Tätigkeiten zu aktivieren, komplexe Situationen selbst zu strukturieren und Ergebnisse kooperativ zu erreichen. Ein

Prüfungsverfahren, das in dieser Richtung leistungsfähig erscheint, ist der Situationstest. Er besteht aus einer offenen Situation, die dem Prüfling vorgegeben wird.

Die schriftlich vorgegebene Situation

gleicht den Anfängen von Geschichten, die zu Ende zu führen sind.

Beispiel: Bevor Markus zur Schule ging, hatte er die Schlagzeilen auf der ersten Seite der Zeitung überflogen. Eine Überschrift ging ihm nicht aus dem Sinn:»Atomkraftwerk muß drosseln«.
In der Straßenbahn hatte er Gelegenheit, ein paar Zeilen des dazugehörigen Artikels zu erhaschen. Er begreift, daß dem Kernkraftwerk, das die Stadt mit Elektrizität versorgt, Betriebsbeschränkungen auferlegt worden sind. Mehr kann Markus nicht lesen, weil er aussteigen muß. In der Schule fragt er seinen Freund, warum man wohl diese Betriebsbeschränkung angeordnet hätte und ob sich da wohl wieder Gegner von Kernkraftwerken durchgesetzt hätten. Sein Freund antwortet ...
Das Beispiel stammt von Hoffmann/Kattmann/Lucht/Spada (1975, 429), die den Ausdruck Situationstests geprägt und ein entsprechendes Verfahren entwickelt haben (dazu Lucht-Wraage/Spada/Tegtmeier 1977).

Die vorgegebene Gruppensituation

besteht aus einer bestimmten Gruppenkonstellation, die zu bewältigen ist; oder aus einem Problem, das nur durch eine Gruppe kooperativ zu lösen ist und zunächst eine vorbereitende Gruppentätigkeit verlangt; oder aus einem Problem, das aus den Außenbeziehungen der Projektgruppe herrührt.

Beispiel: Was machen Sie, wenn ein Betriebsführer den achtzehnjährigen Gymnasiasten mit dem Hinweis abfertigt, er hätte keine Zeit für Jugendliche; es müßte schon der Lehrer kommen?

Beliebig viele derartige Testsituationen für Gruppen lassen sich durch Rollenspiele, Simulationen zu Projektabläufen oder Bearbeitung von Projektberichten, Filmen, Videoaufzeichnungen usw. konstruieren. Sie sollten diese Situationen aber nicht vorher herstellen, sondern die Ergebnisse der Auseinandersetzung über die Projektinitiative oder der Metainteraktion in Ihrem Projekt verwenden. Hier droht freilich eine Gefahr. Es ist nicht immer unproblematisch, Handlungsformen, die in der Metainteraktion Verwendung finden sollen, auch zu Prüfzwecken einzusetzen.

Die gegenständlich vorgegebene Situation
besteht im wörtlichen Sinne aus Gegenständen.

Beispiel: Drei Cola-Getränke von drei verschiedenen Firmen, an denen sich Betätigungsinteressen und Fragestellungen für ein Projekt (z.B. sechs Stunden) entfalten lassen (Synthetisieren, Alternativgetränk, Versorgung in der Pause, Markenschutz usw.).

Beispiel: Ein historisch wertvolles Gebäude, das man besucht, um ...

Beispiel: Ein elektrisches Gerät, mit dem man ...

Diese gegenständlichen Situationen sind jenen verwandt, die im abgeschlossenen Projekt vorgekommen sind. Zur Testsituation werden die vorgegebenen Gegenstände, wenn man sie mit einer Aufgabenstellung verknüpft. (Was könnte man an den kommenden drei Montagen ...? Wie müßte man vorgehen, um ...?)

Die Situationen werden zu einer Prüfung, wenn man sie mit einem Kriterium für den Umgang versieht (z.B. so auseinandersetzen, daß man nachher etwas mehr darüber weiß und dabei eine persönliche Beziehung aufgebaut hat; so auseinandersetzen, daß man während der Zeit mit unbekannten Leuten in Kontakt kommt). Die Aufgabe greift die Qualität der Tätigkeit im Sinne der Entwicklung des Betätigungsgebietes (Komponente 3) auf.

Ein verwandtes Verfahren
Ein Prüfverfahren, das dem Situationstest verwandt ist, wurde bei der Evaluation eines Ausbildungsganges in Nordrhein-Westfalen angewendet (Gruschka/Chio/Schlicht/Peschka 1979). Die Evaluation hatte dort die doppelqualifizierende Ausbildung zum Erzieherberuf und zur Fachhochschulreife in den Schuljahren 11 bis 13 zum Gegenstand.

Ausgangspunkt der Testkonstruktion war das Curriculum, genauer das Curriculumziel, das nach jedem Jahr erreicht werden sollte. Man nannte den erwünschten Endstand »Entwicklungsaufgabe«.

Doch das Curriculum war nicht alleinige Basis für die Formulierung des Situationstests. Entscheidend erschien folgendes: *Die Evaluatoren hatten vorher den Unterricht mehrere Monate lang beobachtet. Zudem hatten sie 15% der Schüler/innen über ihre Lern- und Schulerfahrungen interviewt.*

Die Beobachtungen und Interviews wurden zusammen mit dem Curriculum benutzt, um Situationstests zu formulieren. Diese Situationstests haben ein ähnliches Format wie jene von Lucht-Wraage/Spada/Tegtmeier (1977).

Beispiel: »Bei der folgenden Episode, die sich in der Kollegschule A im vergangenen Jahr abgespielt hat, ging es um die Institutionskritik als Abschlußphase des vierten Grundbildungskurses. Die Klasse (14 angehende Erzieher und Abiturienten) bekam einen Ausschnitt aus einer Schrift von Illich zur ›Schulung der Gesellschaft‹, in der dieser kritisiert, Institutionen der Erziehung und der Sozialpädagogik seien nicht dazu angelegt, Probleme zu lösen, sie würden stattdessen viele neue, schaffen.

Die Klasse teilte sich in mehrere Arbeitsgruppen auf und versuchte, sich den Text zu erschließen. Hierbei kam es in der von uns beobachteten Gruppe zunächst zu einer Nachzählung der Argumente Illichs und noch nicht zu einer zustimmenden oder ablehnenden Stellungnahme zu den Thesen. In der anschließenden Interpretation waren sich alle Schüler einig, daß im Grundsatz die vorgetragene Kritik berechtigt sei. Als der Lehrer die abschließende zusammenfassende Frage stellte, kam es nun zu folgender Gesprächssequenz: Die teilnehmenden Personen: *Lehrer* (Kollegschullehrer), *Christian, Dette, Bernd, Angela.*

Kommentarspalte für die Prüflinge

L[1] Lehrer: Fassen wir also die Diskussion zusammen: Welchen Stellenwert haben eigentlich die Institutionen bei der Bewältigung von pädagogischen Problemen, was meinen Sie selbst dazu?
A[1] Angela: Sie behindern den Erzieher an allen möglichen Stellen, gut auf die Kinder einzugehen!
C[1] Christian: Sie machen alles so streng geregelt und bürokratisch!
D[1] Dette: Ja, das stimmt, man wird ganz schön gegängelt. Vor allem wird verlangt daß es eine Ordnung hat.
B[1] Bernd: Die Kinder und Erzieher werden durch die Institution nicht selbständig, sondern von ihr abhängig.

usw.« (Gruschka/DiChio/Schlicht/Peschka 1979).

Ein systematischer Blick auf den Begriff Situation

Ich bin mit den bisherigen Vorschlägen für die Gestaltung von Situationen keiner Systematik gefolgt. Vielmehr habe ich angeregt, die Situationen je nach Projekt auszusuchen. So entstehen Situationen, die je nachdem Gegenstände, Gruppenkonstellationen, individuelle Dispositionen oder andere Aspekte zur hauptsächlichen Bestimmungsgröße machen.

Es gibt nicht viele, aber doch einige Versuche, die Situation theoretisch zu fassen (vgl. Übersicht bei Frey 1971). Die symbolisch-interaktionistische Soziologie, in der die Kategorie der »Situation« ganz zentral ist, kennt drei Bestimmungsstücke

– den Kontext (gegenständliche Umgebung),
– beteiligte Personen,
– Thema.

Dabei können Personen in gegebenem Kontext und in Themen darüber hinaus auch noch zwischen gegebenen Personen wechseln (vgl. Gumperz 1975).

Bei Projekten in den Oberstufen der Schulen und an der Universität können solche Überlegungen mit einbezogen werden. Ich möchte dazu auf die einschlägige Literatur im Abschnitt über Metainteraktion verweisen.

Grenzen und Probleme
der Projektmethode

26. *Was die Projektmethode leistet und nicht leistet: Evaluationsberichte*

Mir ist niemand bekannt, der mit empirischen Mitteln exakt nachgewiesen hat, was die Projektmethode leistet und was nicht leistet. Hinweise müssen wir aus analogen Untersuchungen ziehen. Vergleichbare Elemente enthält der sogenannte Informelle Unterricht.

a) Informeller Unterricht

Informeller Unterricht wird oft auch offener Unterricht genannt. Informeller Unterricht hat einige Elemente, die dem Unterricht nach der Projektmethode gleich (1) und einige, die ihm ähnlich (2) sind.

1) Gleiche Elemente

— Lehrperson und Lehrbuch stehen weniger lange und weniger intensiv steuernd im Zentrum des Unterrichtsgeschehens als z.b. im üblichen Klassenunterricht.
— Die Schüler/innen beschäftigen sich (im Verhältnis zum lehrer- oder buchgetragenen Unterricht) weniger mit dem unmittelbaren Erwerb präparierten Stoffes oder bestimmter Fertigkeiten: Sie lernen neben dem vorbereiteten Stoff vieles nebenher (konkomitierendes Lernen nach Kilpatrick).

2) Ähnliche Elemente

- Das Lerntempo richtet sich nach den Fähigkeiten und Interessen der Schüler. Dieser Vorgang ist ein wesentlicher Teil der Individualisierung.
- Lehrer und Schüler stimmen Schwer- und Zeitpunkte von Prüfungen ab.
- Die Schüler variieren selber die Gruppengröße während der Arbeit.

Die American Institutes for Research in Palo Alto haben 1976 die Lese- und Rechenleistungen von Drittkläßlern nach informellem Unterricht mit den Leistungen nach herkömmlichem Unterricht verglichen. Das Resultat: Wenn Individualisierung und offener Unterricht sehr stark ausgeprägt sind, weisen die Schüler im Mittel schlechtere Leistungen auf, als wenn beide nur mäßig ausgeprägt sind. Dagegen hat Ruth Komleitner 1968 in Wieb bei 10 zweiten Klassen der Hauptschule bedeutend bessere Rechtschreibleistungen festgestellt als bei den 9 Vergleichsklassen (Komleitner 1972).

Jane Stallings hat 1973 sieben Unterrichtsmodelle in ihrer Wirkung untersucht. Sie legte der Stichprobe 136 erste und 137 dritte Klassen zugrunde. »Der Umfang der aufgewendeten Zeit im Lesen und in Mathematik, verbunden mit einem hohen Anteil an Übungen und Lob, trugen zu höheren Leistungen in Lesen und Mathematik bei. Kinder, die mit diesen Methoden unterrichtet worden sind, übernehmen eher die Verantwortung für ihre Fehler, sehen aber den Grund für Erfolge nicht bei sich selbst. Wenn die Kinder mit offeneren und flexibleren Methoden unterrichtet werden, bei denen eine große Variation an Aktivitäten und Material vorkommt, und wo die Kinder sich von sich aus in Aktivitäten engagieren und zeitweise ihre eigenen Gruppen wählen, fehlen sie seltener in der Schule und weisen teilweise bessere Leistungen in einem nichtverbalen Problemlösungsfeld auf« (1976, 106).

Neville Bennett und Mitarbeiter (1976, 1979) haben 1973 in Großbritannien 37 Lehrer aus dem obligatorischen Schulwe-

sen aufgrund einer Fragebogenerhebung in solche mit einem formellen Stil (12 Lehrer), einem informellen Stil (13 Lehrer) und einem gemischten Stil (12 Lehrer) eingeteilt. Die 13 Lehrer mit informellem Unterrichtsstil wiesen mehr oder weniger ausgeprägt folgende Charakteristika auf:
»Diese informellen Lehrer favorisieren Fächerintegration und gestatten mehr als andere Lehrer den Schülern die Wahl des Arbeitsgebietes als Einzel- oder Gruppenaktivität. Die meisten Lehrer geben die Sitzordnung den Schülern frei. Weniger als die Hälfte der Lehrer tadelt Umhergehen und Schwatzen der Kinder. Prüfungen und Aufgaben erscheinen den Lehrern als entmutigend. Den Vorzug hat sachbezogene (intrinsische) Motivation« (Bennett 1979, 45).

Die Schüler der 12 formell unterrichtenden Lehrpersonen übertrafen die anderen in den Testleistungen im Lesen, Rechnen und Englisch. Im Aufsatz waren sie etwa gleich. Die besten *Einzelresultate* entfielen jedoch auf Schüler, die *informell* unterricht wurden.

Die Dichotomisierung (formell/informell) bleibt, so Rutter u.a. (1980), in ihrer unterrichts*praktischen* Bedeutung unklar. Bennett erwähnt z.b. einen Lehrer (dessen Schüler gute Ergebnisse erzielten), der den Unterricht sehr durchstrukturiert *plante* und sehr leistungsorientiert war, dabei jedoch einen durchaus »informellen« Führungsstil pflegte.

R.I. Wright (1975) hat in den USA je 50 Kinder der 5. Klasse nach informellem und nach stark geführtem Lernen getestet. Die informell unterrichteten Schüler beherrschten weniger Schulwissen als die anderen.

Es gibt noch weitere derartige Evaluationsresultate. Zum Teil verstärken sie die Tendenz der drei genannten Studien, zum Teil sprechen sie doch für den informellen Unterricht. Dieses Resümee ziehen auch Nathaniel Gage und David Berliner (1996), die eine große Anzahl der Studien ausgewertet haben. Nach meiner Einschätzung zeigen die vorliegenden Befunde aber zumindest Grenzen der Projektmethode an.

Grenzen der Projektmethode

Insgesamt scheint informeller, projektähnlicher Unterricht ungeeignet zu sein oder zu versagen,

(A) wenn durch Stoffvorgabe, Lernschrittanordnung (bzw. Algorithmen) oder vorab genau festgelegten Fertigkeitserwerb stark vorstrukturierte (und folglich intellektuell einfache) Lernprozesse ablaufen sollen,
(B) wenn diese unter Zeitdruck ablaufen müssen (so daß z.B. das Leistungsprofil der Schüler aufgrund der nötigen Geschwindigkeit im Lernen einer »Gauß«-schen Kurve gleichkommt oder gleichkommen soll), vgl. Ben-Peretz/Bromme 1990.
(C) wenn die Lernleistungen kurz nach Abschluß des Lernprozesses vorhanden sein sollen bzw. gemessen werden (und nicht längere Zeit später). *etwa in Form einer Klassenarbeit*

Fazit: Die Projektmethode ist kein optimales Lernverfahren für den raschen Erwerb vorgegebener Objekte (z.B. Formeln, Daten, Gerätemanipulation, Namen). Sie ist kein ökonomisches Verfahren, Feinziele zu erfüllen (»Schüler erklärt Unterschied von Gerundium und Gerundivum an einem vorgegebenen Satz«). Hier gilt dasselbe wie für »situated learning« (Anderson et al. 1996).

In der Projektmethode entwickeln die Teilnehmer/innen ihr Betätigungsgebiet. Bei eng gefaßten Lernaufgaben mit unverrückbaren Lerngegenständen in reduzierter Zeit ist die Projektmethode fehl am Platz.

Diskussion: Ich habe diese verallgemeinernden Wissensbehauptungen nicht nur auf die vorher zitierten Untersuchungen informellen Unterrichts abstützen können. Ich habe auch das heutige Wissen über andere Methoden mit berücksichtigt. Erst die Leistungsfähigkeit von Programmiertem Unterricht, von Keller-Plan-Techniken, Zielerreichendem Lernen

(Mastery Learning) und ATI-Techniken (Aptitude-Treat-ment-Interaction) umreißt die Grenzkonturen der Projektmethode genauer (vgl. Gage/Berliner 1996, Ausubel u.a. 1980, Fraser et al. 1987, Wang et al. 1993, Hattie et al. 1997). Wenn ich das Fazit ziehe, daß die Projektmethode in einem Fall geeignet, im anderen nicht geeignet sei, dann geschieht dies auf dem Hintergrund von Zusatzannahmen. Eine wesentliche Rolle spielt dabei der Leistungsbegriff. Im Vergleichsmerkmal (A) tritt diese Zusatzannahme der Leistung deutlich zutage. Sie lautet: Ein Lerner bringt dann seine Leistung, wenn er detailliert vorgegebenes Lernmaterial gut reproduzieren kann, dabei einfache Denkoperationen (Unterscheiden, Kombinieren u.ä.) durchführt und dazu wenig Zeit braucht. Wenn Prüfungsaufgaben nach diesem Muster aufgebaut sind, können Individuen relativ leicht voneinander unterschieden werden. Diese Möglichkeit kommt der Auswahl (Selektion) entgegen. Und auch dies ist ein Element des Leistungsbegriffs. Die Leistung, die jemand zeigen soll, findet unter Wettbewerbsbedingungen statt. Der Leistung im Wettbewerb folgt in der Regel auch eine Belohnung. Der Leistungsausweis berechtigt zu einer besseren Position (Lohnstufe, Gymnasiumbesuch, Zimmer mit Teppich, Abzeichen usw.). Wer also eine solche Leistung erbracht hat, kann dagegen etwas eintauschen.

Es liegt auf der Hand, daß die Projektmethode eine andere Vorstellung von Leistung unterstützt. Die verschiedenen Leistungsbegriffe haben in der Gesamtheit der Lernprozesse einer Gesellschaft meines Erachtens nebeneinander Platz. Da wir nicht mehr in einer einfachen, nichtsegmentierten Gesellschaftsordnung leben, muß der Begriff Leistung ausdifferenziert werden. Sicher wäre es verfehlt, die Leistungsvorstellungen aus der Projektmethode überall anwenden zu wollen. Der Projektmethodiker wäre aber auch zu bescheiden, würde er seinen Ansatz nur unter ferner liefen für die Sonntage reservieren und nicht zumindest auf aufklärende Kraft hoffen würde, weil der selektionsorientierte Leistungsbegriff wahrscheinlich an viel zu vielen Lernorten unnötig dominiert.

Der Vergleich der Projektmethode mit dem informellen Unterricht ist nicht ganz unproblematisch. Wie das Adjektiv informell schon sagt, hat dieser Unterricht wenig feste Strukturen. Seine Kennzeichen sind Offenheit, Nondirektivität und Flexibilität (vgl. Ramseger 1977). Es gibt zumindest bisher wenig bestimmte Verhaltensweisen, die man erlernen und befolgen müßte, um informell zu lehren (etwa im Gegensatz zur nondirektiven Spieltherapie). Die Evaluationsforschung gerät dadurch in eine schwierige Situation. Nur Experimente erlauben die Vorhersage von Wirkungen. Um aber Experimente anzulegen, muß man definierte Maßnahmen kennen, die Lehrpersonen einsetzen oder zum Vergleich weglassen können.

Es gibt zwar Merkmallisten zum Führungsstil von Laisserfaire, aber Lehrer können diesen Stil kaum erlernen. Folglich kann man kaum Experimente durchführen, um die Auswirkungen zu untersuchen. Anders sieht es in der non-direktiven Therapie oder Gesprächspsychotherapie aus. In ihr wurden Wahrnehmungs- und Verhaltensformen für Therapeuten herausgearbeitet. Diese haben einzelne Verhaltensweisen (z.b. Verbalisieren von Gefühlen) geübt. Die Auswirkungen der Therapie werden untersucht und veröffentlicht (Grawe 1994). Aus der Unterrichtsforschung wissen wir recht viel über die Art und Weise, wie sich Lehrer verhalten, auch, wieweit sie sich verschiedenen Auswirkungen nondirektiv verhalten (z.b. Tausch/Tausch 1970; Anderson 1995). Über die Effekte wissen wir aber sehr wenig. Und hier liegt auch das Problem der kalifornischen Untersuchungen und jener von Bennett in England. Die Forscher haben nicht vorher begründet und festgelegt, was informeller Unterricht sein soll, danach Lehrer/innen in dieser Methode ausgebildet, sie unterrichten lassen und dann die Leistungen der Schüler/innen untersucht. Dies wäre ein Experiment; in den Untersuchungen sind die Forscher nur so vorgegangen, als ob sie ein Experiment machten. Ihre Ergebnisse stammen von einem Quasi-Experiment.

Es gibt nun Versuche, vor der Erfassung der Schülerleistungen ein Konzept zu entwickeln, darin bestimmte Maßnahmen der Lehrpersonen auszugliedern und danach entsprechenden Unterricht durchzuführen. Dieser Ansatz ist nicht nur forschungsmethodisch interessanter, weil er unter Umständen mehr erklären und zu einem Fortschritt des Wissens führen kann. Nach diesen Prämissen sind zwei Forschergruppen vorgegangen, einmal Shlomo Sharan und Rachel Lazarowitz. Sie haben eine umfassende Methode entwickelt und experimentell untersucht. Davon handelt der folgende Abschnitt. Die andere Gruppe umfaßt Matti Koskenniemi mit seinen Mitarbeitern. Sie haben einen wichtigen Teil der Projektmethode, die gemeinsame Planung von Schülern und Lehrern, studiert. Der Abschnitt c) berichtet darüber.

In den letzten 10 Jahren hat sich eine neue Forschungsgruppe etabliert, die empirische Untersuchungen ein zweites Mal auswertet.

Man nimmt die Daten von allen Untersuchungen und verrechnet sie mit einem statistischen Verfahren, das allen Untersuchungen gerecht wird. So erhält man einen mittleren Wert, der die Wirksamkeit oder Wirkungslosigkeit einer pädagogischen Maßnahme angibt. Das Verfahren heißt Metaanalyse. Es kann mit verschiedenen Formeln durchgeführt werden (Glass, MacGaw, Smith 1981). Metaanalysen erlauben allgemeine, gut abgesicherte Aussagen. Dafür sind sie unspezifisch. Über lokale Bedingungen pädagogischer Maßnahmen geben sie keine Auskunft. Sie sagen nicht aus, was Sie im Einzelnen in Ihren Mathematik- oder Physikstunden in der Primary School an der 110. Straße in Manhattan oder im humanistischen Gymnasium in Basel machen müssen. Sie geben Ihnen jedoch eine klare Auskunft zur Frage, ob Sie mit bestimmten didaktischen Ansätzen, Techniken und Unterrichtsmethoden überhaupt Wirkungen einer bestimmten Größenordnung erwarten dürfen. Die folgenden Daten sind Mittelwerte von Korrelationen und nicht die typischen Effektstärken.

Die Tabelle lesen Sie folgendermaßen: informeller Unterricht jeder Art hängt einigermaßen mit Kreativität zusammen (Korrelation r = 0.29). Bestünde ein maximaler Zusammenhang, wäre das r = 1. Bestünde gar kein Zusammenhang, hätten wir r = 0. Das Minuszeichen signalisiert einen negativen Zusammenhang: je mehr informeller Unterricht, desto geringer die Leistungsmotivation.

Wenn Sie die Tabelle anschauen, fällt auf, daß keine hohen Korrelationen zu beobachten sind. Die Zusammenhänge sind eher schwach. Immerhin wird hier bestätigt: informeller Unterricht bereitet nicht gut auf die üblichen Schulprüfungen in Mathematik und Muttersprache vor. Offensichtlich muß man als Lehrer/in auf die ängstlichen Schüler aufpassen und sie bei informellem Unterricht unterstützen.

	Anzahl Untersuchungen	r	Graphische Darstellung
Kreativität	22	.29	.xxx
Unabhängigkeit	22	.28	.xxx
Kooperativ	8	.23	.xx
Einstellung zu Lehrer/in	17	20	.xx
IQ	16	.18	.xx
Anpassungsfähig	9	.17	.xx
Einstellung zur Schule	50	.17	.xx
Interessiert	7	.17	.xx
Selbstkonzept	60	.07	.x
Locus of control*	16	.01	.
Ängstlichkeit	19	−.01	.
Schulleistung in Mathematik	57	−.04	.
Schulleistung in der Muttersprache	33	.07	x.
Verstehen von Texten	63	.08	x.
Leistungsmotivation	8	−.26	xxx.

* Sehe ich die Ursache für meinen Erfolg und Mißerfolg eher bei mir oder bei anderen.

Die Daten stammen von Walberg 1990.

Die vollständigste Übersicht über das gegenwärtige meta-analytische Wissen hat Barry Fraser mit Mitarbeitern zusammengestellt. Barry Fraser ist Pädagogikprofessor am Western Australia Institute of Technology. Sollten Sie in der Lehrerbildung arbeiten, gehört die Lektüre fast zum Muß. Diese 100 Seiten entheben Sie davon, über didaktische und methodische Ansätze Ihre persönlichen Meinungen verbreiten zu müssen, während es dazu recht gesichertes Wissen gibt. (Fraser/Walberg/Welch/Hattie 1987; speziell für schulisches Lernen Wang et al. 1993; für Camps im Freien Hattie et al. 1997).

Auswirkungen aus der Sicht der Schülerinnen und Schüler

Geist, Jungblut und Philipp (1986) berichten von 1200 Schülern, die sie in Gesamtschulen und Gymnasien zwischen 1983 und 1985 in Hessen befragt haben. Die Ergebnisse entsprechen keineswegs durchgehend den pädagogischen Idealen. So haben nur 48% der Schüler den Eindruck, in den Projekten »etwas Wichtiges zu lernen« (1986, 309). Die Sinnfindung ist also noch nicht gelungen. Lernen in den herkömmlichen Schulfächern mit Lehrersteuerung kommt dagegen auf 54%. Vielleicht drückte hier das mitgebrachte Stereotyp durch: »Was geführt und anstrengend ist, hat größeren Wert, als Selbstgewähltes, nicht so Stressiges«. Dafür würden die Resultate in den anderen Items sprechen, die vermehrt auf eine entspanntere, kooperativere Lebens- und Lernform hindeuten.

Hier erhalten Sie die Übersicht (1986, 309). Anhand der Tabelle können Sie sich leicht Interpretationen zurechtlegen.

Übersicht 1

Kriterium	trifft für den PUSCH-Unterricht oft zu %	trifft für den übrigen Unterricht oft zu %	Differenz %
abwechslungsreich	47.1	20.3	+26.8
kooperativ	53.2	20.8	+32.6
praktisch	57.9	21.6	+38.3
langweilig	24.7	41.8	−17.1
schülerorientiert	35.9	17.7	+18.2
streng	12.3	30.3	−18.0
kopflastig	16.0	43.9	−27.9
lebendig	54.8	26.9	+28.1
angeregt	44.9	22.4	+22.5

b) Das Gruppen-Erarbeitungsmodell (G-E)

Sh. Sharan und R. Lazarowitz (1980) bezeichnen ihre Methode auf Englisch als »Group Investigation Model«. Als Abkürzung steht G.I.. Dieses Verfahren hat Ähnlichkeit mit der Projektmethode und ist gut untersucht. Ihre Methode deckt sich über weite Strecken mit derjenigen von D. und R. Johnson (1975).

Das Gruppenerarbeitungsmodell sieht sechs Schritte vor:

1. Wahl des Arbeitsgebietes
2. Kooperative Planung
3. Planausführung
4. Beurteilung der Resultate durch die Schüler
5. Austausch der Ergebnisse und Erfahrungen der Kleingruppen im Plenum
6. Gemeinsame Beurteilung durch Lehrer und Schüler

Dieses Gruppen-Erarbeitungsmodell ist von Sharan und Lazarowitz experimentell eingesetzt worden. Sie haben ein Konzept entwickelt, dann ein Jahr lang mit allen Lehrern von drei Schulen die sechs Phasen und relevanten Verhaltensweisen geübt. Im folgenden Jahr unterrichteten die Lehrpersonen alle Fächer nach dem Gruppen-Erarbeitungsmodell. Beteiligt waren 393 Schüler der 2. bis 6. Klassen. Die Kontrollgruppe bestand aus 217 Schülern einer anderen Schule. Fünf Leistungstests sollten die schulüblichen Leistungsergebnisse erfassen. Diese zeigten, daß die Schüler aus dem Programm mit dem Gruppen-Erarbeitungsmodell komplexe, kognitive Aufgaben besser lösten als die Schüler aus dem Normalunterricht. Sie konnten also besser urteilen, eigene Lösungen vorschlagen und Probleme höherer Ordnung adäquater bearbeiten. Darüber hinaus verfügten sie aber auch über mehr Einzelwissen.

Auch im sozialen Bereich erzielte die Methode besondere Effekte: Die Schüler waren kooperativer und altruistischer. Sie waren bereit, mehr Verantwortung zu übernehmen als die anderen Schüler (Sharan/Lazarowitz 1980). Andere positive Wirkungen im Sinne der Ziele der Projektmethode konnten jedoch nicht nachgewiesen werden.

c) Effekte der gemeinsamen Planung

Dieser Ausschnitt aus der Projektmethode ist in Helsinki experimentell untersucht worden. Das Projekt trugen im wesentlichen Matti Koskenniemi, Erkki Komulainen und Pertti Kansanen (1978). Sie nahmen im Herbst 1973 mit fünf Lehrern Kontakt auf. Im Frühling 1974 begannen sie mit Tonbandaufnahmen. Erfaßt wurde der übliche Unterricht in Mathematik, Muttersprache, Staatsbürgerkunde bzw. Gemeinschaftskunde. Die Forscher zeichneten bei jedem Lehrer fünf Stunden auf. Im Sommer 1974 erhielten die Lehrer eine intensive Fortbildung zur gemeinsamen Planung. Im Herbst 1974 und im Frühling 1975 dokumentierten die Pädagogen erneut je 5 Unterrichtsstunden. Mit Hilfe eines sehr detaillierten

Testinstrumentariums untersuchten sie Lerngewohnheiten, Interessen und Leistungen der Schüler. Das folgende Schema zeigt den Ablauf der Untersuchungen.

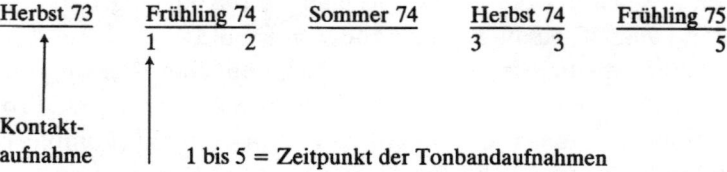

Für unseren Zusammenhang kann man die Ergebnisse folgendermaßen resümieren. In den gemeinsamen Planungsphasen sprechen die Lehrer nicht weniger als sonst. Sie verwenden aber nondirektive Formulierungen, d.h. sie geben keine Anweisungen, stellen vielmehr offene Fragen oder formulieren Themen unscharf, so daß sich die Schüler dazu äußern können. (1)

Aufgrund des Lehrertrainings zur gemeinsamen Unterrichtsplanung sind die Schüler spontaner geworden. (2)

Die sozial-affektive Dimension hat sich verbessert. Die Ergebnisse der entsprechenden Erhebungsskalen könnte man als »positiv getöntes Miteinander« verbal fassen. (3)

In den gemeinsamen Planungsphasen von Lehrern und Schülern rücken die Schülerinteressen gegenüber dem sogenannten Normalunterricht stärker in den Mittelpunkt. Die Schüler kamen tatsächlich zu Wort, konnten ihre Wünsche einbringen und die Unterrichtsvorbereitungen entsprechend mitgestalten. Allerdings passierte dann in der Ausführungsphase etwas Überraschendes. Die Lehrer kontrollierten den Unterrichtsablauf stärker als sonst (Koskenniemi/Komulainen/Kansanen 1978, 25). Ob ein solcher Effekt folgender unausgesprochener Mentalität entspricht: »Gut! Wir planen gemeinsam, aber dann wird auch konsequent ausgeführt«, für eine solche Interpretation finden sich freilich in den Untersuchungen des Helsinki-Projektes keine Anhaltspunkte. Allerdings müßte man sie als mögliche Gefahr auch im Projekt im Auge behalten. Der Unterricht auf der Basis der gemeinsamen Planung war etwas weniger auf den sogenannten Stoff zentriert. Auch die »Zeit an der Aufgabe« (time on task) nahm etwas ab, dafür schienen die Schüler bedeutend mehr voneinander und aus der Lernumgebung zu lernen (1978, 23). Dieses Resultat könnte die These im Anschluß an die englischen Untersuchungen stützen. Die Projektmethode ist nicht das optimale Verfahren, wenn exakt vorstrukturiertes Wissen gelernt werden muß. Auch die Problemlösung wird nicht optimal, wenn die Aufgabe nicht sehr gut vorstrukturiert ist. Zumindest gilt das für den technischen und naturwissenschaftlichen Bereich, aber auch für die Hochschule, wie van Woerden (1991) an der Universität Delft festgestellt hat.

d) Mögliche Effekte der Projektmethode

Wir haben wundervolle Hinweise auf die Produktivität der Projektmethode.

● Wer entdeckend lernt, behält das Gelernte länger und schafft leichter den Transfer (Ray 1961; berichtet in Neber 1981). Die Projektmethode regt die Teilnehmer/innen an, selber Themen, Fragestellungen und Methoden herauszufinden. Damit dürfte sie eine ähnliche Wirkung wie Entdeckendes Lernen erzeugen.

● Abenteuer- und Überlebensprogramme im Freien haben eine eminente und völlig überraschende Wirkung gezeigt. Gemeint sind die drei- bis sechswöchigen Camps, in denen Jugendliche in Gruppen mit 6 bis 15 Mitgliedern auf sich angewiesen schwierige Aufgaben im Freien lösen müssen. Hattie und Kollegen (1997) haben 90 Evaluationen ausgewertet. Die Camps steigerten unter anderem Entscheidungsfähigkeit, Selbstvertrauen, Kooperationsfähigkeit,

Self-Efficacy (sich in einem bestimmten Gebiet etwas zu-
trauen) und viele andere erwünschte Verhaltenseigenschaf-
ten. Und nun kommt das Besondere: die Wirkung direkt
nach Abschluß der Camps betrug im Mittel über alle ge-
messenen Indikatoren 0,34 Standardabweichungen. Das ist
ein beachtlicher Wert und entspricht ungefähr einer Verbesserung von etwa 13%. Dann wirkten die Camps aber
nach. Ein halbes Jahr später stiegen die Werte nochmals um
0,17 Standardabweichungen, somit insgesamt auf 0,51, was
einer Wirkung von etwa 17% entspricht.
Das ist ein völlig verrücktes Phänomen. Das »Verrückte«
wird Ihnen sofort klar, wenn Sie daran denken, was mit nor-
malem Schulwissen passiert. Innerhalb von 3 bis 6 Monaten
gehen 40% bis 90% des Wissens im schwarzen Loch verlo-
ren. Das Gelernte wird schlicht vergessen. Das ist der heutige Forschungsstand, den Semb und Ellis (1994) zusammengetragen haben.
An dieser Stelle dürfen wir nun einige Spekulationen über
die Ursachen anstellen. Die Projektmethode entläßt die
Projektmitarbeiter/innen in große Freiheit. Sie müssen sich
in der freien Wildbahn bewähren. Sie haben eine offene
Aufgabe ohne vorgegebene Lösungsalgorithmen. Die soziale Herausforderung kommt hinzu. Gelingen und Mißlin-
gen bestimmen das Geschehen und prägen Erlebnisse. Damit dürften ganz ähnliche Erfahrungen wie bei den Out-
door-Camps entstehen. Freilich dürften nur größere Projekte derartige Effekte zeigen.
Übrigens: wenn Sie sich wirklich für die Wirkung von men-
schenbildenden Maßnahmen interessieren, sollten Sie sich
den Artikel von Hattie und Kollegen nicht entgehen lassen.
● Überall, wo die Lehrperson zurücktritt, profitieren die
schwächeren Schüler/innen. Das ist die Quintessenz der
Evaluationsstudien über Unterricht, den wesentlich Computer und Multimedia tragen. Darunter fallen Computer-
gestütztes Lernen und Multimediaprogramme über Bildschirm im Kontext von Papier und anderen Lernmedien

(z.B. Labor, Geräte). In derartigen Lernkontexten machen die Schwachen einen Freuden- und Vorwärtssprung (Kulik et al. 1983; Niemic/Walberg 1985; Bangert-Drowns et al. 1985). Sie lernen mehr als bei lehrergesteuertem Unterricht. Warum das so ist, wissen die Fachleute seit Beginn des Jahrhunderts. Lehrer/innen oder Professor/innen bevorzugen in jeder Hinsicht die guten Schüler/innen, auch wenn sie sozial eingestellt sind (Horn 1914; Brophy/Good 1974). Die Projektmethode erlaubt den Lernenden weitgehende Selbstorganisation. Sie entwerfen die Fragestellung und Methodik. Sie besorgen die Quellen und bestimmen die Kompetenzentwicklung. Somit dürfen wir annehmen, daß die Schwächeren in dieser Methode relativ zu den sonst Guten mehr Gewinn ziehen. Diesen Schluß legen auch die Evaluationen aus dem Gruppen-Erarbeitungsmodell nahe, das wir hier im Buch als verwandte Methode schildern (Lazarowitz 1994).

- Die Projektmethode unterstützt Erfolg, denn sie verlangt von den Teilnehmer/innen Zwischen- und Prozeßziele. Ertmer, Newby und MacDougall (1996) haben qualitativ und quantitativ offen gestaltetes Fallstudienlernen untersucht. Sie fanden, daß jene Studierenden, die sich Prozeßziele gesetzt hatten, Schwierigkeiten leichter überwanden. Dabei muß man bedenken, daß die Lernenden während eines ganzen Semesters fallstudienmäßig arbeiten mußten. Jene, die nur das Endergebnis anvisiert hatten, gerieten in Schwierigkeiten. Dies ist ein Hinweis darauf, daß die hohe Selbstregulation in der Projektmethode Menschen dabei unterstützt, Schwierigkeiten im Vorgehen zu überwinden.

27. Der bedrängte, schwache Schüler

Das Problem trifft man bei produktorientierten Projekten, welche schwach ausgeprägte Komponenten 2 (Auseinandersetzung mit der Projektinitiative) und 3 (Entwicklung des Betätigungsgebietes) aufweisen. In diesem Fall können »schwache« Mitglieder in ihrer Position bestärkt oder zu schwachen Mitgliedern werden.

Der Fall spielt sich in der Regel wie folgt ab: Die Lehrerin, die Klasse, der Kurs, die Spontangruppe entscheiden sich für ein Produkt oder Werk, das geschaffen werden soll. Die Produkterstellung zieht alle Aufmerksamkeit auf sich. Niemand überlegt und berät darüber, wer, was, wozu, wann, wie tut und wann Funktionsteilungen überhaupt angemessen sind.

Man läßt dann gerne die handwerklich Geschickten, die Mitglieder mit Durchstehvermögen, die sowieso schon Tüchtigen das Werk erledigen. Das bedeutet dann aber auch, daß die ausgleichenden Elemente im Gruppenprozeß fehlen. Die gemeinsamen Überlegungen darüber, wer etwas tut oder tun soll, fallen aus. Die vorpädagogischen Gruppenprozesse greifen Platz und erzeugen Benachteiligungen. Hier dürfte dann auch der Sozialstatus der Herkunftsfamilie auf die Gruppenarbeit durchschlagen. Gruppenteilnehmer aus Sozialschichten mit mehr Prestige und Ansehen haben in der Gruppenarbeit mehr zu sagen. Auch das Ansehen ethnischer Gruppen (z.B. von Deutschen, Türken, Italienern) beeinflußt das Gruppenverhalten (Elizabeth G. Cohen 1972).

Wenn das Projekt nach den Komponenten aufgebaut ist, die dieses Buch beschreibt, dürften diese Benachteiligungen und Randgruppeneffekte nicht auftreten.

Ängstliche und gehemmte Projektmitglieder

Die Mittel zur Vermeidung der Gefahren für Ängstliche und Gehemmte sind vielfältig: In der Entwicklung des Betätigungsgebietes kann die Zusatzfrage gestellt werden, ob alle Gruppenmitglieder gleichmäßig und nach ihren Hauptwünschen beschäftigt sind. Gegebenenfalls kann auch jemand die Frage an einem Fixpunkt aufwerfen. Die Leiterin der Metainteraktion kann die Rede auf Benachteiligungen bringen. Die

Leiterin kann für die Steuerungs- und Planungsgruppen gerade sonst benachteiligte oder ihr als schwach erscheinende Gruppenmitglieder vorschlagen. Vorübungen zur Kleingruppenarbeit können genutzt werden, die benachteiligten Schüler besonders zu beachten.

Wenn wir solche Maßnahmen ergreifen, dann gewinnen wir möglicherweise auch für unsere anderen Unterrichtsformen neue erzieherische Kompetenzen. Wir orientieren uns dann vielleicht weniger an der leistungsmäßig guten Mittelgruppe des jeweiligen Lernverbandes, wie dies Ulf Lundgren 1972 für Schulunterricht festgestellt hat. Vielleicht entwickeln wir selbst für Frontalunterricht oder andere Unterrichtsformen neue Betrachtungskategorien über gute und schwache Schüler/innen bzw. über verschiedene Gebiete, in denen sie sich entfalten können.

28. Projektmethode und Gesamtcurriculum

Ich würde nicht vorschlagen, die Schule oder Universität insgesamt projektmethodisch zu gestalten (obwohl dies denkbar und in einer nachindustriellen Zeit möglicherweise eine sinnvolle Bildungsvariante wäre).

Täte man dies aber dennoch, stellten sich Fragen nach dem Gesamtcurriculum:

– Was soll alles im Gesamtcurriculum vorkommen?
– Wie bemerkt man, was fehlt?
– Wo sollen die Schwerpunkte liegen?
– Wie ist die Beliebigkeit in der Folge von Projekten vermeidbar?

Dieselben Fragen tauchen auch bei größeren Projektsequenzen auf.

Beispiel: Wer mit seinen Realschülern von der 6. bis 9. Klasse jährlich ein Dutzend Kleinprojekte von vier bis fünf Stunden ansetzt oder seinen dreijährigen Volkshochschulkurs mit einer Serie von sechs Mittelprojekten mit je zwei bis drei Tagen organisiert oder die gesamte Lehrerfortbildung als Serie von Lernprojekten anlegt, verwirklicht ein größeres Stück Curriculum.

Da die Projektmethode grundsätzlich für alle Kulturgüter offen ist und auch sonst keine Vorabstrukturen verlangt, geben weder Fächerkanon noch die Bildungsidee eines bestimmten Schultyps die Antwort auf die Frage nach dem Gesamtcurriculum. Beide spielen natürlich eine Rolle in der Entwicklung des Betätigungsgebietes, wenn die Projektserie in einer vorgegebenen Organisation stattfindet, z.b. in der gymnasialen Oberstufe oder im Gesamtschulfach Geschichte. Sie prägen aber nicht das projektmethodische Gesamtcurriculum.

Wir stehen also vor jener Frage, die Saul B. Robinsohn (1967) seiner Schrift über die Bildungsreform als Revision des Curriculum zugrunde gelegt hat. Sie lautet sinngemäß: Wie gelangen wir zu einem Gesamtcurriculum, wenn nicht über die kulturell-fachdidaktisch festgelegte Addition von Disziplinen?

Im Folgenden versuche ich anhand des Situationsgesetzes von Robinsohn, Probleme aufzuzeigen, die auch die Probleme der Projektmethode sind. Der Situationsansatz von Robinsohn eignet sich zur Demonstration besonders gut, weil er die Schwierigkeiten der Projektmethode noch potenziert. Zudem haben wahrscheinlich viele Leser/innen bereits anhand des Situationsansatzes das Problem des Gesamtcurriculums durchdacht.

Nun die Antwort im Sinne von Robinsohn: Zunächst verfügt jede größere Gesellschaft (jedes Volk) über eine minimale Übereinstimmung in den erzieherischen Werten (Grundkonsens). Dann müssen die Pädagogen in allen großen Lebensbereichen, wie Familie und Beruf, Bildung fordernde Situationen ausmachen. Biologie, Soziologie und andere Wissenschaften geben den Pädagogen darüber Auskunft, welche

Qualifikationen vorhanden sein sollten, um die Situationen zu meistern. Die Qualifikationsbeschreibungen liefern die Ziele für die Lernmaßnahmen.

Eine lockere Konfiguration von situationsbezogenen Lernfeldern bildet das Gesamtcurriculum. Lernfelder oder Lerngegenstände orientieren sich aber nach Robinsohn nicht nur an privaten und öffentlichen Verwendungssituationen, sondern ebenso an der Bedeutung in der Wissenschaft und für das Weltverstehen. Diese Kriterien teilen das Gesamtcurriculum in mehrere Schwerpunkte auf. Nach Robinsohn zeichnet es sich nicht durch Einheit im Thema, in der Sicht von Wirklichkeit oder Lernmethode aus. Der Situationsbezug im Sinne von Robinsohn und auch der anderen Mitglieder seiner Berliner Gruppe (Doris Koch 1969; Jürgen Zimmer 1976) gestattet im Prinzip allen Lebensbereichen den Zugang zum Curriculum. Hierin besteht die einzige Gemeinsamkeit mit dem hier entwickelten Ansatz. Alle mittelfristigen Strategien im Sinne von Frank Achtenhagen und Peter Menck (1971) und somit die fachdidaktischen Ansätze verwehren diesen Zugang.

Im Grunde gleicht die Problematik des Gesamtcurriculums im Sinne jener im Situationsansatz. Alle Situationen, Stoffgebiete, Ereignisse, Stimmungen usw. sind zunächst einmal würdig, in den Curriculumsprozeß aufgenommen zu werden. Ob aber dann der Dorfplatz, der Machtbegriff oder das erlebte Gefühl von Einsamkeit zu Bildung entwickelt werden, hängt vom Curriculumsprozeß selber ab. Und hier liegt auch die Antwort auf die Frage, wie ein Gesamtcurriculum zustandekommt, nämlich durch das curriculare Handeln der direkt und indirekt beteiligten Personen. Durch den curricularen Legitimationsprozeß entstehen gleichzeitig subjektive Ansprüche und über diese hinausreichende an die Gültigkeit des curricularen Handelns selbst.

In diesem Punkt unterscheiden sich die Allgemeine Curriculumstheorie, wie sie als Ansatz im Abschnitt 6 beschrieben ist, und auch die Projektmethode als einer ihrer Spezialfälle von anderen Versuchen zum Gesamtcurriculum, so von der schon früher besprochenen Praxeologie von Derbolav (1975), von Wilhelms »vermessenem« Lehrplan in seiner Theorie der Schule (1969) oder von Phenix' (1964) Sinnbereichen.

Die Projektmethode als Spezialfall der Allgemeinen Curriculumtheorie führt zu keinem festen Satz von Bildungsgütern, Situationen oder Feldern (wie Technik, Ökonomie, Literatur). Das Gesamtcurriculum ist nicht in einen Kanon zu fassen. Letztlich deckt die Frage nach dem Gesamtcurriculum auch nicht die Frage nach dem Kanon ab.

Das Gesamtcurriculum kommt zustande, wenn während einer längeren Zeit unter Berücksichtigung der curricularen Grundfrage und der damit verbundenen Anforderungen ein curricularer Prozeß abgelaufen ist. Das Resultat ist dann sicher nicht ein Gesamtcurriculum, das sich mit einem einzigen Begriff oder einem Gliederungsschema fassen läßt. *Das Gesamtcurriculum wird so vielfältig sein wie das Leben selbst, allerdings bildungsmäßig qualifiziert. Die Einheit oder Allgemeinheit des Gesamten findet seine volle Gestalt im legitimierenden Handeln des Einzelnen.*

29. Vorausgesetztes Wissen bei den Teilnehmer/innen

Die Frage zu dieser Überschrift lautet: Was müssen die Schüler/innen, Student/innen oder Kursteilnehmer/innen bereits über das Gebiet wissen, damit sie in ein Projekt einsteigen können?

Die Frage ist mir am häufigsten in Diskussionen an Gymnasien, Universitäten und in der beruflichen Grundbildung (Lehrlingsausbildung) begegnet. Ich habe sie selten oder gar nicht angetroffen im Kindergarten und Grundschulbereich, in der Fortbildung der mittleren und leitenden Angestellten in Unternehmen und in den fortgeschrittenen Studiengängen der Universität (Doktorat, Nachdoktoratsstudien). Aus dem Vergleich glaube ich, folgenden Schluß ziehen zu können. Die

Frage wird besonders virulent, wenn folgende Faktoren vorliegen:

1. Ein Bildungsprogramm, Lehrplan, Curriculum, Studienbuch oder vom Lehrer definiertes Programm muß in einer *knapp bemessenen Zeit* vollzogen werden.
2. Das Lerngebiet ist so strukturiert, daß *nur ein bestimmter Zugang* möglich ist oder sein soll (z.b. Physik nur nach vorhergehendem Studium von Integral- oder Differentialrechnung lernen oder Vorsokratiker nur auf griechisch lesen).
3. *Leicht nachprüfbare Leistungsnachweise* (in Form von Tests, Klassenarbeiten usw.) bestimmen das Lerngeschehen. Dieser Faktor vervielfacht seine Wirkung, wenn einzelne Lernende ausgewählt werden müssen (Selektionsdruck).
4. Das gesamte Curriculum ist in *zahlreiche Segmente oder Fächer* aufgeteilt, die die intellektuelle Wiedergabe des Gelernten oder einfache Problemlöseleistungen hoch bewerten. In diesen Fällen können die Vertreter der einzelnen Segmente oder Fächer die Projektmethode nicht ohne Statusverlust einsetzen, weil sie komplexere intellektuelle Leistungen und auch andere Funktionsbereiche der Persönlichkeit beansprucht.

Die genannten vier Faktoren erschweren den Einsatz der Projektmethode erheblich. Vor allem die einzelnen Lehrer sind in einer schwierigen Lage. Sie entscheiden sich oft trotzdem für die Projektmethode, fordern allerdings eine vorausgehende Grundlagenphase, um den vier Faktoren nicht ganz zu widersprechen. Im Berliner Modellversuch für den Informatikunterricht der 9. und 10. Klassenstufe mit je 3 Wochenstunden haben die Verantwortlichen das Problem folgendermaßen gelöst.

277

Beispiel:

»9. Klassenstufe

1. Unterrichtseinheit:
   A. Einführung in Grundlagen der Informatik I – Algorithmen und Programmierung (ca. 20 Lerneinheiten)
   B. Einführung in Grundlagen der Informatik II – Modellbildung und Rechnereinsatz (ca. 20 Lerneinheiten)
2. Unterrichtseinheit:
   Computer als Prognoseinstrument – Stimulation eines Ökosystems (ca. 17 Lerneinheiten)
3. Unterrichtseinheit:
   Computereinsatz bei Umfragen – Datenerhebung, Datenverarbeitung, Datenschutz (ca. 20 Lerneinheiten)
4. Unterrichtseinheit:
   Besuch eines Rechenzentrums und EDV-Berufe (ca. 5 Lerneinheiten)

10. Klassenstufe

1. Unterrichtseinheit:
   Computer als Instrument zum Steuern und Regeln realer Prozesse – Automation und Mikroelektronik (ca. 20 Lerneinheiten)
2. Unterrichtseinheit:
   Durchführung eines Software-Projektes im Informatikunterricht (ca. 60 bis 70 Unterrichtsstunden)«

(Arlt/Koerber, 1980, 95f.).

Dieses Curriculum weicht den Anforderungen an die Voraussetzungen nicht aus. Der Projektphase gehen Grundlagenphasen voraus. Allerdings kündigt der Lehrplan eindeutig ein zeitliches Ende für die Vorphase an. Hinzu kommt die klare Begrenzung der Projektphase nach unten und oben. Diese Aussage ist ein wichtiger Anhaltspunkt für die Planung der Voraussetzung. So wird klar, daß der systematische oder kursmäßige Unterricht darauf ausgerichtet sein muß, daß die Student/innen, Schüler/innen oder Kursteilnehmer/innen eines Tages in einem bestimmten Umfang selbständig ein Gebiet aussuchen, strukturieren und bearbeiten können.

Ein Nebengesichtspunkt

Prinzipiell könnte jedes Gebiet von Anfang an projektmäßig in Angriff genommen werden, wenn eine entsprechende Projektinitiative und Auseinandersetzung mit der Projektinitiative stattgefunden haben. Das Verfahren ist jedoch nicht in jedem Falle ratsam. Wählen die Teilnehmer/innen ein Gebiet aus, bei dem nach einiger Zeit wochen- oder monatelange Kursphasen zum Erlernen von Fertigkeiten, Techniken, Wissensstücken eingeschoben werden müssen, kann unter Umständen der Gesamtzusammenhang verlorengehen. Doch kann auch eine solche Erfahrung bildend sein.

Verwandte Lehr- und Lernmethoden

30. Das Werkstattseminar

Das Wort Werk besitzt hier zwei Bedeutungen. Die Lernenden erarbeiten ein Produkt, also ein Werkstück. Zugleich findet diese Arbeit in einer Umgebung statt, in der man werken kann, in einer Werkstatt. Den Teilnehmer/innen an einem Werkstattseminar stehen verschiedene Hilfsmittel zur Verfügung. Sie verwenden sie nach eigenen Plänen.

Das Werkstattseminar nimmt zwei Traditionen auf, zum einen die informelle Art, in Gruppen produktorientiert zu arbeiten, was in angelsächsischen Ländern workshop genannt wird, zum anderen die Arbeitsschulbewegung der dreißiger Jahre in Deutschland. Der hervorragende Vertreter des Werkstattunterrichts jener Epoche war Fritz Karsen (1885 bis 1951). Die Stichworte seiner Konzeption lauteten: Organisation gemeinschaftlicher Arbeit bei größtmöglicher Selbsttätigkeit (Integration von Lernen und Handeln).

Die neuere Bewegung begann mit dem bekannten Konstanzer Werkstattseminar von Karl-Heinz Flechsig und Ulrich P. Ritter. Sie haben 1969 in Konstanz eine Fort- und Weiterbildungsveranstaltung für Lehrende und Studenten der Wirtschaftswissenschaften durchgeführt und als »Werkstattseminar« bezeichnet (vgl. Flechsig/Ritter 1975). Die Teilnehmer erhielten erste Einführungen durch Vorträge, Papiere, Ad-hoc-Mitteilungen und die Vorführung von Problemen. Sie richteten dann selbst ein Informationszentrum ein und begannen mit ersten Ausarbeitungen zum Thema (einzeln oder in kleinen Gruppen). Die Ergebnisse wurden schriftlich fixiert und an alle verteilt. Den Schluß bildeten eine Auswertung und Anwendungsplanung durch die Teilnehmer, an der auch die Organisatoren teilnahmen.

In den folgenden Jahren haben Karl-Heinz Flechsig und Reinhard Fuhr das Werkstattseminar als didaktisches Modell weiterentwickelt und verallgemeinert.

In der letzten Fassung lauteten die Phasen und Handlungsabläufe:

Phase I: Initiierungsphase (Formulierung des Rahmenthemas, Abstecken von Zeit, Ort usw.).

Phase II: Informationsphase (Organisator informiert über Arbeitsbedingungen und Ziele – Teilnehmer stellen sich vor).

Phase III: Formulierung und Abgrenzung des Themen- und Problembereiches (die Teilnehmer des Werkstattseminars vereinbaren das, was sie lernen wollen, sie verhandeln das Seminarkonzept. Sie fixieren Arbeitsregeln – Nutzen von Ressourcen, Aufteilung von Arbeitszeit und Freizeit usw.).

Phase IV: Spezifizierung der Einzelthemen und Einzelprobleme (Teilnehmer oder Organisator benennen Probleme aus dem Alltag oder Sachverhalte. Sie skizzieren Muster zum Problemlösen. Die Gruppe wählt dann interessierende Aspekte aus.).

Phase V: Bereitstellen von Ressourcen und Angabe spezieller Erfahrungen und Kompetenzen jedes einzelnen Teilnehmers (als Ressource stellt man sich am besten Handbibliothek, Vervielfältigungsgeräte oder auch andere Instrumente, die zur Entwicklung des Schlußergebnisses nötig sind, vor. Unter Umständen werden Experten befragt).

Phase VI: Transformation von Themen und Problemen in Produkterwartungen (Produktionsziele). (Organisator schlägt Teilnehmern mögliche Ergebnisse vor, die sie erzielen könnten.)

Phase VII: Arbeitsteilige, produktorientierte Bearbeitung der Probleme.

Phase VIII: Wechselseitige Vorstellungen der Produkte, Diskussion und gegebenenfalls Erprobung.

Phase IX: Evaluierung (Bewertung) des durchgeführten Werkstattseminars. (Eine Gruppe der Teilnehmer beurteilt Ablauf und Ergebnis. Sie berücksichtigt dabei die Ziele und Gütekriterien, die am Anfang gemeinsam als Maßstäbe festgelegt worden sind.)

Ich habe hier die Überschriften der neun Phasen nach dem Kleinen Handbuch didaktischer Modelle von Karl-Heinz Flechsig (1991) referiert. Diese Fundstelle bietet noch mehr Hinweise und illustriert mit Beispielen die etwas abstrakten Phasenüberschriften.

Vergleich mit der Projektmethode

Die Verwandtschaften zur Projektmethode liegen auf der Hand. Die Schlüsselbegriffe sind: Produktorientierung, Lernen in einem relativ offenen Feld, ausführliche Aushandlung der beabsichtigten Lernschritte und Arbeitsformen. Aber auch die Unterschiede sind offensichtlich. Sie treten vor allem in der Projektinitiative und der Auseinandersetzung mit ihr sowie in einigen Besonderheiten in der Metainteraktion und im Abschluß hervor. Das Werkstattseminar hat sich vor allem in der Fortbildung akademischer Berufsträger bewährt.

[LIT] Flechsig 1991: Informiert auf wenigen Seiten über Ursprung, gegenwärtigen Stand und Anwendungsgebiete des Werkstattseminars; Fuhr 1978: Der wohl umfassendste Beitrag zu Geschichte und Konzeption; Flechsig/Ritter 1975: Die erweiterte, ausführliche Dokumentation des bekannten Konstanzer Werkstattseminars in den Wirtschaftswissenschaften.

31. Die Fallstudie

In der Fallstudie nimmt man sich ein abgelaufenes Ereignis vor, z.B. eine Straftat mit der anschließenden Gerichtsverhandlung. Anhand dieses Falles sprechen die Teilnehmer/innen die mögliche Anwendung und Auslegung der Gesetze durch. Die Teilnehmer/innen erhalten nur den Fall vorgesetzt, den sie zunächst selbst zu lösen haben. Die auftretenden Probleme und Lösungswege werden anschließend mit der tatsächlichen Gerichtsentscheidung verglichen.

Dieses juristische Beispiel ist auch historisch für die Fallstudie typisch. In der Ausbildung der Juristen hat das Lernen am Fall (Kasuistik) eine lange Tradition. Von der Kasuistik im Rechtsstudium hat die Fallstudie über die Wirtschafts- und Verwaltungsausbildung hinaus eine allgemeine Verbreitung in praktisch alle Fachgebiete angetreten. Wenn man so will, begann der Siegeszug mit der Gründung der Harvard Business School im Jahre 1908. Als eine zentrale Aufgabe wollte sie die Fähigkeit fördern, Probleme im Geschäftsleben zu lösen. Wie im Handelsrecht bereits üblich, sollten Fälle aus dem Berufsalltag das Vehikel für den Erwerb von Problemlösefähigkeiten abgeben. Konsequent sammelte man Fälle aus Industrieplanung, Verwaltungsorganisation, Personalführung und vielen anderen Zweigen des Managements. Zum Teil richteten die Dozenten die Fälle für Lehrzwecke so ein, daß eklatante Probleme sichtbar wurden. Die Studenten hatten folgende Lernschritte zu durchlaufen: zerlegen des Falles in einzeln bearbeitbare Elemente, kritisieren des früheren, realen Falles, eigene Lösungen suchen, verschiedene Rollen im Fall unternehmen, Entscheidungen simulieren, diskutieren des gesamten Falles.

James B. Conant hat 1948 nach dem Schema der Fallstudien über Management acht Fallstudien über experimentelle Wissenschaften für Hochschulstudenten entwickelt (Harvard Case Histories in Experimental Science). Leo E. Klopfer hat 1964 im Anschluß daran neun Fälle für Physik, Chemie und

Biologie in den allgemeinbildenden Schulen herausgebracht (History of Science Cases HOSC), Kurzbeschreibung bei Lind (1979).

Inzwischen hat Franz-Josef Kaiser im Rahmen seines Buches über Entscheidungstraining Fallstudien für fast alle Lerngebiete in der Schule zusammengestellt (1976). Er hat im übrigen die Behandlung von Fällen in eine Schrittfolge gebracht und dadurch die Fallstudie als allgemeine Unterrichtsmethode weiterentwickelt. Die Schritte sind: Konfrontation, Information, Exploration, Resolution, Disputation und Kollation. Damit hat er der Fallstudie ein Gerüst angelegt, wie es seit Herbart als Artikulationsschema bei didaktischen Anleitungen üblich ist. Kaiser veröffentlichte in dem genannten Band auch 14 Vorschläge für Fallstudien in der Schule. Eine andere, allgemeine Anleitung mit Beispielen enthält der Band von Wilkening (1977) über Arbeitslehre und Technik.

Vergleich mit der Projektmethode

In beiden Methoden ist Tätigkeit der Teilnehmer/innen gefordert, in der Fallstudie jedoch in einem eingegrenzten Rahmen. Das ursprüngliche Schema in der Fallstudie heißt:»1. analytisches Durchdenken einer konkreten Situation, 2. Vorbereitung von Entscheidungen, 3. Integration verschiedener Wissensgebiete in Anwendung auf eine gegebene Situation, 4. Lösung des Falles in Gruppenarbeit« (Schmidt 1958, 33ff.).

Die Projektmethode hält das Betätigungsgebiet offener. Sie gibt der Kreativität mehr Raum. Individuelle Planung und Kooperation sind anstrengender. Konflikte können leichter auftreten. Andererseits bietet die Projektmethode nicht von sich aus die Möglichkeit, bestimmte Problemlösungen oder Bearbeitungsmuster zu erlernen.

Die Komponenten Projektinitiative und Auseinandersetzung mit ihr fallen in der Fallstudie im Allgemeinen aus. Das Element der Selbstorganisation und auch der konkreten Legitimation im Projekt tritt in der Fallstudie zurück.

Die Fallstudie ist dagegen geeigneter bei Gebieten, in denen ohne offenes Ende zwei oder drei Lösungs- oder Interpretationsvarianten verglichen werden sollen.

[LIT] Kaiser 1976 und 1983: Zwei Lesebücher, die die Fallstudie sozusagen rundherum von der Geschichte bis zu Musterbeispielen präsentieren. Flechsig 1991: Der Katalog didaktischer Modelle widmet auch der Fallstudie ein einführendes Kapitel.

32. Entdeckendes Lernen

Verwandt mit der Projektmethode ist das sogenannte entdeckende Lernen. Es zeichnet sich durch hohe Aktivität des Lernenden aus. Der Lernende soll ein Thema, Gebiet, Problem, Phänomen durch motivierte Denkleistungen selbst erschließen. Passives, rezeptives Lernen wird zu umgehen versucht. Zu diesem Zwecke bereitet die Lehrperson mit Vorzug Lernsituationen vor, die
a) Probleme in Form klar definierter Widersprüche oder
b) unscharf definierter Ziele (offene Probleme) enthalten.

Dadurch werden Denktätigkeiten des Lernenden notwendig, wobei er
a) sein bisheriges Wissen aktivieren oder
b) zusätzliche Information in der Lernumwelt suchen und verarbeiten muß.

Das Resultat dieses Lernprozesses sind neue Erkenntnisse (z.B. Regeln), die am Vorwissen anknüpfen und dadurch für den einzelnen Lernenden vor seinem jeweiligen Erfahrungshintergrund sinnvoll werden.

Dieser Sinnbezug des entdeckenden Lernens wurde in verschiedenen pädagogisch-psychologischen Theorien als grundlegend für diese Form des Lernens herausgearbeitet (Bruner

1972; Ausubel 1980). Instruktionspsychologen haben die notwendigen Denkprozesse analysiert. Neuere Analysen stützen sich auf Ergebnisse der Problemlösungs- und Gedächtnisforschung (Neber 1981). Bisherige schulpädagogische Realisierungen finden sich vorwiegend im Grundschulbereich (z.B. Neff 1977).

Häufig wurde der Begriff entdeckendes Lernen auf die Denktätigkeit einzelner Schüler begrenzt. Organisationsaspekte für das entdeckende Lernen in Gruppen und dessen Verlaufssteuerung wurden nur ansatzweise und für Lernerfahrungen mit geringem Komplexitätsgrad entwickelt. Erweiterungen dieses Ansatzes unter schulpädagogischen Gesichtspunkten sind allerdings durchaus möglich und anzustreben.

Vergleich mit der Projektmethode

Das entdeckende Lernen hat mit der Projektmethode gemeinsam, den Lernenden möglichst selbst aktiv werden zu lassen. In der Regel fehlt im entdeckenden Lernen jedoch die Entwicklung des Tätigkeitsgebietes. Der Unterrichtsvorbereiter überlegt sich in der Regel im Alleingang geeignete Lernanreize, die die genannten Diskrepanzen, Probleme oder auffordernden Angebote enthalten. Legitimation und Metainteraktion sind keine Bestandteile entdeckenden Lernens.

[LIT] Neber 1981: Ein umfassender Band, referiert vor allem die psychologischen Grundlagen; Forster 1974: Bringt viele Beispiele für die Schule, weniger systematisch.

Anhang

33. Kleine Nachbetrachtung: Meine Beziehungen zur Projektmethode und zur Entstehung dieser Schrift

Ich glaube, daß ich an vielen Stellen in diesem Buch nicht nur Fachwissen, Praxiserfahrungen und theoretische Konzeptionen, sondern auch persönliche Werterhaltungen und Einschätzungen mitgeteilt habe. Vielleicht aber verlangt ein Buch über die Projektmethode noch mehr von einem Autor. Er müßte wohl etwas über seine Geschichte im Feld der Projektmethode und vor allem etwas über seinen Weg zum Projektbuch berichten. Ich versuche, dieser Erwartung nachzukommen, indem ich im Folgenden notiere, was mir auf die Frage einfällt: Welche Beziehungen habe ich zur Projektmethode und zu diesem Buch?

Guido Harder: Er war Vorstand des Instituts für Unterrichtsfragen und Lehrerfortbildung in Basel. Im Juli 1980 verstarb er, zu einer Zeit, als ich dieses Buch vorbereitete. Ihm verdanke ich viel an Aufmunterung und projektgesinntem Engagement. In seinem Institut habe ich Dutzende von Projekten kennengelernt und mehrere mitmachen dürfen. Ich möchte ihm dieses Buch widmen und damit ein wenig von seinem Geist des zukunftsoffenen Handelns weitertragen.

Erster Versuch: Mein erstes Projekt führte ich 1963 durch. Ich war damals Lehrer in einer vierklassigen Landschule in Sins in der Schweiz. Meine Klasse umfaßte Schüler des 5. bis 8. Schuljahres. Einer der Jungen brachte spontan den Motor eines Grasmähers mit. Wir beschlossen, den Motor auseinanderzunehmen. Bei den entstehenden Gesprächen wußten zwei

Knaben viel mehr über Verdichtung, Leistung und technische Details als ich. Es tat ihnen sichtlich gut. Nur beim Zusammensetzen hatten wir Probleme. Wir mußten einen Mechaniker um Hilfe bitten. Jenes Projekt entsprach sicher noch nicht der Hochform der Projektmethode, wie ich sie inzwischen kenne und hier beschreibe. Dennoch denke ich gerne daran zurück.

Angenehme Gefühle: Meine schönsten Projekterlebnisse verbinden sich mit derselben Schule. Wir erwanderten die Wälder der Umgebung. Es waren zugleich beruhigende und aufregende Entdeckungsreisen. Die Projektinitiativen fielen uns nur so in den Schoß. Inzwischen habe ich gelesen, daß Freinet seine Arbeitswanderungen durch die Provence zu seinen pädagogisch wirkungsvollsten und erlebnisreichsten Unterrichtsstunden zählte. Ich erinnere mich noch genau an die Bibliothek, in der ich Freinets Text gelesen habe; ein eigenartiges Gefühl gemeinsamer Erfahrung und beruflicher Solidarität.

Harte Schule: Es war für mich sehr hart, als mich Karl-Heinz Flechsig und Guido Harder 1972 durch ihren Plan eines zweiwöchigen Werkstattseminars zwangen, meinen früheren Stil der Lehrerfortbildung aufzugeben. Mein Unterrichtsmuster war früher: zuerst Vortrag, dann Diskussion, dann Arbeit an Materialien, die ich mitgebracht hatte; im Werkstattseminar dagegen mußte ich die Lehrerkollegen ein Werk erarbeiten lassen. Inzwischen ist die noch weitergehende Projektmethode mein bevorzugter Ansatz.

Persönliche Bestätigung: Vorträge und Vorlesungen, die ich halte, verschaffen mir direktere Bestätigung als die Betreuung von Projekten. Ich spüre die Wirkung meines Vortrages schneller als meine Tips und Anregungen im Projekt.

Ich ertappte mich in den letzten Jahren einige Male während der Planung von Lehrerfortbildungsveranstaltungen dabei, daß ich wegen dieser Wirkung der Vorlesung vor der Projektmethode den Vorzug geben wollte. Es war nicht ganz leicht, mich an die Tatsache zu gewöhnen, daß die Projektmethode mit sofortigem Feedback und positiver Belohnung sparsam ist. Inzwischen habe ich mich doch darauf eingestellt und die besonderen Belohnungsfrüchte des Projektes genießen gelernt. Ich benötige zum Beispiel viel weniger Vorbereitungszeit. Oft fällt dann zwar eine kleine Nachbereitung an. Diese macht mir aber nicht viel Mühe, da ich meist gebeten werde, etwas schriftlich zusammenzufassen.

Anregende Arbeitsbeziehungen: Die vorliegende Schrift konnte von einem anregenden Ambiente profitieren, nämlich von Arbeiten am IPN, dem Institut für die Pädagogik der Naturwissenschaften in Kiel. Dort haben etwa zur gleichen Zeit drei Kollegen ähnliche Schriften entwickelt: Wolfgang Bürger (nun Hamburg) zum Gruppenunterricht, Manfred Lange zum kommunikativen Lernen mit Materialangeboten und Jürgen Lehmann zu Simulationsstudien.

Bezug zu anderen Arbeiten: Die Projektmethode entspricht als Ansatz zur Entwicklung und Realisierung beabsichtigter Lernsituationen fast idealerweise meinem Versuch zur Allgemeinen Curriculumtheorie. Sie stellt einen Fall der Konkretisierung dar.

Damit verbindet sich mein

Ceterum censeo: Die Methode ist nicht Antwort auf die Frage nach dem »Wie«, nachdem die Antwort auf das »Was« den Inhalt festgelegt hat. So folgt auch die Projektmethode nicht als Methode dem Inhalt, sondern stellt diesen mit her. Die deutsche geisteswissenschaftliche Didaktik ist eine Kulturphilosophie und keine pädagogische Theorie, der es zuerst um die Menschen geht.

Verdankung: Ich habe diese Schrift im wörtlichen Sinne nicht allein geschrieben. Seit mehreren Jahren durfte ich einen intensiven Austausch pflegen. Dabei konnte ich Erfahrungen, Ideen, aber auch Textentwürfe in die Beratung geben. Ich wäre nicht allein auf alle Probleme aufmerksam geworden und hätte auch die Grundlage nicht allein gedanklich durchdringen können. Unvergeßlich bleiben mir die unzähligen Ermahnungen, den Text zu vereinfachen und mittelbar zu machen. So atmet die Entstehung dieses Bandes für mich auch den Geist projektmethodischen Tuns, wo ich zwar in eigener Verantwortung, aber in ständiger Kooperation mit anderen ein kleines Werk zu Ende bringen konnte.

Ich möchte allen für die Mithilfe danken, besonders:

Kurt Aregger, Angela Frey-Eiling, Fritz-Peter Hager, Uwe Hameyer, Rudolf Höhn, Lore Hoffmann, Manfred Lehrke, Hilbert Meyer, Ingrid Moors, Heinz Neber, Peter Nentwig, Werner Nowack, Gerda Schulte-Umberg, Robert Schweingruber, Shlomo Sharan, Sybilla Übelmann-Marelli.

34. AV-Medien mit Beispielen

1. Projektunterricht: Ein Beispiel für produktive Schülerarbeit im Arbeitslehrunterricht der 8. Jahrgangsstufe, Teil I und II
Film: 16 mm; Magnetton, sw Teil I: 27 Min., Teil II: 26 Min.
Inhalt des Filmes: Der Film zeigt lange, z.T. ungeschnittene Passagen von einem Projektunterricht. Die Schüler stellen in einem informell organisierten Klassenunterricht Schalter sowie Lampenbretter her und verkaufen sie. Die Schüler stoßen auf vielfältige Probleme. Der Film enthält kaum konzeptionelle und handlungsanleitende Hinweise
Einsatz des Films: Der Film bietet Anschauungsmaterial, das am besten in kleinen Gruppen zum Beispiel mit Hilfe dieses Buches analysiert wird. Aus der Analyse lassen sich Lehren für eigene Projekte ziehen.
Bezugsquelle: Verleih durch Landes-, Stadt- und Kreisbildstellen, in der Bundesrepublik Deutschland kostenlos. Verkauf (ca. 430,– DM für Teil I, ca. 420,– DM für Teil II) durch das Institut für Film und Bild, Bavaria-Film-Platz 3, D-82031 Grünwald.

2. Das Projekt: Tonbildschau, ca. 20 Min. Dauer
Inhalt und Einsatz: Ganz einfache Einführung in die Projektidee; vom Autor für den Einsatz bei Elternversammlungen in seiner Schulgemeinde in der Nähe von Bern entwikkelt.
Bezugsquelle: Autor und Hersteller R. Schweingruber, Sekundarschule Spiegel, CH-3098 Könitz oder Schulwarte, CH-3000 Bern (gegen Unkostenerstattung).
3. Projektunterricht in der Orientierungsstufe – eine Phänomenenkombination
Film: 16 mm Magnetton; sw ca. 27 Min., mit Beiheft.
Inhalt des Films: Dieses Dokument zeigt fächerübergreifenden Unterricht im Kernbereich der Orientierungsstufe. Der Film stellt die Hinführung zu selbstbestimmtem Lernen in drei Phasen vor: Einführung in die Arbeitsweise, Einübung in individualisiertes Arbeiten und Durchführung von Schülerprojekten. Die Differenzierung nach Schülergruppen steht im Vordergrund. Eine konzeptionelle Verbindung zu diesem Buch besteht nicht.
Einsatz und Ziel: Diese Unterrichtsdokumentation in der Form eines Längsschnittes hat zum Ziel, den Betrachter mit einem fächerübergreifenden, nach Schülerinteressen differenzierten Unterricht im Kernbereich der Orientierungsstufe bekanntzumachen (eigentlich kann mit dem eigenständigen Projektunterricht).
Bezugsquelle: Verleih durch Landes-, Stadt- und Kreisbildstellen, in der Bundesrepublik kostenlos. Verkauf (ca. 270,– DM) durch das Institut für Film und Bild, Bavaria-Film-Platz 3, D-82031 Grünwald.
4. Projekt »Wohnen«: Ein Videoband, sw 45 Min., VCR Sony National U-Matic 1/2«; dazu schriftliches Begleitmaterial: Vorbereitung des Projekts/Protokoll des Projektverlaufs; Arbeiten und Tagebücher der Schüler usw., zwanzig Seiten.
Inhalt des Bandes: Bericht über ein mehrwöchiges Projekt; Schüler des ersten bis dritten Schuljahres, Eltern, Handwerker, Gemeindebehörden und andere arbeiten zusammen.

Das Tätigkeitsgebiet betrifft Planen, Wohnen, Werken, Spracherwerb, Förderung sozialen Lernens u.a. Das Videoband enthält aufklärende Zwischentitel, Hinweise auf Gliederung von Projektabläufen in den einzelnen Phasen. Es ist aus sich heraus eine interessante Einführung in die Projektmethode und paßt sehr gut zur Konzeption dieses Buches. Autoren: S. Portmann, S. Schild, G. Schmid. Bezugsquelle: Ausleihe (gegen Transportkosten), S. Portmann/S. Schild, Kantonales Lehrerseminar, CH-4500 Solothurn.

35. Erstellen von Projektberichten

Es gibt viele Anlässe und Motive, über ein Projekt zu berichten. Vielleicht verlangt die Aufsichtsinstanz nach dem Projekt einen Bericht. Die Lerngruppe möchte wichtige Passagen festhalten, um das nächste Mal nicht wieder von vorne beginnen zu müssen. Im Schulhaus wird eine Projektbank eingerichtet, aus der sich Kollegen Anregungen holen können. Mehrere Klassen oder Gruppen müssen ihre Projekte an verschiedenen Orten nacheinander durchführen, möchten aber Erfahrungen und Ergebnisse nachher vergleichen. Nicht zu vergessen ist die Ausbildung von Trainer/innen, Lehrpersonen, Dozent/innen und Betreuer/innen. Die projektmethodische Kompetenz kann verbessert werden, wenn ein Projekt insgesamt oder in einzelnen Komponenten noch einmal anhand eines Berichtes durchgegangen wird.

Deshalb füge ich im Folgenden ein Schema bei, mit dessen Hilfe Projekte entweder schriftlich, per Videoband oder mittels Film dokumentiert werden können. Das Dokumentationsschema stellt nicht die einzig mögliche Variante dar. Es enthält auch nicht alle Aspekte. Je nach Ablauf, Bereich oder Lokalisierung des Projektes können weitere Gesichtspunkte heraustreten.

Für Trainingszwecke leistet die Videoaufnahme beste Dienste. Die Verwendung kann ähnlich erfolgen wie beim Microteaching. Eine gute Videodokumentation wie diejenige von Portmann und Schild (vgl. Abschnitt 34) setzt allerdings die Beherrschung sowohl des Mediums als auch der Projektmethode voraus.

Gesichtspunkte für die Abfassung von Projektberichten

Projektinitiative K'1	Wie könnte man die Projektinitiative am besten umschreiben? Was ging der Projektinitiative voraus? Wie sah die Situation zur Zeit der Projektinitiative aus? Wurden Maßnahmen getroffen, um Initiativen in Gang zu bringen (brain-storming, Ideenwettbewerb, Wahllisten im Lehrplan usw.)?
Auseinandersetzung mit der Projektinitiative in einem vorher vereinbarten Rahmen K'2	a) Worüber verständigen sich die Teilnehmer/innen? Wie sah der Rahmen, die Vereinbarung aus? – Verfahrensregeln? – Zeitlimit? – Regeln vernünftigen Argumentierens? – Umgang miteinander? – Umgang mit hergestellter und natürlicher Umwelt (Kulturgüter, Zivilisationsgüter, Sachen, formulierte Projektinitiative usw.) – Form der Vereinbarung, der Verständigung? – Verbindlichkeiten? – Unausgesprochener Konsens? – Noch bestehende Verständigung von früheren Projekten? b) Was geschah während der Auseinandersetzung in der Projektinitiative? c) Wie sah die Projektskizze aus? Was enthielt sie? Oder: Warum wurde die Projektinitiative nicht weiter verfolgt?
Gemeinsame Entwicklung des Betätigungsgebietes K'3	Was taten die Teilnehmer/innen, um zu einem Betätigungsplan (Projektplan) zu gelangen? Gliederten die Teilnehmer einige Schwerpunkte auf, um jedem die Möglichkeit zu geben, nach eigenen Wünschen tätig zu werden? Verwendeten die Teilnehmer/innen vorbereitete Schwerpunkte und Anleitungen dazu (z.B. Gruppenleitprogramme)? Setzte das Plenum eine Vorbereitungs- oder Planungsgruppe ein, die Vorschläge unterbreitete? Wie brachten im übrigen die Teilnehmer/innen ihre Betätigungswünsche ein?

Wie ging das vor sich?
Welche Betätigungsbereiche wurden bevorzugt (z.B. handwerklich, körperlich, kommunikativ, intellektuell, erlebnisorientiert, mit Engagement vertreten usw.)?
Welche Rolle spielten die einzelnen Punkte des Verständigungsrahmens am Anfang des Projektes?
Welche Rolle spielte die Projektskizze?
In welcher Form wurde der Betätigungsplan (Projektplan) verfaßt?
Variante 1: Endprodukte mit Charakterisierung der Tätigkeiten, die zum Produkt führen?
Variante 2: Tätigkeitsrollen?
Variante 3: Angabe über Betätigungsumgebung (Geräte, Rohstoffe, Räume usw.)?
Welches waren die Hauptpunkte des Betätigungsplanes?
Auf welche Merkmalsqualitäten, Besonderheiten (sozusagen bildende Merkmale) des Tuns sollte laut Betätigungsplan geachtet werden?

(Verstärkte) Aktivitäten im Betätigungsgebiet K'4

Um welche Tätigkeiten ging es?
– In Untergruppen?
– In Einzelarbeit?
– In verschiedenen Phasen?
Wieweit konnte der Betätigungsplan eingehalten werden?
Welche Probleme kamen vor?
Welche gelungenen Phasen sind berichtenswert?
Welche Betätigungsmerkmale ließen sich besonders gut verwirklichen, wo gab es Schwierigkeiten?

Beendigung durch bewußten Abschluß (1) oder durch Rückkoppeln zur Projektinitiative (2) oder durch Auslaufenlassen (3) K'5

Endet das Projekt durch einen bewußten Abschluß (1)?
– dabei durch ein Produkt? oder
– durch eine bestimmte Qualität (ein bestimmtes Merkmal) des Tuns? oder
– durch einen bewußten Entscheid zum Abbruch?
Endete das Projekt durch Rückkoppeln zur Projektinitiative (2) indem
– die Teilnehmer/innen Rückschau hielten?
– den Verlauf noch einmal durchgingen?
– eine Retrospektive einlegten?
– Manöverkritik übten?
Endet das Projekt durch Auslaufenlassen (3) indem die Projektaktivitäten
– allmählich in Alltagsaktivitäten übergingen?
– im Normalbetrieb aufgingen?
– sich in Aktivitäten nach dem Projekt fortsetzen?
Warum ergab sich im Projekt eine dieser drei Beendigungsformen?
Wie hing sie mit dem Verständigungsrahmen am Anfang mit der Entwicklung des Betätigungsgebietes, mit dem Betätigungsplan, mit der Metainteraktion zusammen?

| Fixpunkt
K'6 | Hinweis: Wenn im Projekt Fixpunkte vorgekommen sind, wird über sie vorteilhafterweise an der entsprechenden Stelle berichtet. Der Fixpunkt ist ja ein Einschub. Die Behandlung ist hier nur aus technischen Gründen an den Schluß gerückt. Dasselbe gilt für die Komponente Metainteraktion. |

Welcher Anlaß führte zu dem Fixpunkt?
Wer tat was beim Fixpunkt?
Welche Auswirkung zeitigte der Fixpunkt?

| Metainteraktion
K'7 | Hinweis: Der Projektbericht wird Metainteraktionen an der jeweiligen Stelle und nicht erst hier am Schluß referieren. |

Welche Anlässe führten zur Metainteraktion?
– Der Verständigungsrahmen am Anfang?
– Die besonderen Betätigungswünsche aus der Komponente »Entwicklung des Betätigungsgebietes«?
– Die Projektskizze?
– Der Betätigungsplan?
– Unerwartete, gelungene Aktivitäten oder Probleme?
– Die verteilte Frageliste zur Metainteraktion?
– Entwickelten Teilnehmer derart interessante und besondere Qualitäten ihres Tuns, daß sie die nochmalige Betrachtung in der Metainteraktion verdienten?
– Was geschah in der Metainteraktion?
– Welche Auswirkungen auf den weiteren Projektverlauf rief die Metainteraktion hervor?

36. Beispielsammlung
(mit einschlägigen Literaturhinweisen)

Vorbemerkung: Dieser Abschnitt referiert Beispiele. Sie entsprechen entweder insgesamt oder zumindest in wichtigen Teilen der Projektmethode. Sie illustrieren projektmethodisches Lernen.

Den Beispielen ist jeweils eine Anzahl einschlägiger, allgemeiner Literatur vorangestellt. Die übrige zitierte Literatur findet sich im Abschnitt 37. Um Kosten zu sparen, erscheinen die bibliographischen Daten aus diesem Abschnitt dort nicht noch einmal.

Dank: Diese Sammlung von Beispielen ist nur dank der Mithilfe, Beratung und Hinweise mehrerer Kollegen zustandegekommen. Mein eigener Erfahrungsbereich deckt nicht alle Institutionen und Fächer ab. Vor allem die folgende Kolleginnen und Kollegen haben mich mit Beispielen für die erste Auflage unterstützt:

W. Bünder, Kiel	L. Huber, Hamburg
H. Sieber, Hannover	R. Freudenstein, Marburg
W. Hug, Freiburg/Br.	K. Stratmann, Burscheid
M. Gronemeyer, Bochum	S. Portmann, Solothurn
H. Tietgens, Frankfurt/M.	H. Gudjons, Hamburg
G. Schrettenbrunner, München	R. Ulshöfer, Tübingen
U. Hameyer, Kiel	M. Witt, Hamburg-Harburg

Die achte Auflage besorgten:

Ulrich Schäfer: Mehrzahl der neuen Publikationen und Beispiele.
Ulrich Heimlich: Sonderschule und Integrationsklassen
Klaus Mie: Naturwissenschaft und Technik

Einladung: Ich bin daran, weitere Projektberichte zu sammeln und diesen Abschnitt künftig noch etwas zu komplettieren. Ich wäre Ihnen deshalb für eine Kopie Ihres Projektberichtes dankbar.

Es wäre von Vorteil, wenn sich die Projektberichte in etwa an den Anhaltspunkten orientierten, die im Abschnitt 35 über das Erstellen von Projektberichten aufgeführt sind (Schema). Ein solches Vorgehen würde die Projekte eher vergleichbar machen. Und vor allem könnten dadurch allmählich noch mehr Erkenntnisse und praktische Vorschläge zu den einzelnen Komponenten zusammenkommen.

Unsere Anschriften

Professor Dr. Karl Frey
ETH-Zentrum TUR 1
Institut für Verhaltenswissenschaft
CH-8092 Zürich

Die Dokumentation bearbeitet:
Ulrich Schäfer
Deutsches Institut für Internationale Pädagogische
Forschung
Schloßstraße 29
D-60486 Frankfurt am Main

a) Vor der Schule (3- bis 5jährige)

Allgemeine Literatur

Colberg-Schrader, H., Krug, M.: Lebensnahes Lernen im Kindergarten.
München: Kösel, 1980.
Hellmich, A. (Hrsg.): Projekte in der Vorschule. Weinheim/Basel: Beltz,
1975.
Kathke, P.: Abenteuer Gestaltung. Hortprojekten auf der Spur. Berlin:
Senatsverwaltung für Jugend und Familie, Landesjugendamt, 1995.
Messner, Ch., Gasser, M. (Hrsg.): Umwelt erfahren – Umwelt bewahren.
Projektarbeit in der Umwelterziehung in Kindergarten und Schule.
Lichtenau: AOL-Verl., Seelze: Kallmeyer, 1994.
Projektorientiert arbeiten: das Leben wieder am Leben lernen. Der
Schweizerische Kindergarten 1988, 78, 4, 10–19.
Textor, M.R.: Projektarbeit im Kindergarten. Planung, Durchführung,
Nachbereitung. Freiburg/Basel/Wien: Herder, 1995.

Einzelne Beispiele

Arbeitsgruppe Vorschulerziehung: Anregungen. III. Didaktische Einhei-
ten im Kindergarten. München: Juventa-Verl., 1976.
Im Kapitel »Pädagogische Anregungen« findet man unter dem Stichwort
»Projekte und Spiele« Berichte und Anregungen zu situationsorientier-
tem Lernen, das oft projektorientiert ist. Die Projekte zeichnen sich

297

durch interessante Formen der Komponente 1 (Projektinitiative) und der Komponente 3 (Entwicklung des Betätigungsgebietes) aus.

Hogrefe, J.: Ein Besuch beim Förster. Spielen und Lernen 1980, 10, 112–114.
Kinder eines Kindergartens in Hannover fanden einen Käfer. Daraus entwickelten sich selbständig weitere Aktivitäten wie Insektensammeln und nach Bestimmungsbüchern suchen, die dazu führten, daß die Kinder auf die Idee kamen, einen Förster an seinem Arbeitsplatz im Wald zu besuchen. Während dieses Besuchs erzählte er ihnen eine ganze Menge. Trotzdem gab es viele Fragen von seiten der Kinder. Bemerkenswert an diesem Projekt ist die Projektinitiative (Komponente 1).

Nordhoff, I.: Wie ist das, wenn man blind ist? Spielen und Lernen 1979, 12, 107–110.
Ausgehend von der Begegnung eines Kindes mit einem Blinden, wurde in einem 14tägigen Projekt in einem Kindergarten das Problem der Blindheit erarbeitet. Mit Kreisgesprächen, Spielen und Vorlesen eines Buches für blinde und sehschwache Kinder und einem Besuch im Kindergarten wurde den Kindern die Problematik nahegebracht.

Nordhoff, I.: Wie sieht's aus bei Euch zu Hause? Spielen und Lernen 1980, 4, 112–115.
Im Abstand von mehreren Wochen besuchten sich die Kinder gegenseitig zu Hause. Jedes Kind war einmal richtig »Gastgeber« für die anderen. Besonders aufschlußreich sind hier die Ansätze zur Komponente 7 (Metainteraktion).

Sander, U., Salehian, F., Wißen, D.: Umwelterziehung. Bericht über zwei praxiserprobte Umweltprojekte für das Vorschulalter. Münster: Umweltamt, 1990.
Das erste hier beschriebene Projekt,»Knud der Baumgeist«, führte mittels einer Leitfigur spielerisch in den Naturraum Wald. In vielfältigen Aktivitäten sowohl im Kindergarten als auch im Wald wurden den Kindern Naturzusammenhänge und deren Bedrohung deutlich. Im zweiten Projekt,»Kinder helfen Max, der Mülltonne«, setzten sich die Kinder mit dem Problem der Vermeidung und Verwertung von Abfällen auseinander. Unter anderem wurde der im Kindergarten anfallende Müll gesammelt und ausgestellt oder zu Musikinstrumenten verarbeitet, es wurde Umweltschutzpapier hergestellt, die Müllabfuhr wurde beobachtet und vieles andere mehr. Beide Projekte wurden mit einem Fest abgeschlossen. Die Mitarbeit der Eltern war ein wesentliches Element der Projektarbeit.

b) Allgemeinbildende Schule (5- bis 16jährige)

Allgemeine Literatur

Die folgenden Bücher haben meist zunächst eine theoretische Einführung (oft mit einer geschichtlichen Übersicht) und bieten dann eine Reihe von Beispielen aus der Praxis. Oft behandeln sie auch andere Bereiche (Gymnasiale Oberstufe, Jugendarbeit, Hochschule) mit; dies gilt auch für die anschließenden Zeitschriftenthemenhefte. Bücher aus den letzten Jahren haben oft handbuchartigen Charakter (HB), d.h. sie bieten keine direkten Erfahrungsberichte, dafür enthalten sie aber viele organisatorische Tips für die Arbeit in Projekten und Projektwochen.

Alix, Chr., Kodron, Chr.: Zusammenarbeiten: gemeinsam lernen. Themenzentrierte Zusammenarbeit zwischen Schulen verschiedener Länder am Beispiel Deutschland-Frankreich. Ein Beitrag zu: dialogischem Austausch, interkultureller Kommunikation, kooperativem Lernen. Bad Honnef: Deutsch-Französisches Jugendwerk, 1988.

Arbeitsgruppe Oberkircher Lehrmittel (Hrsg.): Das AOL-Projekte-Buch. 250 Projekte und Ideen für eine lebendige Schule. Reinbek: Rowohlt, 1992[2].

Bastian, J., Gudjons, H. (Hrsg.): Das Projektbuch. 1. Theorie, Praxisbeispiel, Erfahrungen. Hamburg: Bergmann u. Helbig, 1994[4].

Bastian, J., Gudjons, H. (Hrsg.): Das Projektbuch. 2. Über die Projektwoche hinaus. Projektlernen im Fachunterricht. Hamburg: Bergmann u. Helbig, 1993[2].

Bielefeld, H., Emundts, M.: Lehrgang und Projekt. Zwei Seiten der Medaille »Unterricht«. Heinsberg: Dieck, 1987.

Bunk, H.D.: Zehn Projekte zum Sachunterricht. Frankfurt a.M.: Scriptor, 1990.

Daum, W., Langenbuch, G., Mattern, K., Schnoor, D.: Medienprojekte für die Grundschule. Wie Kinder technische Bilder »erzeugen« und »lesen« lernen. Braunschweig: Westermann, 1993.

Derdak, F.: Die Schulbibliothek als Informationszentrum für den Projektunterricht. Informationen zur Deutschdidaktik 1991, 15, 91–105.

Dittmer, L., Siegfried, D. (Hrsg.): Spurensucher. Ein Praxisbuch für historische Projektarbeit. Weinheim/Basel: Beltz, 1997.

Donath, R.: E-Mail-Projekte im Englischunterricht. Authentische Kommunikation mit englischsprachigen Partnerklassen. Stuttgart/München/Düsseldorf/Leipzig: Klett, 1996.

Duncker, L., Götz, B.: Projekt-Unterricht als Beitrag zur inneren Schulreform. Begründungen, Erfahrungen, Vorschläge über die Durchführung von Projektwochen. Langenau-Ulm: Vaas, 1988[2].

Faulstich, W., Lippert, G. (Hrsg.): Medien in der Schule. Anregungen und Projekte für die Unterrichtspraxis in der Sekundarstufe I und II. Paderborn: Schöningh, 1996.

Flessau, I., Minder, U.: Wissenschaftsorientierter Unterricht als Projektunterricht. Die Realschule 1976, 84, 491–501.

Flössner, W.: Schulische Projekttage. Braunschweig: SL-Verlag, 1992. (HB)

Fritzsche, J., Ivo, H., Kopfermann, TH., Siegle, R.: Projekte im Deutschunterricht. Stuttgart: Klett, 1992.

Geisler, W., Scholz, H., Schwelm, L. (Hrsg.): Projektorientierter Unterricht. Lernen gegen die Schule? Weinheim/Basel: Beltz, 1978[2].

Gidion, J., Rumpf, H., Schweitzer, F. (Hrsg.): Gestalten der Sprache. Deutschunterricht und praktisches Lernen. Weinheim/Basel: Beltz, 1987.

Giest, H.: Projektarbeit. Ansätze für einen fächerübergreifenden Unterricht in der Grundschule. Berlin: Volk und Wissen, 1994.

Gudjons, H.: Handlungsorientiert lehren und lernen. Schüleraktivierung, Selbsttätigkeit, Projektarbeit. Bad Heilbrunn: Klinkhardt, 1997[5].

Hackl, B. (Hrsg.): Miteinander lernen: Interkulturelle Unterrichtsprojekte in der Schulpraxis. Innsbruck: Österreichischer Studienverlag, 1993.

Hänsel, D. (Hrsg.): Handbuch Projektunterricht. Weinheim/Basel: Beltz, 1997.

Hänsel, D. (Hrsg.): Das Projektbuch Grundschule. Weinheim/Basel: Beltz, 1995[5].

Hänsel, D., Müller, H. (Hrsg.): Das Projektbuch Sekundarstufe. Weinheim/Basel: Beltz, 1988.

Heller, A., Semmerling, R. (Hrsg.): Das Prowo-Buch. Leben, Lernen, Arbeiten in Projekten und Projektwochen. Königstein, Ts.: Scriptor, 1984[2].

Hoefs, H.: Offenheit macht Schule. Ein anderer Schulalltag: Bausteine für freies Lernen in Projekten. Mülheim: Verlag an der Ruhr, 1996.

Hölsken, H.G., Sauer, W.W., Schnell, W. (Hrsg.): Projektorientierter Deutschunterricht in der Sekundarstufe I. Stuttgart: Metzler, 1977.

Holtappels, H.G., Kanders, M., Pfeiffer, H.: Projektlernen im Zeitalter neuer Technologien. Jahrbuch der Schulentwicklung 1988, 5, 189–215.

Huth, M.: 77 Fragen und Antworten zum Projektunterricht. Zum besseren Verständnis einer Unterrichtsform. Hamburg: AOL-Verein, 1988.

Huth, M. (Hrsg.): Unterrichtsprojekte konkret. 1. Lichtenau: AOL-Verl., 1988[4]. (HB)

Huth, M. (Hrsg.): Unterrichtsprojekte konkret. 2. Lichtenau: AOL-Verl., 1988[3]. (HB)

Jostes, M., Weber, R.: Projektlernen. Handbuch zum Lernen von Veränderungen in Schule, Jugendgruppen und Basisinitiativen. Köln: Pahl-Rugenstein, 1987. (HB)

Jüdes, U., Frey, K. (Hrsg.): Biologie in Projekten. Beispiele für fachübergreifende, projektorientierte Vorhaben mit Schwerpunkten aus der Biologie. Köln: Aulis, 1997[3].

Jürgens, H.: Warum eigentlich Projektunterricht? Grundsätzliches zu einem inflationär verwendeten Begriff und zur Planung, Durchführung und Auswertung von Projektwochen in der Schule. Oldenburg: Univ., Zentrum für pädagogische Berufspraxis, 1991.

Jürs, G., Tobel, K., Götsch, K.: Projekte an Hamburger Schulen: Anregungen und Hilfen. Hamburg: Didaktisches Zentrum 1990[6]. (HB)

Kaiser, A., Kaiser, J. (Hrsg.): Projektstudium und Projektarbeit in der Schule. Bad Heilbrunn: Klinkhardt, 1977.

Kliebisch, U.W., Sommer, P.: Projekt-Arbeit. Konzeption und Beispiele. Baltmannsweiler: Schneider, 1997.

Klippert, H.: Projektwochen. Arbeitshilfen für Lehrer und Schulkollegen. Weinheim/Basel: Beltz, 1994[3]. (HB)

Koch, J.: Projektwoche konkreter. Lichtenau: Arbeitsgruppe Oberkircher Lehrmittel, 1990[5]. (HB)

Köhler, E.: Projektunterricht. In: Calließ, J., Lob, R.E. (Hrsg.): Handbuch Praxis der Umwelt- und Friedenserziehung. Bd. 2. Düsseldorf: Schwann, 1987, 461–472.

Kohlmann, W.: Projekte im Musikunterricht. Schüler erfinden und gestalten Musik. Weinheim/Basel: Beltz, 1978.

Krause, U.: Zeitschriftenaufsätze zum Thema Projekte im Schulunterricht, 1985–1991. 1. Klassenstufen 1–4; 2. Klassenstufen 5–6; 3. Klassenstufen 7–13. Berlin: Berliner Institut für Lehrerfort- und -weiterbildung und Schulentwicklung, 1993–1995.

Landesinstitut für Schule und Weiterbildung (Soest) (Hrsg.): Projektorientiertes Arbeiten in der Realschule. Handreichung. Soest: Soester Verlagskontor, 1988. (HB)

Landesinstitut für Schule und Weiterbildung (Soest) (Hrsg.): Projektwoche. Eine Hilfe für die Schul- und Unterrichtsorganisation. Soest: Soester Verlagskontor, 1990[8]. (HB)

Landesinstitut Schleswig-Holstein für Praxis und Theorie der Schule (Kronshagen) (Hrsg.): Projekte zur Umwelterziehung. Kiel: Schmidt und Klaunig, 1987. (HB)

Laubis, J.: Vorhaben und Projekt im Unterricht. Ravensburg: Maier, 1976.

Lob, R.E.: Projekt-Unterricht in der Umwelterziehung. In: Informationen. Zentralstelle für Umwelterziehung 1982, 13, 15–29.

Löffler, G.: Projektorientierter Physikunterricht. Köln: Aulis, 1986.

Mayer, Werner G.: Der Sachunterricht. Bd. 1. Anthropologie und Pädagogik. Anthropologische und pädagogische Grundlagen für einen mehrperspektivischen Projektunterricht. Bd. 2. Unterricht und Erziehung. Praktische Anleitungen und Begründungen für einen »Erziehenden« Sachunterricht. Heinsberg: Dieck, 1993 und 1994.

Mie, K., Frey, K. (Hrsg.): Physik in Projekten. Beispiele für fachübergreifende, projektorientierte Vorhaben mit Schwerpunkten aus der Physik. Köln: Aulis, 1996[5].

Münzinger, W. (Hrsg.): Projektorientierter Mathematikunterricht. München (usw.): Urban & Schwarzenberg, 1977.

Münzinger, W., Frey, K. (Hrsg.): Chemie in Projekten. Beispiele für fachübergreifende, projektorientierte Vorhaben mit Schwerpunkten aus der Chemie. Köln: Aulis, 1996[5].

Österreich. Bundesmin. für Unterricht, Kunst und Sport (Hrsg.): Schule gestalten – Projekte. Baden: Grasl, 1988.

Österrreich. Bundesmin. für Unterricht und Kunst (Hrsg.): Grundsatzerlaß zum Projektunterricht mit serviceorientiertem Anhang. Wien: BMUK, 1992 (HB)

Platte, H.K. (Hrsg.): Das Projekt. Theorien, Methoden, Beispiele. Ein Handbuch für die Schulpraxis. Köln: Bachem, 1990.

Pütt, H.: Projektunterricht und Vorhabengestaltung. Essen: Neue Deutsche Schule Verl.-Ges., 1982.

Richter, E.: Erlanger Projekt-Berichte. Projektanimationen für Klassenfahrten und Schullandheimaufenthalte. Für das 3. bis 7. Schuljahr. Heinsberg: Dieck, 1997.

Schweingruber, R.: Das Projekt in der Schule. Ein unterrichtsbegleitendes Arbeitsbuch für Lehrer. Bern: Haupt, 1984[2].

Staatsinstitut für Schulpädagogik (München) (Hrsg.): Empfehlungen zum Projektunterricht in der Hauptschule. München: ISB, 1988. (HB)

Stach, R. (Hrsg.): Projektorientierter Unterricht. Theorie und Praxis. Kastellaun: Henn, 1978.

Struck, P.: Projektunterricht, Stuttgart (usw.): Kohlhammer, 1980.

Tymister, H.-J. (Hrsg.): Projektorientierter Deutschunterricht. Düsseldorf: Schwann, 1975.

Verband Deutscher Schullandheime (Hrsg.): Projektarbeit im Schullandheim. Bd. 1–4. Regensburg: Walhalla u. Praetoria Verl. 1980[2].
1: Geographie; 2: Biologie; 3: Fotografieren, Filmen, Fernseherziehung; 4: Arbeitslehre/Werken.

Warwitz, S., Rudolf, A.: Projektunterricht. Schorndorf: Hofmann, 1977.
Dieses Buch enthält zehn Anleitungen für Projekte im Sport. Die Schüleraktivitäten sind aber z.T. sehr stark vorgeplant.

Weber, H.: Projektgruppen im Religionsunterricht. Grundlegung und Modelle. Heidelberg: Quelle u. Meyer, 1973.

Zeitschriften-Themenhefte bzw. -Themenschwerpunkte:

arbeiten und lernen – Die Arbeitslehre: 6 (1984) 33.
arbeiten und lernen. Technik: 4 (1995) 15.
Beispiele: 9 (1991) 1; 10 (1992) 3.
Berliner LehrerInnenzeitung: 44 (1990) 3.
Bildnerische Erziehung, Werkerziehung, Textiles Gestaltes: (1986) 2.
Bildung und Erziehung: 37 (1984) 1.
Deutschunterricht: 47 (1994) 4.
Diskussion Deutsch: 17 (1986) 87.
Der Erdkundeunterricht: (1981) 39; (1983) 45.
Erziehung und Unterricht: 123 (1973) 7.
Forum Schule Heute: 2 (1988) 5.
Geographie Heute: 10 (1989) 75.
Geographie und Schule: 16 (1994) 92.
Geographische Rundschau. Beiheft: 8 (1978) 4.
Geschichte in Wissenschaft und Unterricht: 38 (1987) 9.
Grundschule: 15 (1983) 8; 17 (1985) 5; 27 (1995) 7–8.
Grundschulmagazin: 10 (1995) 3.
Grundschulunterricht: 40 (1993) 5.
Die Grundschulzeitschrift: 4 (1990) 38.
Hamburg macht Schule: 3 (1991) 2.
HTW-Praxis: 45 (1993) 1.
Kunst und Unterricht: (1994) 181; (1995) 193.
Lehrer-Journal Grundschulmagazin: 3 (1988) 5.
Log in: 3 (1983) 2; 12 (1992) 5/6.
Mitteilungen des Pädagogischen Instituts der Stadt Wien: (1983/84) 6.
Musik und Bildung: 24 (1992) 6.
Naturwissenschaften im Unterricht. Chemie: 2 (1991) 6.
Naturwissenschaften im Unterricht. Physik-Chemie: 31 (1983) 2.
Nürnberger Lehrer-Zeitschrift: (1989) 10.
Pädagogik: 41 (1989) 7/8; 45 (1993) 10.
Pädagogik-Unterricht: 17 (1997) 1.
Physik in der Schule: 29 (1991) 10.
PI-Mitteilungen: (1988/89) 6.
Praxis der Naturwissenschaften. Chemie: 43 (1994) 8.
Praxis Geographie: 22 (1992) 7/8.
Praxis Grundschule: 19 (1995) 4.
Praxis Schule fünf bis zehn: 5 (1994) 4; 6 (1995) 1.
ru: Zeitschrift für die Praxis des Religionsunterrichts: 2 (1973) 3.
Schularbeiten: (1988) 1.
Schullandheim: (1985) 135–136.

Schulpraxis: 64 (1974) 7/8.
Sportpädagogik: 6 (1982) 6.
Unterrichten – Erziehen: 3 (1984) 6.
Unterricht Biologie: 17 (1993) 188.
Die Unterstufe: 38 (1991) 11.
Westermanns Pädagogische Beiträge: 26 (1974) 12; 32 (1980) 3; 34 (1982)
7; 36 (1984) 6.

Einzelne Beispiele

Bastian, H., Bastian, J.: Schüler planen ein Projekt. Westermanns Pädagogische Beiträge 1978, 30, 198–204.
Das Projekt wurde in der 9. Klasse einer Realschule in Kooperation von zwei Fächern durchgeführt. Am Anfang stand der Gedanke, Schüler stärker an der Planung des Unterrichts zu beteiligen. Nach Diskussionen über die Rolle von Lehrern und Schülern und der Phase der Themenfindung, in der 40 Themen von den Schülern vorgeschlagen wurden, kam man schließlich zu den Themen § 218 – Abtreibung, Sterbehilfe und Prostitution. Die Schüler einigten sich dann auf das Thema Abtreibung. Der Bericht illustriert interessante Varianten der Komponenten Projektinitiative, Auseinandersetzung mit der Projektinitiative und zum Teil der Komponente Entwicklung des Betätigungsgebietes.

Bottke, K.S.: Projekt »Wetterfahne«. Technikunterricht in der Hauptschule. arbeiten und lernen 1980, 2, 6, 17–20.
Um die mangelhafte Spielplatzsituation für schulpflichtige Kinder in einer Stadt in Niedersachsen zu verbessern, beschloß die 9. Klasse einer dortigen Hauptschule, einen Spielplatz zu bauen. Nach Befragung von Eltern und Schülern wurden prinzipielle Funktionen eines Spielplatzes ermittelt. Die Schüler gründeten eine Firma namens »Spielplatz-AG«, die den Briefwechsel mit Behörden, die Kalkulationen, Bestellungen und die Abrechnung übernahm. Das Projekt »Wetterfahnen« war ein »Folgeprojekt«, da der Spielplatz nach einiger Zeit Reparaturen notwendig machte und durch Geräte, die vom Wind bewegt werden können, erweitert werden sollte. Etliche Abbildungen geben Einblick in das Vorgehen und die im Unterricht eingesetzten Materialien.

Gaiser, G.: Michael Endes »Die unendliche Geschichte« im projektorientierten Deutschunterricht auf der Unterstufe. Diskussion Deutsch 1985, 16, 599–619.
Die schwachen Inhaltsangaben des Buches innerhalb einer Referatreihe entfachten eine lebhafte Diskussion in einer 7. Gymnasialklasse. Nach

einem Besuch des gleichnamigen Films und dem anschließend in der Klasse vorgenommen Vergleich zwischen Buch und Film beschloß die Klasse,»es besser zu machen« als der Regisseur und einen Video-Film zu drehen. Aus der Erkenntnis heraus, daß die Fachstunden nicht ausreichen würden, wurden von der Klasse andere Fachlehrer zur Teilnahme an dem Projekt gewonnen. Die Ergebnissicherung der einzelnen Arbeitsschritte wurde durch Protokolle vorgenommen. Der fertige Film wurde auf einem Schulfest präsentiert.

Hahne, K., Heidorn, F., Pohlan, I., Wörpel, U.: Thema: Rauchen, Frankfurt a.M.: Hirschgraben-Verlag, 1981.
Das Projekt Rauchen begann, als die Schüler der 7. Klasse in einer Doppelstunde ausführlich über Selbsterfahrung mit Zigarettenrauchen zu berichten begannen und als sie versuchten, mögliche Gründe für das Rauchen aufzuzeigen. Nach der Vorführung eines Anti-Raucher-Films entwickelten die Schüler allerlei Betätigungswünsche. Das Projekt ist sehr typisch für die Komponente Projektinitiative. Aus einer offenen Ausgangssituation heraus äußerten die Schüler eigene Initiativen. Sie wollten vor allem wissen, wie Rauchen auf menschliche Leistung, einzelne Organe, Krankheiten usw. wirkt. Die Lehrer brachten erste Fachantworten ein. Daraus entstanden weitere Informationswünsche, die die Schüler dann in eigenen Arbeitsgruppen selbst zu befriedigen suchten. Die experimentellen Arbeiten und die Literaturrecherchen fanden in den entsprechenden Fachstunden statt. Das Projekt endete mit einem Projekttag, am dem die gesamte Dokumentation vorgestellt wurde. Der Berichtband ist reich bebildert und beschreibt alle Aspekte des Projektes bis hin zu den einzelnen Versuchsanordnungen.

Hauptmann, H.: Europa in der Grundschule. Ein Projekt zum näheren Kennenlernen unseres Kontinents. Unterrichten – Erziehen 1990, 5, 11–17.
In einem dreiwöchigen fächerübergreifenden Projekt mit Schwerpunkt Sachunterricht erarbeiteten Schüler einer 4. Klasse eine Ausstellung. Der Einstieg in das Thema des Projektes ergab sich zufällig im Rahmen eines Unterrichtsgespräches. Es folgte eine etwa einwöchige Vorbereitungsphase bis zur Entscheidung über das Arbeitsziel. Aufgrund ihrer Erfahrungen mit Zeiten Freier Arbeit schränkten die Kinder selbst die tägliche Zeit für Projektarbeit ein. Die Arbeit erfolgte nun in drei Gruppen: Wo wir Europa zu Hause begegnen (5 Kinder), Überblick über Europa (4) und Länder Europas (13). Unter anderem verfaßten die Kinder kleine Bücher, bastelten eine Europakarte und übten Tänze aus anderen Ländern ein, die bei der Ausstellung aufgeführt wurden, für die auch auslän-

dische Gerichte gekocht wurden. – Die Beschreibung des Projektes erfolgt anhand des im vorliegenden Buches entwickelten Komponentenmusters. Besonders interessant sind die Reflexionen des Lehrers über seine eigenen Planungsaufgaben im Vorfeld des Projekts.

Homeier, J.-H.: 9. November 1938. Wie eine Schule in ein Projekt »hineinrutscht«. Geschichte lernen 1991, 4, 23, 46–50.
Die Idee für dieses Projekt eines ganzen Gymnasiums – eine Schulveranstaltung zum 50. Jahrestag der Novemberpogrome – entstand im Verlauf eines üblichen Lehrerzimmergesprächs. Zunächst war den Kollegen aus verschiedenen Fächern gar nicht bewußt, daß dabei ein Projekt herausspringen würde. Nachdem die Idee den Schülern vorgestellt worden war, ergab es sich »ganz von selbst«, daß fächerübergreifend unter Einbezug noch vieler anderer Kollegen gearbeitet wurde und sich die Schüler entschieden an der Planung und Durchführung des Unterrichts beteiligten. Im Detail wird über ein Teilprojekt »Einschränkungen des Alltagslebens der jüdischen Mitbürger« im Geschichtsunterricht einer 10. Klasse berichtet. Für die Schulfeier wurden eine Szene eingeübt, Exponate für eine Ausstellung erstellt und Vorträge erarbeitet. Die Veranstaltung schloß mit einer Szene ab, in der ein Bezug zur aktuellen Ausländerfeindlichkeit hergestellt wurde.

Kirchhoff, R., Roer, W.: Projekt Naturwissenschaften – Fortbewegung. Stuttgart: Klett, 1995, 26-27.
Die Projektwoche hatte das Thema »Fortbewegung in Natur und Technik«. Die Schülerinnen und Schüler begannen mit einem »Ideenigel«, auch »Mindmap« genannt, in den sie alles eintrugen, was sich auf Erden bewegt und ihnen interessant erschien: vom Planeten bis zum U-Boot, von der Rennmaus bis zum Mountainbike und Drachen. Das war mehr, als sie bearbeiten konnten, deshalb grenzten sie das Thema ein. Das neue Thema hieß nun »Fliegen«. Alle schrieben drei Fragen auf, die sie gerne beantwortet haben wollten. Diese Fragen wurden wieder sortiert, für viele ließ sich eine gemeinsame Überschrift finden. Bis zur Projektwoche blieben dann noch acht Wochen Zeit, um Erkundigungen einzuholen und in Bibliotheken nach geeigneten Informationen zu suchen. Danach bildeten sich 6 Gruppen: Flugzeug/Flughafen, Segelfliegen, Papierflieger, Reiseverhalten der Mitschüler in den Ferien, Flugkünste der Tiere, Beruf Stewardeß. Für die Projektwoche wurden zwei Exkursionen organisiert, an denen alle teilnahmen: eine zum Flughafen Köln/Bonn und eine zum Segelflugverein Kamen/Bergkamen. An den anderen Tagen arbeiteten alle in ihren Gruppen an der Beantwortung der aufgeschriebenen Fragen. Zum Abschluß der Projektwoche stellte jede Gruppe ihre Ergebnisse vor, als Wandzeitung, als Vortrag oder als Vorführung (Papierflieger).

Kockerols, K.: Vom gegenseitigen Schulbesuch zur grenzüberschreitenden Projektarbeit. Die Entwicklung der Schulpartnerschaft zwischen der Städtischen Realschule Kleve und der Openbaren MAVO Zevenaar. Bildung und Erziehung 1987, 40, 345–360.
In der grenzübergreifenden, interkulturellen Zusammenarbeit von Schulen nimmt die Projektarbeit einen immer größeren Raum ein. In der ersten Phase der hier geschilderten Arbeit erarbeitete eine 9. Klasse einer niederländischen Schule im Deutschunterricht eine Dokumentation über ihre Schule. Eine 8. Klasse der deutschen Schule tat dasselbe im Niederländischunterricht. Danach trafen sich beide Klassen in Deutschland zur gemeinsamen, dreitägigen Arbeit in gemischtsprachigen Gruppen zu den Themen: Popmusik, Mode, Pantomime und Geschichte der Olympischen Spiele. Über die Ergebnisse der Gruppenarbeit wurde eine Dokumentation erstellt, die in einem Abendprogramm präsentiert wurde. Die gemeinsamen Projekttage wurden ein halbes Jahr später in den Niederlanden wiederholt. Neben der Erweiterung der Fremdsprachenkompetenz war besonders die Bereicherung im sozialen Lernen ein wesentlicher Erfolg der Projektarbeit.

Köglmeier, H.: Asylbewerber im Landkreis Kelheim. Ein Projekt der Klasse 9b der Johann-Turmair-Realschule Abensberg, Bayern. Praxis Geographie 1990, 20, 7–8, S. 28–32.
Die Idee zu diesem fächerübergreifenden Projekt kam von einer Schülerin. Die Klasse beschloß, sich näher mit den Problemen von Asylbewerbern zu beschäftigen. Bevor jedoch ein Kontakt zu den Bewohnern eines Heimes aufgenommen werden konnte, war eine Menge bürokratischer Hindernisse zu überwinden. In der Vorbereitungsphase erstellte die Klasse umfangreiche Fragenkataloge zur Befragung der Asylbewerber, der einheimischen Bevölkerung und der offiziellen Vertreter. Die Ergebnisse der dann an einem Projekttag durchgeführten Befragung wurden in den folgenden Wochen in verschiedene Diagramme, Pläne und Tabellen umgesetzt und auf einer Abschlußveranstaltung in Referaten vorgetragen. Während des gesamten Projektes arbeiteten die Schüler selbständig und nahmen nur vereinzelt die Hilfe der Lehrkräfte in Anspruch. Im folgenden Jahr arbeitete die Klasse erneut zu dem Thema. Ein Teil der von den Schülern erarbeiteten Materialien ist abgedruckt.

Lange, G.: Ein Projekt entsteht. Westermanns Pädagogische Beiträge 1978, 30, 402–410.
In einer 9. Gymnasialklasse entstand ein mehrwöchiges Projekt auf der Suche nach einem Anlaß, sich schreibend mit Erfahrungen über sich selbst auseinanderzusetzen. Der Unterrichtsverlauf wird detailliert be-

schrieben und auch analysiert. In dem Kapitel »Abschließende Bemerkungen« faßt der Autor in neun Punkten seine Erfahrungen mit Projekten zusammen, die wertvolle Hilfestellung bei der Planung von Projekten geben. Der Unterricht selbst ist nicht ohne weiteres nachvollziehbar, doch der Bericht ermutigt zum Projektunterricht.

Meier, U.: Wie wird Schule zur Lebensschule? Das »Projekt Vivi«. Schweizerische Lehrerzeitung 1987, 162, 16, 37–40.
Kinder einer Grundschulklasse wurden durch das Vorlesen einer Geschichte von Konrad Lorenz dazu angeregt, ein Entenei auszubrüten. Anläßlich eines Elternvormittags stellten die Kinder den Projektplan vor und gewannen die Eltern zur Mitarbeit. Zur Vorbereitung suchten die Kinder alle erdenklichen Informationsquellen auf. Dann besorgten sie sich ein Entenei und blieben während der gesamten Brutphase schichtweise bei dem Ei. Dazu organisierten sie Matratzen zum Übernachten in der Schule. Nach dem Ausschlüpfen des Kükens verwandelte sich die Klasse in dessen »Leihmutter«. Den Abschluß des Projekts bildete die Freisetzung der Ente in einem See. Im Rückblick wurde ein Erinnerungsbuch und aus den vorhandenen Filmaufnahmen ein von den Kindern im Sprachunterricht getexteter Film über das Projekt erstellt.

Neuscheler, U.: Juan und Ricardo. Kinder in Chile. Dritte Welt in der Grundschule 1991, 1, 5–11.
In einer 3. Klasse mit 15 Schülern wurde dreieinhalb Wochen lang zur Lage von Kindern in einem von einer faschistischen Diktatur beherrschten Land der Dritten Welt gearbeitet. Die Lehrerin holte im Vorfeld das Einverständnis der Eltern zu diesem im Lehrplan nicht vorgeschriebenen Thema ein. Während des Projekts erarbeiteten die Kinder unter anderem ein »Chile-Buch« mit Gedichten, einem Kinderlied und Texten zu einer Geschichte, die die Kinder druckten, sowie Illustrationen und kopierten Auszügen aus einem Buch, das sie lasen. Eine Exil-Chilenin, die die Klasse besuchte, wurde von den Kindern bewirtet und durch ein Lied und Gedichte bewillkommnet. Zum Abschluß wurden die Eltern eingeladen und über die Ergebnisse des Unterrichtsprojektes informiert.

Salzenberg, M.: »Wir sind zum Hauptbahnhof gefahren«. Lernen vor Ort und in der Schule. Bildungsarbeit mit ausländischen Jugendlichen 1990, 17, 20–37.
Für die meisten Einwandererkinder ist der Hauptbahnhof der Ort, an dem sie zum erstenmal mit ihrer neuen Heimat in Kontakt kommen. Daher lag es nahe, in einem Förderkurs Deutsch als Zweitsprache einer Vorbereitungsklasse den Besuch des Hauptbahnhofs und die Erstellung ei-

nes Fotoberichts darüber zum Thema eines Projektes zu machen. So wurden am Bahnhof nach einer längeren Vorbereitungsphase Fotos und Tonbandaufnahmen gemacht. Danach wurde in der Schule das Bild- und Textheft erstellt und zum Abschluß wurden Überlegungen zur möglichen Weiterarbeit angestellt. Alle Schritte des Projektes waren untrennbar mit Sprachhandlung verknüpft. So konnte in der multikulturellen Lerngruppe der Erwerb deutscher Sprachkenntnisse in einem sinnvollen Kontext von Arbeit in der Schule und vor Ort erfolgen.

Schivelbusch, G., Claussen, C.: Ägypten ohne Lernziele. Kinder machen ihr eigenes Projekt. Grundschule 1988, 20, 5, 24–26.
Ein Urlaubsmitbringsel ihrer Lehrerin aus dem Britischen Museum in London»verzauberte« eine Grundschulklasse. Auf der Suche nach Informationen über Ägypten entwickelten sich die Kinder zu kleinen Forschern. Kunst-, Deutsch- und Sachunterricht wurden in die Projektarbeit einbezogen. Die Kinder organisierten Gruppenarbeit und verlangten schließlich, eine Woche lang»nur Ägypten zu machen«. Während dieser Projektwoche wurden Museen besucht, Vorträge gehalten, Puppen ägyptischer Könige und Königinnen hergestellt und Ägypten-Bücher angefertigt. Den Abschluß bildete ein»Ägyptisches Fest«, bei dem jedes der Kinder sich in eine der Figuren verwandelte, die sie während des Projekts kennengelernt hatten. In diesem Bericht wird besonders deutlich, wie sich die Kinder während der Arbeit im Projekt ständig neue Betätigungsgebiete erschließen.

Schnell, H.: Das Projekt»Rhein-Main-Gebiet« in den Klassen 5 und 6 der Gesamtschule Bockenheim-Süd. Gesamtschule 1971, 3, 4, 34–40.
Die Schüler erarbeiteten 13 Vorschläge (z.B. Verkehrsknotenpunkt Frankfurt, die Markthallen, Verwaltung von Frankfurt) und wählten dann ein Gebiet aus. 70 von 360 Schülern entschieden sich für»Besiedlung durch Römer und Germanen«. Einige Themen fanden kaum Interesse. Der Projektbericht beschreibt zahlreiche Probleme bezüglich Material, Organisation, Problembewußtsein, Motivation, Mitarbeit. Eine Schülerbefragung sollte über den Erfolg Auskunft geben. Zwar gaben rund zwei Drittel der Schüler an, daß sie erheblichen Einfluß auf die Organisation des Unterrichts gehabt hätten, aber nur die Hälfte meinte, ihr Einfluß sei größer gewesen als im normalen Unterricht. Nur ein Drittel gab an, mehr als sonst gearbeitet zu haben. Und fast die Hälfte aller Schüler wollte während des Schuljahres kein zweites Projekt durchführen. Dennoch ist der Projektbericht über die Komponente (1) Projektinitiative und die Komponente (2) über die Auseinandersetzung mit der Projektinitiative aufschlußreich. Der Bericht zeigt überdies die Probleme,

welche die (zu) rasche Einführung eines Projektes im großen Verbund hervorruft.

Sperth, F., Freudenreich, D.: Schüler gestalten miteinander ihre Lernumgebung. LehrerJournal 1984, 52, 413–416.
Weil die Schüler einer 7. Hauptschulklasse ihr ungemütliches Klassenzimmer störte, beschlossen sie, die gesamte Rückwand durch ein großes Bild zu gestalten. Neben der Klärung der künstlerischen Fragen mußte auch die Genehmigung des Vorhabens erreicht werden. Die Schüler schrieben daher Briefe an alle zuständigen Stellen und setzten sich schließlich mit Schulbürokratie und Ämtern direkt auseinander. Nach jeder Verhandlung wurde der Stand der Entwicklung auf einer Planungswandzeitung festgehalten. Zugleich wurde in Gruppenarbeit der Materialbedarf für das Projekt diskutiert und die Mittel beschafft. In Arbeitsteilung (Malen, Einkaufen usw.) wurde dann die Wand erstellt. Die Schüler, die eigentlich nur ihren Raum verschönern wollten, wurden zu Meistern in der Verhandlungstechnik mit Behörden.

Vater, B.: Tea. Ein Forschungsprojekt im Englischunterricht der Hauptschule. Pädagogik 1991, 43, 2, 17–18 und 20–22.
Das achtwöchige Projekt einer 8. Hauptschulklasse entstand aus der Schülerfrage:»Warum trinken Engländer eigentlich Tee?« In der Planungsphase sammelten die Schüler Plakate, Fotos, Sachbücher, Dias und aus London angeforderte englischsprachige Materialien. In der Schulbibliothek wurden eigenständig relevante Informationen herausgesucht. Die wachsende Sammelleidenschaft förderte ein Klima, in dem die Neugier und damit der Forschungsdrang der Schüler geweckt wurden. Während des Projektes wurden gesellschaftliche, historische und wirtschaftliche Zusammenhänge erforscht, und in Experimenten wurde untersucht, warum Tee bitter schmeckt. Sowohl das Fremdsprachenverständnis als auch das Schreiben erfolgte so in einem konkreten und interessegeleiteten Zusammenhang statt – wie bei der Arbeit mit dem Lehrbuch – an Erfahrungen aus zweiter Hand.

c) Sonderschule und Integrationsklassen

Allgemeine Literatur

Bleidick, U., Wacker, M.: Projektunterricht. In: Baier, H., Bleidick, U. (Hrsg.): Handbuch der Lernbehindertendidaktik. Stuttgart (usw.): Kohlhammer, 1983, 183–201. H/14 | 367: A

310

Buchka, M.: Der projektorientierte Unterricht mit Geistigbehinderten. In: Pohl, R. (Hrsg.): Beispiele für die Verwirklichung der »Empfehlungen für den Unterricht in der Schule für Geistigbehinderte (Sonderschule)«. Dortmund: Wulff, 1981, 217–247.

Demmer-Dieckmann, I.: Innere Differenzierung als wesentlicher Aspekt einer integrativen Didaktik. Beispiele aus dem projektorientierten Unterricht einer Integrationsklasse in der Primarstufe. Bremen: Wissenschaftliches Institut für Schulpraxis, 1991.

Feuser, G., Meyer, H.: Zur Projektorientierung. In: Feuser, G., Meyer, H.: Integrativer Unterricht in der Grundschule – Ein Zwischenbericht. Solms-Oberbiel: Jarick Oberbiel, 1987, 39–62.

Heimlich, U.: Projektmethode und offener Unterricht. Potenzen für die integrative Lernförderung. Die Sonderschule 1994, 39, 136–142.

Heimlich, U.: Projektorientierte Lehrerfortbildung für Lehrer an Schulen für Lernbehinderte. Zeitschrift für Heilpädagogik 1992, 43, 35–42.

Heimlich, U.: Wege zum Projektunterricht bei Schülern mit Lernschwierigkeiten. In: Baudisch, W. u.a.: Lernbehinderung und Wege zur differenzierten Förderung. Frankfurt a.M.: Diesterweg, 1993, 58–68.

Heits, H., John, E.: Unterrichtsarbeit an der Schule für Geistigbehinderte. Planung, Durchführung und Analyse. Berlin: Marhold, 1993[2].

Heyer, P.: Projektorientierte Unterrichtsformen. In: Heyer, P., Preuss-Lausitz, U., Zielke, G.: Wohnortnahe Integration. Gemeinsame Erziehung behinderter und nichtbehinderter Kinder in der Grundschule in Berlin. Weinheim/München: Juventa-Verl., 1990, 72–77.

Jaumann, O.: Jedes Kind kann seine Rolle finden – Jedes Kind kann planvoll handeln. Die Bedeutung der Projektmethode für den integrativen Unterricht. Grundschulunterricht 1996, 43, 6, 24 und 49–52.

Jorkowski, R., Prengel, A., Knigge-Tesche, R.: Wir können's ja doch! Projekterfahrungen an der Sonderschule. Solms: Jarick Oberbiel, 1982.

Kornmann, R., Ramisch, B.: Lernen im Abseits. Erfahrungen mit handelndem Unterricht in der Sonderschule für Lernbehinderte. Heidelberg: Schindele, 1984.

Neukäter, H.: Projektunterricht. In: Goetze, H., Neukäter, H. (Hrsg.): Grundlegungsprobleme der Verhaltensgestörtenpädagogik. Berlin: Ed. Marhold, 1989, 613–622.

Projekte (Themenhefte). Lernen konkret 1985, 4, 3, 1–30 und 4, 1–26.

Projektwochen (Themenheft). Lernen konkret 1991, 10, 2, 1–29.

Stein, R.: Technische Berufsausbildung Lernbeeinträchtigter. Pädagogische Konzepte und Organisation. Bad Heilbrunn: Klinkhardt, 1997 (bes. 137–159).

Strecker, B., Wenz, W.: Projektorientierter Unterricht mit behinderten Schülern. In: Calließ, J., Lob, R.E. (Hrsg.): Handbuch Praxis der Umwelt- und Friedenserziehung. Bd. 2. Düsseldorf: Schwann, 1987, 613–621.

Einzelne Beispiele

Hässner, M.:»Is echt stark, aber was lernen wir hier eigentlich?« Rock-Musik mit Verhaltensauffälligen – Ein Projektbericht. Westermanns Pädagogische Beiträge 1981, 33, 255–257.

12 Schüler einer vierten Klasse der Sonderschule für Verhaltensgestörte beschäftigten sich etwa ein halbes Jahr lang mit Rockmusik und traten schließlich mit 12 Musiktiteln mehrfach auf. Teilweise überraschende Verhaltensänderungen bei den Schülern, ein verändertes Schüler-Lehrer-Verhältnis, aber auch die Erfahrung der Grenzen des Lernens in Projekten ohne gleichzeitige Veränderungen der Schulstruktur bilden die eindrucksvollen Projektergebnisse über das Fach Musik hinaus.

Heimlich, U.: Einfälle zu Abfällen. Erfahrungen mit projektorientiertem Lernen in der Schule für Lernbehinderte. Zeitschrift für Heilpädagogik 1987, 38, 765–770.

An einer umweltbezogenen Thematik wird der gemeinsame Lernprozeß von Lehrern und Schülern einer Schule für Lernbehinderte beim Einstieg in projektorientiertes Arbeiten dargestellt. Der Erfahrungsbericht enthält Angaben über die Erprobung projekttypischer Arbeitsformen wie Gruppenarbeit, Plenumsgespräch, Interview und Erkundungsgang und zeigt auf, daß auch in einer Klasse mit lernbehinderten Schülern das Lernen in Projekten möglich ist. Es wird allerdings ebenso deutlich, daß die Schüler dieser Schulform auf spezifische Strukturierungshilfen wie regelmäßige Zusammenkünfte zum Zwecke des Erfahrungsaustausches oder etwa gezielte Anleitungen bei der Dokumentation von Lernprozessen, wie z.B. Projekttagebüchern, angewiesen sind, um erfolgreich und für sie selbst befriedigend in Projekten lernen zu können.

Mentges, R., Schneiders, L., Ulfert, L.: Wir bauen ein Lehmhaus. Lernen konkret 1989, 8, 4, 1–21.

Aufbauend auf einem Lehmbauseminar im Rahmen der Lehrerfortbildung entscheiden sich Kolleginnen und Kollegen einer Schule für Geistigbehinderte für das Jahresprojekt Lehmhausbau. Nach umfangreichen Vorbereitungen mit Materialbeschaffung und Baustellenorganisation wird ein Jahr lang an einem sechseckigen Rundbau gewerkelt. Lehm muß gestampft, Lehmbrote müssen geformt und Mauern gebaut werden. Unter sachkundiger Anleitung werden die Schüler an vielen Arbeiten beteiligt, so daß schließlich beim Lehmhüttenfest die Einweihung erfolgen kann. Eine Lehmhauszeitung, die zur Pausenlektüre der Schüler dient und ein Lehmhauslied, das sich bei der Arbeit entwickelt, zeigen einschließlich weiterer Lernaktivitäten wie Fensterrahmenstreichen und Efeupflanzen im Rückblick auf, wie sehr sinnvolle und handlungsbezogene Aufgaben das Schülerinteresse entfachen und über einen langen Zeitraum wachhalten können.

Moser, R.: Wir planen und gestalten einen Schulgarten – ein Unterrichtsprojekt mit körperbehinderten Schülern. Zeitschrift für Heilpädagogik 1985, 36, 448–452.

Nach ersten Erfahrungen mit der Projektmethode in Mini-Projekten, die sich schwerpunktmäßig mit der Gestaltung von Klassenräumen und Fenstern beschäftigten, nimmt sich eine Klasse körperbehinderter Jugendlicher die Anlage eines Schulgartens vor. Rücksprachen mit Schulleitung und Fachleuten erbringen eine umfangreiche Planung, die in ein mehrjähriges Projekt mündet. Von der Planung der Gartenanlage einschließlich Vermessung und Maßstabzeichnung, über die Vorbereitung des Geländes mit Materialbeschaffung und Maurerarbeiten bis hin zur Bepflanzung reichen die vielfältigen Arbeiten, an denen eine Fülle von Lerninhalten beteiligt sind. Nicht nur die Erreichung des Projektzieles, sondern auch die positiven Effekte auf das Klassenklima und die Arbeit im allgemeinbildenden Unterricht zeigen, welche umfängliche Bedeutung der Projektunterricht auch für körperbehinderte Jugendliche haben kann.

Podlesch, W., Schinnen, M.: Projekte. In: Das Fläming-Modell. Gemeinsamer Unterricht für behinderte und nichtbehinderte Kinder an der Grundschule. Weinheim/Basel: Beltz, 1988, 83–102.

»Feuer«, »Kinder stellen Apfelsaft her« und »Regalbau« sind Beispiele aus der projektbezogenen Arbeit der integrativen Fläming-Grundschule in Berlin. In den detaillierten Projektbeschreibungen wird exemplarisch verdeutlicht, daß die Gemeinsamkeit behinderter und nichtbehinderter Schüler besonders im Projektlernen hergestellt werden kann. Unterschiedliche Fähigkeiten der Schülerinnen und Schüler müssen nicht mehr gegeneinander bewertet werden. Jeder Schüler erhält im Projekt die Chance, seine Stärken und Interessen einzubringen. Auf diese Weise können sich vorhandene Kompetenzen in einer Lerngruppe sinnvoll ergänzen. Die Erfahrungen aus dem Unterrichtsalltag zeigen allerdings auch, daß Schüler mit Lernschwierigkeiten zusätzliche Hilfen beim Erlernen der Projektmethode selbst als Erweiterung ihrer Methoden- und Lernprozeßkompetenz erhalten müssen.

Vaudlet, W.: Ein neuer Anfang in Grolland. Kooperation zwischen einer 1. Klasse einer Sonderschule für geistig Behinderte, einer 1. Grundschulklasse und – zwei Gänsen. Das Gänseprojekt in Grolland. Die Sonderschule 1992, 37, 42–46 und 96–100.

Seit dem Schuljahr 1991/92 arbeitet eine Klasse für geistig behinderte Schüler/innen mit einer Grundschulklasse innerhalb eines Schulgebäudes stundenweise zusammen. Zur Schule gehören auch Agathe und Gustav, zwei Gänse, die zum Thema eines mehrwöchigen Projektes werden. Gänsegeschichten, Märchen, das Lied von den „Gigugaga-Gänsen" und ein Fütterplan stehen am Anfang. Ein wöchentlich wiederkehrender Projekttag und weitere Probestunden für das Gänse-Theater bilden schließlich den Rahmen für eine Vielfalt an Aktivitäten: Ausflüge zu Tierexperten und in den Zoo, kreative Angebote, musikalische Rollenspiele, Filme und handwerkliche Tätigkeiten (Gänsestall, Gänseteich). Abgeschlossen wird das Projekt mit dem Theaterstück „Gänseklein". Zu diesem Zeitpunkt sind Agathe und Gustav jedoch längst ein fester Bestandteil des Schullebens. Nicht zuletzt diese gemeinsamen Projekterfahrungen tragen dazu bei, daß die Schüler/innen in einer öffentlichen Aktion im Jahre 1995 erreichen, daß sie auch nach Beendigung der Grundschulzeit weiter zusammenbleiben und diese Form eines kooperativen Unterrichts fortgesetzt wird.

d) Außerschulische Jugendbildung

Allgemeine Literatur

Breulmann, E. u.a.: Projekte. Ein Werkheft für die Roverstufe in der Deutschen Pfadfinderschaft Sankt Georg. Düsseldorf: Georgs-Verl., 1978.

Brücher, B.: Die Anwendung der Projektmethode in Jugendverbänden. deutsche jugend 1975, 23, 117–123.

Damm, D., Schröder, A.: Projekte und Aktionen in der Jugendarbeit. Weinheim/München: Juventa-Verl., 1987.

Marchlowitz, R.: Projektarbeit in der offenen Kinderarbeit. Dortmund: ABA-Fachverband Offene Arbeit mit Kindern, 1990.

Projekte. (Themenheft). Hessische Jugend, 1976, 28, 5, 3–21.

Pyschik, J.: Die »Produktion« als Methode der Jugendbildungsarbeit. deutsche jugend 1976, 24, 560–564.

Siehe auch Teil b) Jostes/Weber

Einzelne Beispiele

Damm, D.: Projekt Alternativzeitung im kommunalen Raum. deutsche
  jugend 1978, 26, 402–420.
In einer Jugendgruppe entstand bei einem Kneipengespräch die Idee zu
einer Alternativzeitung. Die Jugendlichen gaben sich das Thema und die
Vorgehensweise zur ersten Ausgabe selbst. Ein solcher Anfang ist für die
Projektmethode typisch. Er stellt eine interessante Form der Komponente 1 (Projektinitiative) dar. Nach vielen Interviews, der Kontaktaufnahme mit anderen Alternativen sowie der Erarbeitung auftauchender Probleme aus der Literatur wurde die Zeitung nach zehn Gruppentreffen
fertig. Sie wurde gedruckt und verkaufte sich gut, so daß die Jugendlichen
noch weitere Ausgaben herstellten. Der Autor gibt dem Leser am Ende
des Artikels eine Reihe praktischer Tips für die Folgeprojekte mit.

Damm, D.: Projekte bedürfnisorientierter Jugendarbeit. In: Damm, D.
  (Hrsg.): Die Praxis bedürfnisorientierter Jugendarbeit. Projekte und
  Anregungen. München: Juventa-Verl., 1980, 90–106.
Im dritten Kapitel seines Buches stellt der Autor einige Projekte vor, die
eine Jugendgruppe der Freiwilligen Feuerwehr Diebach mit ihm in der
Zeit zwischen 1975 und 1978 durchgeführt hat. Dies waren ein Projekt
zur Jugendarbeitslosigkeit, ein Buchprojekt über den Alltag und Projekte über alternatives Leben. Besonders hervorzuheben ist das Projekt
»Dorfzeitung«. Die Projektinitiative zur Zeitung stammte von einer anderen Gruppe. Die Diebacher Jugendlichen übernahmen die Idee und
entwickelten das Projekt dann weitgehend allein nach eigenen Vorstellungen. Die Zeitung beschäftigte sich kritisch mit Themen wie Wohnen,
Gastarbeiter und Kinder in Diebach. Damm hält dieses Projekt besonders geeignet für die Jugendarbeit. Deshalb gibt er dazu auch eine Anzahl praktischer Tips. Ein weiterer Abschnitt beschäftigt sich mit der Rolle des Gruppenberaters.

Hafeneger, B.: Ökologieprojekte für die Jugendgruppenarbeit. deutsche
  jugend 1979, 27, 397–398.
Der Hessische Jugendring hat dieses Projekt in mehreren Wochenendse-
minaren mit Jugendlichen und Jugendgruppenleitern durchgeführt. Es
ging vor allem darum, in der »eigenen lokalen Realität« ökologisch pro-
blematische Entwicklungen festzustellen und darüber in der »Öffentlichkeit« zu informieren. Die Jugendlichen forschten zunächst in ihrer Umgebung nach Umweltbelastungen. Sie nahmen Kontakt zu den unmittelbar Betroffenen und den politisch und verwaltungsseitig Verantwortlichen auf. Sie trugen Fakten und Deutungen zusammen, verglichen diese

mit bisherigen Reaktionen auf die Umweltbelastungen und entwickelten Konzepte für mögliche Maßnahmen.

Jacob, U., Peter, D.:»Und wenn die Kinder nicht wollen ...?« Freizeitpädagogik im Kinderheim. Weinheim/Basel: Beltz, 1978.
Neben ausführlichen Reflexionen der Erziehergruppe über ihre Rolle in der Projektarbeit wird eine Vielzahl von Aktivitäten beschrieben u.a. Erkundungen in einer Großstadt, Bau einer Blockhütte, Drehen von Filmen, Vorbereitung eines Zeltlagers. Die einzelnen Projekte wurden von den Kindern in einer »Heimzeitung« dokumentiert.

May, H., Schruth, P.: Wo das Geld ist, geht's lang. Ein Geldprojekt mit arbeitslosen Jugendlichen. päd. extra 1987, 12, 15–18.
In einem Jugendzentrum bereiteten sich 20 jugendliche Langzeitarbeitslose auf den nachträglichen Erwerb des Hauptschulabschlusses vor. Dabei wurde mit Projektarbeit versucht, von den elementaren Alltagsproblemen der Jugendlichen auszugehen, wobei Stadtteilorientierung ein wesentliches Kennzeichen der Arbeit war. Der Einstieg in das Projekt ergab sich, als die Jugendlichen anfingen, bei den Pädagogen Schulden zu machen. Diese hatten es bald satt, als Geldquelle benutzt zu werden, und begannen, zusammen mit den Jugendlichen Ursachenforschung über deren Geldnöte zu betreiben und sie entlastende Geldquellen zu erschließen. Die Jugendlichen errechneten ihr jeweiliges »individuelles Existenzminimum«, es wurde das Thema »Geld und Beziehungen« thematisiert und ein Vertreter einer Sparkasse eingeladen. Schließlich gründete man eine eigene »Bank«. Mit der Zeit erlernten die Jugendlichen die Planung ihrer Ausgaben. Probleme der Arbeit, insbesondere infolge der unterschiedlichen Erwartungen der Pädagogen und der Jugendlichen, werden ausführlich erörtert.

e) Gymnasiale Oberstufe

Allgemeine Literatur

Bockemühl, M., Schubert, A.: Eine andere Art der Prüfung am Ende der Schulzeit. Erziehungskunst 1988, 52, 178–188.
Emer, W., Horst, U., Ohly, P. (Hrsg.): Wie im richtigen Leben ... Projektunterricht für die Sekundarstufe II. Bielefeld: Oberstufen-Kolleg des Landes Nordrhein-Westfalen an der Universität, 1994[2].
Das »Projektbuch Sekundarstufe II«.

Kaufmann, H.B. (Hrsg.): Projektlernen in der gymnasialen Oberstufe. Münster: Comenius-Institut, 1987.

Schnack, J. (Hrsg.): Gymnasiale Oberstufe gestalten. Hamburg: Bergmann und Helbig, 1996.

Schrembs, E.: Projektunterricht und Schulwirklichkeit. In: Hölsken, H.G. u.a. (Hrsg.): Projektorientierter Deutschunterricht in der Sekundarstufe I. Stuttgart: Metzler, 1977, 193–200.

Semmerling, R.: Projektlernen in der gymnasialen Oberstufe mit Fach- und Kursunterricht zu neuen Bildungsmöglichkeiten verbinden. Oldenburg: Univ., Zentrum für pädagogische Berufspraxis, 1987.

Zahlreiche Publikationen aus Abschnitt b), insbesondere Sammelbände und Zeitschriftenthemenhefte, behandeln auch Aspekte der gymnasialen Oberstufe mit.

Einzelne Beispiele

Abel, J.M.: Wir komponieren ein Musical. Dokumentation und Reflexion eines Schülerprojekts. Musik und Bildung 1990, 22, 198–203.
Das hier beschriebene Projekt wurde an fünf Vormittagen mit einer Arbeitsgruppe von 12 Schülern der 10. und 12. Jahrgangsstufe einer Gesamtschule mit gymnasialer Oberstufe durchgeführt. Neben dem Musikunterricht waren Deutsch, Kunst und Sport einbezogen. Von vorneherein war man sich klar, daß das Ergebnis kein fertiges Werk sein konnte, vielmehr war es das Ziel, ein Gesamtkonzept zu entwickeln und einzelne Etappen desselben zu realisieren und dabei Methode und Vorangehen beim Verfassen eines Bühnenstücks, Kompositionspraxis und Stilkunde zu integrieren. Der vom Lehrer vorgeschlagene Titel »Traum eines Schülers« wurde von den Schülern in »Traum eines Lehrers« umgewandelt. Erarbeitung der Projektskizze, Aufstellen des Projektplans und Durchführung sowie Fixpunkte und Metainteraktionen werden detailliert beschrieben. Das Projekt endete mit einem Plenum, bei dem zusammengestellt wurde, was bereits erreicht und was noch zu leisten war. Außerhalb des Projektzusammenhangs wurde dann an dem Musical weitergearbeitet, welches im Rahmen eines Schuljubiläums aufgeführt wurde.

Eschner, J., Wolff, J., Schulz, W.: ASKA – eine Schule spart Energie. Ergebnisse einer Arbeitsgemeinschaft. Kiel: Institut für die Pädagogik der Naturwissenschaften, 1991.
»ASKA« – so nennen die Schülerinnen und Schüler ihre Askanische Oberschule in Berlin-Tempelhof. Als die Schule 1905 errichtet wurde, zählte sie mit ihrem Heizungs- und Belüftungssystem zum Modernsten

damaliger Schulhausarchitektur. Heute ist das Gebäude ein Altbau, in dem geradezu verschwenderisch mit Energie umgegangen wird – ein lohnendes Forschungsobjekt für die Schülerinnen und Schüler der „Energie-Arbeitsgemeinschaft" und ihre beiden Physiklehrer. Seit mehr als fünf Jahren halten sie mit ihren Analysen und Verbesserungsvorschlägen die Schulöffentlichkeit und die Schulverwaltung in Atem. Der Bericht über dieses Projekt zeigt, wie es der Arbeitsgemeinschaft schon im ersten Jahr gelang, 28 600 Liter Heizöl einzusparen. Das bedeutet zum Beispiel, daß pro Jahr 75 Tonnen weniger Kohlenstoffdioxid und 150 Kilogramm weniger Schwefeldioxid in die Luft gelangen. Über das eingesparte Geld kann die Schule leider nicht direkt verfügen, aber weitere Energiesparmaßnahmen werden bewilligt, einschließlich einer zentralen, rechnergesteuerten Regelung der Thermostatventile für einige Räume.

Stehling, J.: Das Zusammenleben von Deutschen und Juden in der Geschichte des Kreises Heilbronn. Geschichte in Wissenschaft und Unterricht 1979, 30, 287–311.

Bei diesem Projekt ging es nicht primär um einen Beitrag zur Lokalgeschichte, sondern um das Ziel, am lokalen Fall Ursachen und Wirkungen des Antisemitismus aufzuklären und damit das Problem von Vorurteilen gegen Minderheiten in der eigenen Gesellschaft bewußt zu machen. Inhaltsaspekte und methodische Schritte zur Aufarbeitung des Themas wurden von den Schülern im Brainstorming gesammelt. Interviews mit ausgesuchten Mitbürgern und Diskussionen mit den Eltern erbrachten eine Basisinformation, die systematisch durch Referate u.ä. erweitert wurde. Dann ermittelten die Schüler in Kleingruppen Informationen über jüdische Bürger, die in Heilbronn gelebt hatten. Nach der Auswertung besuchten sie eine Judengasse in einer Nachbargemeinde und führten Interviews mit Passanten durch. Nach Abschluß des Projekts wurden Auswirkungen auf das Integrationsverhalten der Schüler gegenüber ausländischen Mitbürgern erkennbar. Besonders aufschlußreich sind die Auseinandersetzungen mit der Projektinitiative (Komponente 2 der Projektmethode) und die Beendigung des Projekts (Komponente 5).

Steiner, W.: Was soll ich tun? Schüler forschen im Philosophieunterricht. Pädagogik 1991, 43, 2, 34 und 39–42.

Projektarbeit im Philosophieunterricht gehört zu den absoluten Ausnahmen. Umso interessanter ist das hier vorgestellte Beispiel aus einem Grundkurs der gymnasialen Oberstufe mit 22 Teilnehmern und zwei Wochenstunden, welches das ganze Semester dauerte. Gearbeitet wurde in Gruppen von drei bis sieben Mitarbeitern, die das Thema »Was soll ich tun?« vor allem anhand der Umweltproblematik angingen. Die Rolle des

Lehrers bestand darin, im Bewußtsein der jungen Forscher die Verbindung zur philosophischen Hauptfrage wachzuhalten, wenn sie sich allzusehr in Einzelprobleme zu verlieren schienen. Oft geschah dies informell in Pausen- und Schulhofgesprächen. Auch eine während der Projektarbeit notwendige Klausur wurde dazu eingesetzt, die bisher erarbeiteten Ergebnisse auf die zentrale Frage zurückzuverweisen. Die ursprünglich geplante Präsentation der Arbeitsergebnisse mußte allerdings ausfallen, da man sich bei den vorherigen Schritten zu lange aufgehalten hatte. Dies zeigt deutlich, wie wichtig eine detaillierte Zeitplanung ist. Aufzunehmen ist die Anregung, die während eines längerfristigen Projektes notwendigerweise anfallenden Klassenarbeiten quasi als Fixpunkte zu nutzen.

f) Berufsausbildung

Allgemeine Literatur

Arbeiten und Lernen mit Projekten. (Themenheft). Berufsbildung 1993, 47, 23, 3–30.

Baron, W., Meyer, N.: Projektorientiertes Lernen als Ansatz zur Vermittlung von Handlungskompetenzen in der beruflichen Bildung. Berufsbildung in Wissenschaft und Praxis 1985, 16, 144–149.

Bode, R.: Projektarbeit in der Berufsgrundbildung. technic-didact 1977, 2, 109–114; 1978, 3, 25–28 und 59–64.

Brodersen, M.: Literatur zum Thema »Projektorientiertes Arbeiten in der berufsbezogenen Bildung«. In: Sommer, K.-H. (Hrsg.): Betriebspädagogik in Theorie und Praxis. Esslingen: DEUGRO 1990, 353–391.

Decker, F.: Projekthaftes Lernen am Arbeitsplatz. In: Decker, F.: Aus- und Weiterbildung am Arbeitsplatz. München: Lexika-Verl., 1985, 344–356.

Domann, P., Hahne, K. (Hrsg.): Projektarbeiten und Holzübungsstücke. Eine Sammlung von Ideen für Werkstücke zur beruflichen Bildung im holz- und kunststoffverarbeitenden Handwerk mit Vorlagen zur Leittext-Bearbeitung. Berlin/Wien/Zürich: Beuth, 1994.

Fischbach, D., Notz, G.: Lernprozesse in der beruflichen Bildung. Anwendungen der psychologischen Handlungstheorie auf Berufsbildungsmodelle. Weinheim/Basel: Beltz, 1981.

Fix, W.: Merkmale und Entwicklung der Projektmethode. Berufsbildung in Wissenschaft und Praxis 1984, 13, 81–84.

Friedrichs, G.: Das Projekt im politischen Unterricht. Die Deutsche Berufs- und Fachschule 1964, 60, 834–843.

319

Grundmann, H.: Projektunterricht an berufsbildenden Schulen. Altbekanntes Verfahren für neues Lernen? Winklers Flügelstift 1994, 60, 1, 2–6.

Hahne, K.: Bedeutung und Reichweite der Projektorientierung in der Ausbildung des Handwerks. Berufsbildung in Wissenschaft und Praxis 1993, 22, 5, 3–8.

Kath, F.M. (Hrsg.): Arbeiten mit Projekten. Alsbach: Leuchtturm-Verl., 1980.

Pätzold, G.: Projektorientierung in der beruflichen Bildung. Anspruch auf »Ganzheitlichkeit« des Lehrens und Lernens im Dualen System. In: Harney, K., Pätzold, G. (Hrsg.): Arbeit und Ausbildung, Wissenschaft und Politik. Frankfurt a.M.: Gesellschaft zur Förderung arbeitsorientierter Forschung und Bildung, 1990, 199–222.

Pukas, D.: Projekt- und Lehrgangsunterricht in der beruflichen Bildung. Deutsche Berufs- und Fachschule 1978, 74, 929–939.

Rauner, F.: Projektunterricht – Lernen als Tätigsein einer gemeinsamen Sache wegen. In: Lauer-Ernst, U. u.a.: Medienprojekte in der Berufsbildung. Hannover: Schroedel, 1981, 119–126.

Reisch, R.: Projektausbildung und Leittextmethode. Ein Handbuch für Ausbildung und Beschäftigung. Lübeck: HIBA-Verl., 1990.

Schmidt-Hackenberg, B., Höpke, I.G., Pampus, K., Weissker, D.: Neue Ausbildungsmethoden in der betrieblichen Berufsausbildung. Ergebnisse aus Modellversuchen. Berlin/Bonn: Bundesinstitut für Berufsbildung, 1989.

Schwerpunktthema: Projektunterricht. Österreichische Zeitschrift für Berufspädagogik 1986/87, 1, 3–22.

Wiemann, G.: Didaktische Vorstudie für ein projektorientiertes Handlungsmodell beruflicher Grundbildung (im Berufsfeld Metall): Hannover: Schroedel, 1976[2].

Einzelne Beispiele

Fix, W.: Das Projekt Übungsfirma als didaktisches Konzept in der betrieblichen Ausbildung. Die Deutsche Berufs- und Fachschule 1979, 75, 522–529.

In einer gewerblichen Lehrwerkstatt innerhalb eines Betriebes produzierten die Lehrlinge früher beim Erlernen von Arbeitstechniken eigentlich nur »Schrott« zum Wegwerfen. Durch »Gründung« einer Übungsfirma, die gebrauchsfertige Gegenstände herstellte, wurde dieser Zustand verbessert. Die Jugendlichen planten ihre Produkte bis hin zu Preisliste und bebildertem Katalog und warben unter den Betriebsangehörigen für ihre Erzeugnisse. Fix veröffentlichte einen weiteren Aufsatz über die Übungsfirma unter dem Titel »Projektorientierte Simulation – Variante einer Übungsfirma« in: arbeiten und lernen 1980, 2, 10–10a, 90–92.

Henkel, H.N.: Zum Duschen schon zu heiß! Wassererwärmung durch Sonnenkollektoren. arbeiten und lernen – Die Arbeitslehre 1983, 5, 29, 24–27.
Der Vorschlag des Lehrers, einen Sonnenkollektor zu bauen, wurde von der Klasse begeistert aufgenommen, aber auch sofort hinterfragt. Die Schüler erstellten einen Zeit- und Arbeitsplan und schlossen eine Phase der Informationsbeschaffung an (Fragen der Energiewirtschaft, Funktionen alternativer Energie, Konstruktionsprobleme). Es folgte die Berechnung von Kollektoren und, da sich die Klasse nicht auf ein Modell einigen konnte, wurden in Gruppen verschiedene Kollektoren gebaut. Diese wurden zum Schluß auf dem Schulgelände ausprobiert und Verbesserungsvorschläge erarbeitet.

Rauch, F.: Ein Unterrichtsprojekt zum Thema »Wald«. Erziehung und Unterricht 1992, 142, 159–161.
Das Projekt wurde im 10. Schuljahr an einer privaten Fachschule für wirtschaftliche Berufe mit den Schülerinnen des Wahlpflichtbereichs Naturwissenschaft durchgeführt. Zwei Monate lang wurden die drei Wochenstunden des Faches Biologie und Umweltkunde (geblockt am Nachmittag!) dazu benutzt. Als Einstieg diente eine Wanderung durch einen Waldlehrpfad. In der folgenden Stunde organisierten sich drei Arbeitsgruppen: Waldsterben, Waldpflanzen und Regenwald. Die Arbeit der einzelnen Gruppen wird kurz dargestellt. Daran schließt sich die Wiedergabe von Erfahrungen und Beobachtungen des Lehrers und der Schülerinnen zu den Komplexen Selbständigkeit/Selbsttätigkeit, Gruppenarbeit und Beurteilung an. Die Gesamtbeurteilung des Projektes war Teil der Mitarbeitsnote und setzte sich aus einer Beurteilung durch den Lehrer und der Selbstbeurteilung durch die Schüler zusammen.

g) Hochschule/Universität

Allgemeine Literatur

Ahrens, P.P. u.a.: Positionspapier zum Projektstudium im Rahmen der Studienreformdiskussion. Informationen zur Hochschuldidaktik 1980, 2, 78–82.

Aich, P., Schuller, D. (Hrsg.): Möglichkeit und Grenzen des Projektstudiums. Zum Verhältnis von Wissenschaft und Gesellschaft. Oldenburg: Univ., Zentrum für pädagogische Berufspraxis, 1978.

Bundesassistentenkonferenz (Hrsg.): Materialien zum Projektstudium. Bonn: BAK, 1973.

Dümpelmann, L. (Hrsg.): Sozialpädagogisches Projektstudium. Berichte und Analyse von Versuchen an der Fachhochschule München. Weinheim/Basel: Beltz, 1977.

Ernst, K., Papke, K.: Projektstudium in der Lehrerausbildung – Reformmodell der Vergangenheit? In: Ernst, K. u.a.: Unterrichtswissenschaft – Theorie einer praxisnahen Lehrerausbildung. Königstein, Ts.: Scriptor, 1980, 83–115.

Fichten, W., Jaeckel, K., Stinshoff, R. (Hrsg.): Projektstudium und Praxisbezug. Frankfurt a.M.: Campus, 1978.

Gehrmann, G., Müller, K.D.: Forschendes Lernen als Strategie der Praxisreflexion im Studium der Sozialpädagogik. Dokumentation und Evaluation eines Studienprojekts. Weinheim: DSV, 1992.

Gesamthochschule Kassel, Projektkoordination (Hrsg.): Projektstudium in der Lehrerausbildung der Gesamthochschule Kassel aus der Sicht der Betrofffenen. Hamburg: Arbeitsgemeinschaft für Hochschuldidaktik, 1981.

Göttinger Kollektiv: Lehrerausbildung durch Projektstudium. Reinbek: Rowohlt, 1973.

Hameyer, U.: Pädagogische Projektstudien. Grundschule 1994, 26, 10, 58–61.

Hering, S., Hermanns, H. (Hrsg.): Lernen und Verändern. Zur Theorie und Praxis des Projektstudiums. Hamburg: Arbeitsgemeinschaft für Hochschuldidaktik, 1978.

Interdisziplinäres Zentrum für Hochschuldidaktik der Universität Hamburg (Hrsg.): Projektorientiertes Studium. Bd. 1 und 2. Hamburg: IZHD, 1973 und 1975.

Müller, K.D., Gehrmann, G.: Plädoyer fürs Projektstudium. Die Notwendigkeit eines alten Reformansatzes. Sozial Extra 1987, 12, 34–39.

Neef, W. (Hrsg.): Projektstudium in der Ausbildung von Ingenieuren, Wirtschafts- und Naturwissenschaftl. Alsbach: Leuchtturm-Verl., 1983.

Projektgruppe »Textinterpretation und Unterrichtspraxis«: Projektarbeit als Lernprozeß. Frankfurt a.M.: Suhrkamp, 1974.

Projektstudium Mathematik. Intentionen, Erfahrungen, Kritik. Frankfurt a.M.: Verl. Roter Stern, 1975.

Schmithals, F., Cornwall, M.G. (Hrsg.): Projektstudium in den Naturwissenschaften. Hamburg: Arbeitsgemeinschaft für Hochschuldidaktik, 1978.

Schmitz, I.: Studienbegleitende Projekte – Kritische Situationen zwischen sozialpädagogischer Praxis und universitären Lehrveranstaltungen. Gruppendynamik 1990, 21, 179–189.

Steuber, H., Melcher, H., Schulz, E.J.: Projektarbeit im Studium als »wissenschaftliche Dienstleistung«. Neue Sammlung 1983, 23, 407–423.

Tippelt, R.: Projektstudium. Exemplarisches und handlungsorientiertes Lernen an der Hochschule. München: Kösel, 1979.

Zacharias, W.: Erfahrungen, die zu machen waren: Projektarbeit zwischen Theorie und Praxis. Jahrbuch für Lehrer 1983, 7, 286–300.

Zeitschriften-Themenhefte bzw. -Themenschwerpunkte:

betrifft: erziehung 4 (1971) 9; 6 (1973) 11; 11 (1978) 6.

Erwachsenenbildung an der Freien Universität Berlin: 13 (1979) 20.

Erziehung und Unterricht: 123 (1973) 8.

Nachrichtendienst des Deutschen Vereins für Öffentliche und Private Fürsorge: 55 (1975) 5.

Neue Praxis: 6 (1976) Sonderheft.

päd. extra Sozialarbeit: 2 (1978) 11; 4 (1980) 11.

Sozial Extra: (1988) 6.

Studentische Politik: 5 (1972) 2/3.

Einzelne Beispiele:

Bober, S.: Projektstudium im Fachbereich Ernährung und Hauswirtschaft der Fachhochschule Hamburg. Hauswirtschaft und Wissenschaft 1975, 23, 120–123.

Berichtet wird über ein Projekt »Zentralwäscherei«. Bei dem Besuch einer Wäscherei wurden von den Studenten mehrere Problemkomplexe des Betriebs erkannt und dann in einem integrierten Projekt von Betriebswirtschaftslehre und Arbeitswissenschaft bearbeitet. In drei Arbeitsgruppen wurden nicht nur die fachlichen Fragen behandelt, sondern es fand auch eine regelmäßige und systematische Reflexion der Gruppenprozesse statt. Die Ergebnisse des Projekts wurden der Wäscherei übergeben, die die vorgeschlagenen Verbesserungen in die Praxis umsetzte.

Dierks, M. u.a.: Mit welchem Recht mischen wir uns ein? Gemeinwesenarbeit im Projektstudium. Neue Praxis 1986, 16, 129–136.

Studenten berichten über ihr Projekt einer Ausstellung »Leben im Stadtteil« im Rahmen des Studiums der Sozialpädagogik. Neben dem Studium theoretischer Texte zur Gemeinwesenarbeit und der Durchführung von

Erkundungen gelang es ihnen auch, die Zielgruppe ihrer späteren Berufspraxis in die Arbeit einzubeziehen. Besonders interessant sind die Erfahrungen mit der Organisation der Arbeit in Gruppen.

Kommer, H., Österwitz, I.: Wir machen einen Stadtführer für Behinderte. Westermanns Pädagogische Beiträge 1981, 33, 524–530.
Am Fachbereich Sozialwesen einer Fachhochschule wird zum erstenmal ein Dozent eingestellt, der Rollstuhlfahrer ist. Er macht den Vorschlag, einen Stadtführer für Behinderte zu erstellen. Rasch bilden sich Gruppen, die sich diese Projektanregung zu eigen machen, um Ausbildungsinteressen und praktisches Handeln zu verbinden. Es wird ein zwanzigminütiger Film produziert, in dem dargestellt wird, welche Probleme Behinderte in einer Großstadt haben und wie Nichtbehinderte darauf reagieren. Um dies zu erkunden, »verwandeln« sich einige Studenten selbst in Rollstuhlfahrer. Daneben werden bereits vorliegende Stadtführer analysiert. Theoretische Arbeit und eigene Erfahrungen münden in die Publikation eines Führers für die eigene Stadt. Es wird auch geschildert, wie die Finanzierung der Veröffentlichung organisiert wird, damit die Arbeit nicht an diesem Punkt scheitert.

Lüde, R. von: Selbstorganisiertes Forschen und Lernen am Beispiel eines Stahlkonzerns in der Krise. Hochschulausbildung 1985, 3, 233–243.
In einem wirtschaftswissenschaftlichen Projekt forschten Studenten, Hochschullehrer und Arbeiter eines Stahlwerks zusammen. Diese Zusammenarbeit zwang die Studenten zur Auseinandersetzung mit ihrer gesellschaftlichen Rolle. In Arbeitsgruppen wurden die Forschungsfragestellungen festgelegt und die Vorgehensweise geplant. Im Wechsel von theoretischer Arbeit und Arbeit in der Fabrik wurden Alternativkonzepte zur Arbeitssituation und -organisation in einer strukturschwachen Region erarbeitet.

h) Allgemeiner Bereich der Erwachsenenbildung

Allgemeine Literatur

Dikau, J.: Curriculum und Projektarbeit in der politischen Erwachsenenbildung. Volkshochschule im Westen 1973, 25, 11–14.
Suin de Boutemard, B.: Projektarbeit in Gemeinden. Gelnhausen u.a.: Burckhardthaus-Laetare u.a., 1979.
Werder, L. von: Alltägliche Erwachsenenbildung. Aspekte einer bürgernahen Pädagogik. Weinheim/Basel: Beltz, 1980.

Einzelne Beispiele

Fröhlich, F.-M.: Bürgernahe, zeitgemäße Stadtteilkultur. Volkshochschule im Westen 1980, 32, 17–20.
Aus einem Stadtteil-Bürgerfest entwickelte sich ein Arbeitskreis, der sich die Erforschung des eigenen Stadtteils vornahm. Nach einer Phase wilden Sammelns erarbeitete man Themenblöcke für die weitere Arbeit. Einen ersten Höhepunkt stellte ein Dia-Vortrag dar, der weitere Einwohner zur Mitarbeit animierte. Vorläufiges Ende des Projekts war eine Ausstellung, die von über 10 000 Menschen besucht wurde. Im nächsten Semester fanden sich wieder Initiativen, die weiter an dem Projekt arbeiten wollten, so daß dieses zu einer ständigen Einrichtung wurde. Außerdem war dieses Projekt auch eine hervorragende Werbung für die lokale Volkshochschule.

Goldmann, M., Zimmermann, M.: Erinnerungsarbeit im Stadtteil. Erfahrungen mit einem Projekt der kommunikativen Geschichte. Geschichtsdidaktik 1986, 11, 349–356.
Das »Hochlarmarker Lesebuch« entstand in einem drei Jahre dauernden Oral-History-Projekt an einer Volkshochschule im Ruhrgebiet. Neben 16 Bewohnern eines typischen Bergarbeiterviertels (Durchschnittsalter 60 Jahre) waren drei auswärtige Kursbegleiter, darunter ein professioneller Historiker, beteiligt. Im Zentrum der Arbeit standen die Lebensweise und die Erfahrungen mehrerer Generationen von Bergarbeiterfamilien. Dabei verständigte sich die Gruppe darauf, vor allem das Gewöhnliche und Durchschnittliche zu erforschen und zu dokumentieren. Interessant an der Schilderung ist, wie sich im Verlauf des Projektes die Teilnehmer von ihren Vorurteilen lösten und die Verdrängung unangenehmer und konfliktträchtiger »Tabu«-Themen aufgebrochen wurde. Auch die Beobachtungen zur sozialen Zusammensetzung solcher Geschichtsgruppen und der Gruppenprozesse sind über das spezielle Projekt hinaus von Bedeutung.

Holkebrink, K.: Die »Weber«-Aufführung wurde zu einem Schmuckstück linker Kulturarbeit. päd. extra 1983, 5, 33–36.
Bericht über ein von einem Theaterverein angebotenes Projekt, in dem das Stück »Die Weber« von G. Hauptmann in Zusammenarbeit mit »engagierten Bürgern« aktualisiert und aufgeführt werden sollte. Wichtig ist dieser Bericht, da er vom Scheitern eines Projektes berichtet und viele Prozesse beleuchtet, die in der erwachsenenpädagogischen Projektarbeit falsch laufen können. Besonders wird auf die Rollenverteilung von institutioneller Projekt-»Leitung« und Teilnehmern eingegangen.

i) Berufliche Fort- und Weiterbildung

Allgemeine Literatur

Aregger, K. (Hrsg.): Lehrerfortbildung. Projektionierte Konzepte und neue Bereiche. Weinheim/Basel: Beltz, 1976.

Kammann, B.: Projektarbeit in der Lehrerweiterbildung. arbeiten und lernen – Die Arbeitslehre 1988, 10, 57, 54–57.

Kellermann, P.: Metatheoretische Überlegungen zur Lehrerfortbildung durch Projektarbeit. Prisma 1978, 18, 37–40.

Pädagogisches Institut des Landes Tirol (Innsbruck) (Hrsg.): Werkstatt Schule. Projektarbeit als Lehrerfortbildung. Innsbruck: Inn-Verl., 1981.

Projektmethode in der NC-Weiterbildung. Technische Innovation und Berufliche Bildung 1985, 1, 31–33.

Völkner, J.: Ortsbestimmung: Das Projektseminar. Verwaltung und Fortbildung 1986, 14, 128–147.

Voigt, W.: Didaktik der beruflichen Weiterbildung. 4. Zur Projektmethode. Literatur- und Forschungsreport Weiterbildung 1983, 12, 33–35 und 41.

Wagner, B.: Projektstudium. Zur Intensivierung der Problemorientierung und des Praxisbezugs wirtschaftswissenschaftlicher Aus- und Fortbildung. Betriebswirtschaftliche Forschung und Praxis 1979, 31, 381–391.

Einzelne Beispiele:

Meisel, K. u.a.: Berufliche Bildung Erwachsener in der Krise der Arbeitsgesellschaft. Frankfurt a.M.: Pädagogische Arbeitsstelle, Deutscher Volkshochschul-Verband, 1987.
In Zeiten der Massenarbeitslosigkeit gewinnt die berufliche Qualifizierung einen bedeutenden Stellenwert, wobei heute besonders Kenntnisse auf dem Gebiet neuer Technologien die Wiedereingliederungschancen erhöhen. Da beim Arbeiten mit EDV eine erhöhte Methodenkompetenz gefragt ist, die durch die Projektmethode erheblich besser zu vermitteln ist als durch herkömmliche Lernstrategien, wurden an einer Volkshochschule folgende Projekte durchgeführt: »Umstellung von Geschäftsvorgängen auf EDV«, »Umstellung der Verwaltung einer Firma auf EDV« und »EDV-Übungswerkstatt«. Konzeption der Kurse, Planung, Lernorganisation, Durchführung und Probleme werden (auf S. 61–81 des Buches) ausführlich dargestellt.

Projektarbeit Videoanlage. Ein Erfahrungsbericht aus der Umschulung Kommunikationselektroniker, -in der Fachrichtung Funktechnik. BFZ-Info 1992, 7,1, 2–5.

In einem Berufsförderungszentrum erhielten vier Arbeitsgruppen den Auftrag, jeweils eine Videoüberwachungsanlage für das Gebäude zu entwickeln. Der Einstieg in die Projektarbeit begann mit einer Erwartungsanalyse, die Gruppenaufteilung erfolgte durch Losentscheid. Die Teams starteten mit Begeisterung und vergaßen dabei alle guten Vorsätze zur zielgerichteten Planung. Bald aber merkte man, daß es so nicht weitergehen konnte. Deshalb verständigte man sich in einem Plenumsgespräch darauf, mit der konkreten Arbeit erst anzufangen, wenn jeweils ein kompletter Arbeitsplan erstellt worden sei. Die Projektarbeit dauerte insgesamt 2 Monate. Die positiven wie negativen Erfahrungen sowohl der Ausbilder als auch der Teilnehmer wurden in der Reflexionsphase gründlich herausgearbeitet und werden wiedergegeben. Dadurch ist dieser Bericht auch für Projektarbeit in anderen Bereichen interessant.

37. Übrige Literatur

Dieser Abschnitt enthält die bibliographischen Angaben der zitierten Literatur. Um Platz und Kosten zu sparen, erscheinen Titel aus dem Abschnitt 36 mit der Beispielsammlung und den einschlägigen Literaturhinweisen nicht noch einmal.

Schäfer, U.: Internationale Bibliographie zur Projektmethode in der Erziehung 1895–1982. 2 Bde. Berlin: VWB-Verlag für Wissenschaft und Bildung. 1988. XXXIV, 771 S. (Internationale Bibliographien zur Bildungsforschung. 1)
Diese Bibliographie enthält die Literatur zur Projektmethode für die Zeit bis 1982 aus 40 Ländern.
Band 1 ist der systematisch gegliederte Katalog, der nach Ländern und innerhalb der Ländergruppen weiter nach Bildungsbereichen, dann Fächern und schließlich nach Schulstufen/-jahren gegliedert ist. Somit ist zum Beispiel der Zugriff auf Literatur zur Projektarbeit im Deutschunterricht im 2. Schuljahr möglich. Daneben gibt es die Gruppen Lexikonartikel, Geschichte der Projektmethode, Theorie der Projektmethode, Vergleichsuntersuchungen sowie politische und institutionelle Rahmenbedingungen. Die einzelnen Literaturnachweise sind durch Schlagwörter weiter erschlossen und, was für schnelle Literaturbeschaffung wichtig ist, mit Standortnachweisen versehen.

Band 2 enthält die 7 Register: Schlagwortregister, Personenregister, Körperschaftenregister, Topographisches Register, Chronologisches Register und – besonders wichtig für Praktiker – ein Register mit Nachweisen zu über 2500 einzelnen Projektthemen.

Achtenhagen, F., Menck, P.: Langfristige Curriculumentwicklung und mittelfristige Curriculumforschung. In: Achtenhagen, F., Meyer, H.L. (Hrsg.): Curriculumrevision – Möglichkeiten und Grenzen. München: Kösel, 1971[2], 197–215.

Adams, R.S., Biddle, B.J.: Realities of Teaching: Explorations with Video Tape. New York: Holt, Rinehart & Winston, 1970.

Anderson, J.R., Reder, L.M., Simon, H.A.: Situated Learning and Education. Educational Researcher 1996, 25, 4, 5–11.

Anderson, L.W. (Ed.): International Encyclopedia of Teaching and Teacher Education. Cambridge: Cambridge University Press, 1995[2].

Antons, K.: Praxis der Gruppendynamik. Göttingen: Hogrefe, 1973.

Anweiler, O.: Geschichte der Schule und Pädagogik in Rußland. Wiesbaden: Harrassowitz, 1978[2].

Arbeitsgruppe Bielefelder Soziologen (Hrsg.): Alltagswissen, Interaktion und gesellschaftliche Wirklichkeit. Bd. 1 und 2. Reinbek: Rowohlt, 1973.

Arlt, W., Koerber, B.: Der Berliner Modellversuch zur Integration eines anwendungsorientierten Informationsunterrichts in der Sekundarstufe I. In: Schauer, H., Tauber, M. (Hrsg.): Informatik in der Schule. München/Wien: Oldenbourg, 1980, 82–109.

Ausubel, D.P., Novak, J.D., Hanesian, H.: Psychologie des Unterrichts. Bd. 1 und 2. Weinheim/Basel: Beltz, 1980[2].

Baldus, H.: Die Einführung einer Schulklasse in projektorientiertes Arbeiten. In: Tymister, H.J. (Hrsg.): Projektorientierter Deutschunterricht. Düsseldorf: Schwann, 1975, 55–67.

Bangert-Drowns, R.L., Kulik, J.A., Kulik, C.C.: Effectiveness of Computer-Based Education in Secondary Schools. Journal of Computer-Based Instruction 1985, 12, 59–68.

Bastian, J., Petram, E., Affelt, M., Gessert, R.: Sollen Projekte zensiert werden? Lehrer diskutieren. Westermanns Pädagogische Beiträge 1980, 32, 116–119.

Bastian, J., Gudjons, H. (Moderation:) Streit um den Projektbegriff. Zur Kontroverse über Geschichte und gegenwärtige Bedeutung des Projektbegriffs. Pädagogik 1993, 45, 7/8, 57–73.

Bastian, J., Gudjons, H., Schnack, J., Speth, M. (Hrsg.): Theorie des Projektunterrichts. Hamburg: Bergmann und Helbig, 1997.

Baumert, J., Raschert, H.: Konfliktorte bei der Kooperation von verschiedenen Institutionen des Bildungssystems. In: Frey, K. u.a. (Hrsg.): Curriculum-Handbuch. Bd. 3. München: Piper, 1975, 103–111.

Becker, E., Jungblut, G., Voegelin, L.: Projektorientierung als Strategie der Studienreform. Studentische Politik 1972, 5, 2/3, 3–25.

Becker, G.E.: Durchführung von Unterricht. Handlungsorientierte Didaktik Teil II. Weinheim/Basel: Beltz, 1988[3].

Becker, G.E.: Lehrer lösen Konflikte. Ein Studien- und Übungsbuch. Weinheim/Basel: Beltz, 1985[3].

Becker, G.E.: Planung von Unterricht. Handlungsorientierte Didaktik Teil I. Weinheim/Basel: Beltz, 1989[3].

Bennett, N.: Unterrichtsstil und Schülerleistung. Stuttgart: Klett, 1979.

Ben-Perez, M., Bromme, R. (Eds.): The Nature of Time in Schools. New York: Teachers College Press, 1990.

Berger, P.L., Luckmann, Th.: Die gesellschaftliche Konstruktion der Wirklichkeit. Eine Theorie der Wissenssoziologie. Frankfurt a.M.: Fischer, 1970.

Beyrau, E., Wiegmann, D.: Mit Projektwochen eine Schule entwickeln. Grundschule 1991, 23, 6, 25–27.

Bielefelder Lehrergruppe: Schule kann anders sein. Drei Versuche zu handlungsorientiertem Lernen in der Hauptschule und zur Arbeit im Lehrerteam. Reinbek: Rowohlt, 1979.

Blankertz, H.: Theorien und Modelle der Didaktik. München: Juventa, 1975[5].

Blonskij, P.P.: Die Arbeitsschule. Teil I und II (Original: Trudovaja Škola. Moskva 1919). Paderborn: Schöningh, 1973.

Bloom, B.S. (Hrsg.): Taxonomie von Lernzielen im kognitiven Bereich. Weinheim/Basel: Beltz, 1972.

Boensch, M.: Praktikum, Erkundung und Projekt als Unterrichtsform. Schule aktuell 1968, 19, 473–484.

Boettcher, W., Otto, G., Sitta, H., Tymister, H.J.: Lehrer und Schüler machen Unterricht – Unterrichtsplanung als Sprachlernsituation. München: Urban & Schwarzenberg, 1982[4].

Bohnsack, F.: Erfahrungsqualitäten im Unterricht. John Deweys Begriff »experience« und sein Beitrag zum »praktischen Lernen« in der Muttersprache. In: Gidion, J., Rumpf, H., Schweitzer, F. (Hrsg.): Gestalten der Sprache. Deutschunterricht und praktisches Lernen. Weinheim/Basel: Beltz, 1987, 194–206.

Bohnsack, F.: Erziehung zur Demokratie. John Deweys Pädagogik und ihre Bedeutung für die Reform unserer Schule. Ravensburg: Maier, 1976.

Bolscho, D., Schwarzer, Chr. (Hrsg.): Beurteilen in der Grundschule. München: Urban & Schwarzenberg, 1979.

Bonn, P.: Projekt, Projektorientierter Unterricht, Projektstudium. In: Wulf, Chr. (Hrsg.): Wörterbuch der Erziehung. München/Zürich: Piper, 1989[7], 470–474.

Bonne, L.: Lernpsychologie und Didaktik. Zur Integration der kognitiven Lerntheorie in die Didaktik. Weinheim/Basel: Beltz, 1980[2].

Bossart, K.: Persönlichkeitsmerkmale von Lernzielformulierern. Weinheim/Basel: Beltz, 1975.

Bossing, N.L.: The Project Method. In: Bossing, N.L.: Progressive Methods of Teaching in Secondary Schools. Boston: Houghton Mifflin, 1935, 555–595. (Deutsch: Die Projekt-Methode. In: Geißler, G. (Hrsg.): Das Problem der Unterrichtsmethode. Weinheim/Basel: Beltz 1994[9], 119–143).

Brocher, T.: Gruppendynamik und Erwachsenenbildung. Braunschweig: Westermann, 1967.

Brophy, J.E., Good, T.L.: Teacher-Student-Relationships. New York: Holt, Reinhardt and Winston, 1974.

Bruhn, J., Fritz, R.: Materialien und Bericht zur Einführung von Studenten in ein Ausbildungsprogramm mit einem kontinuierlichen Praxisfeld am Beispiel »Osdorfer Born«. In: Projektorientiertes Studium. Bd. 1. Hamburg: IZHD, 1973, 56–120.

Bruner, J.S.: Entdeckendes Lernen, In: Holtmann, A. (Hrsg.): Das sozialwissenschaftliche Curriculum in der Schule. Opladen: Leske, 1972, 87–101.

Brunner, Th., Hering, S., Zalfen, M.: Zur Theorie und Praxis des Projektstudiums. Auswertung des Kongresses. Kassel: Gesamthochschule, 1976.

Bürger, W.: Teamfähigkeit im Gruppenunterricht. Zur Konkretisierung, Realisierung und Begründung eines Erziehungszieles. Weinheim/Basel: Beltz, 1978.

Burmeister, U.: Leistungsbeurteilung im Projektunterricht. Ein Beispiel aus der gymnasialen Oberstufe. Pädagogik. 1993, 45, 6, 22–24.

Charlton, M., Dauber, H., Preuß, O., Scheilke, Chr.Th.: Innovation im Schulalltag. Reinbek: Rowohlt, 1975.

CIEL-Arbeitsgruppe Reutlingen: Stücke zu einem mehr-perspektivischen Unterricht – Teilcurriculum Schule/Einschulung – Erziehung. Stuttgart: Klett, 1975.

Clark, C.H.: Brainstorming. München: Verl. Moderne Industrie, 1973[3].

Cohen, E.: Sociology and the Classroom: Setting the Conditions for Teacher-Students Interactions. Review of Educational Research 1972, 42, 441–452.

Cohn, R.C.: Von der Psychoanalyse zur themenzentrierten Interaktion. Stuttgart: Klett, 1975.

Cohn, R.C.: Zur Grundlage des themenzentrierten interaktionellen Systems. Gruppendynamik 1974, 5, 150–159.

Collings, E.: An Experiment With a Project Curriculum. New York: Macmillian, 1923. Enthält das »Typhusprojekt«, übersetzt in: Dewey, J., Kilpatrick, W.H.: Der Projekt-Plan – Grundlegung und Praxis. Weimar: Böhlau, 1935, 180–189. Auch abgedruckt in Kaiser, A., Kaiser, F.-J. (Hrsg.): Projektstudium und Projektarbeit in der Schule. Bad Heilbrunn: Klinkhardt, 1977, 178–184.

Conant, J.B.: Harvard Case Histories in Experimental Science. Cambridge/Mass.: Harvard Univ. Press, 1948.

Coombs, P.H.: The World Educational Crisis: A System Analysis. New York: Oxford Univ. Press, 1968.

Coser, L.A.: Theorie sozialer Konflikte. Neuwied/Berlin: Luchterhand, 1972.

Dahms, G.: Nachdenken im Unterricht. Königstein: Scriptor, 1979.

Dahrendorf, R.: Sozialer Konflikt. In: Bernsdorf, W. (Hrsg.): Wörterbuch der Soziologie. Stuttgart: Enke, 1969², 1006–1009.

Derbolav, J.: Pädagogik und Politik. Stuttgart: Kohlhammer, 1975.

Dewey, J.: Democracy and Education. An Introduction to the Philosophy of Education (1916). In: Dewey, J.: The Middle Works. 9. Carbonale, Ill.: Southern Illionis Univ. Pr., 1980, 1–370. (Deutsch: Demokratie und Erziehung. Weinheim: Beltz, 1993⁴).

Dewey, J.: Experience and Education. (1938). In: Dewey, J.: The Later Works. 13. Carbondale, Ill.: Southern Illinois Univ. Pr., 1988, 1–62. (Deutsch: Erfahrung und Erziehung. In: Dewey, J., Handlin, O., Correll, W.: Reform des Erziehungsdenkens. Weinheim: Beltz, 1963, 27–99).

Dewey, J.: How We Think. A Restatement of the Relation of Reflective Thinking to the Educative Process. (1933). In: Dewey, J.: The Later Works. 8. Carbondale, Ill.: Southern Illinois Univ. Pr., 1986, 105–352.

Dewey, J., Kilpatrick, W.H.: Der Projekt-Plan – Grundlegung und Praxis. Hrsg. von Peter Petersen. Weimar: Böhlau, 1935.

Dewey, J.: School and Society. Being Three Lectures. Supplemented by a Statement of the University Elementary School. (1900). In: Dewey, J.: The Middle Works. 1. Carbondale, Ill.: Southern Illinois Univ. Pr., 1976, 1–109. (Deutsch: Schule und öffentliches Leben. Berlin: Walther, 1905).

Dewey, J.: The Way Out of Educational Confusion. (1931). In: Dewey, J.: The Later Works. 6. Carbondale, Ill.: Southern Illinois Univ. Pr., 1985, 75–89. (Deutsch: Der Ausweg aus dem pädagogischen Wirrwar. In: Dewey, J., Kilpatrick, W.H.: Der Projekt-Plan. Weimar: Böhlau, 1935, 85–101).

Dick, L. van: Freie Arbeit, Offener Unterricht, Projektunterricht, Handelnder Unterricht, Praktisches Lernen. Versuch einer Synopse. Pädagogik 1991, 43, 6, 31–34.

Diederich, J.: Allgemeine, fachliche, berufliche Bildung im 10. Schuljahr. In: Gutachten zum 10. Bildungsjahr. Bonn: Bundesminister für Bildung und Wissenschaft. 1979, 51–84.

Diegritz, Th., Rosenbusch, H.S.: Kommunikation zwischen Schülern: Schulpädagogische und linguistische Untersuchung, didaktische Konsequenzen. München: Urban & Schwarzenberg, 1977.

Dilthey, W.: Pädagogik. Geschichte und Grundlinien des Systems (Berliner Vorlesungen 1884 und 1894). In: Dilthey, W.: Gesammelte Schriften. Bd. 9. Stuttgart: Teubner 1974[4].

Drexler, A. (Ed.): The Architecture of the Ecole des Beaux-arts. New York: The Museum of Modern Art, 1977.

Eckert, M., Stratmann, K.: Das Betriebspraktikum. Köln: Aulis, 1978.

Ertmer, P.A., Newby, T.J., MacDougall, M.: Students' Responses and Approaches to Case-Based Instruction. American Educational Research Journal 1996, 33, 719-752.

Eulefeld, G., Bolscho, D., Bürger, W., Horn, K.-H.: Probleme der Wasserverschmutzung. Unterrichtseinheit für eine Kooperation der Fächer Biologie/Geographie/Sozialkunde in den Klassenstufen 9/10. Köln: Aulis, 1979.

Fittkau, B., Müller-Wolf, H.M., Schulz von Thun, F.: Kommunizieren lernen (und umlernen). Braunschweig: Westermann, 1977.

Flammer, A., Perrig-Chiello, P.: Die Not mit der Schulnote: Was wollen wir eigentlich? Bildungsforschung und Bildungspraxis 1979, 1, 39–55.

Flechsig, K.-H., Ritter, U.P.: Einführung zur Kursentwicklung in den Wirtschaftswissenschaften – Konstanzer Werkstattseminar. Göttingen: Universität, Seminar für Hochschuldidaktik der Wirtschaftswissenschaften, 1975.

Flechsig, K.-H.: Kleines Handbuch didaktischer Modelle. Göttingen: Zentrum für Didaktische Studien, 1991[3].

Flechsig, K.-H.: Was ist ein Lernprojekt? In: Flechsig, K.-H., Haller, D. (Hrsg.): Einführung in didaktisches Handeln. Stuttgart: Klett, 1975, 327–352.

Forster, I.: Aktives Lernen. Ravensburg/München: Maier/Ehrenwirth, 1974.

Fraser, B.J., Walberg, H.J., Welch, W.W., Hattie, J.A.: Syntheses of Educational Productivity Research. International Journal of Educational Research 1987, 11, 145–252.

Frey, K.: Curriculum. In: Roth, L. (Hrsg.): Handlexikon zur Erziehungswissenschaft. München: Ehrenwirth, 1976, 76–85.

Frey, K. (Hrsg.): Curriculum-Konferenz: Gebiet Mikroprozessor. Kiel: Institut für die Pädagogik der Naturwissenschaften, 1981.

Frey, K., Lattmann, U.P.: Effekte der Operationalisierung von Lernzielen. Schweizerische Zeitschrift für Psychologie und ihre Anwendungen 1971, 30, 119–127.

Frey, K.: Prozeß und Makrostruktur als grundlegende Elemente curricularer Modelle. In: Adl-Amimi, B., Künzli, R. (Hrsg.): Didaktische Modelle und Unterrichtsplanung. München: Juventa-Verl., 1980, 142–157.

Frey, K.: Rechtfertigung von Bildungsinhalten im elementaren Diskurs. Ein Entwurf für den Bereich der didaktischen Rekonstruktion. In: Künzli, R. (Hrsg.): Curriculumentwicklung – Begründung und Legitimation. München: Kösel, 1975, 103–129.

Frey, K.: Theorien des Curriculums. Weinheim/Basel: Beltz, 1971.

Fridrich, Ch.: Über die Veränderung sozialer Beziehungen im Verlauf eines Projekts. GW-Unterricht 1994, 53, 18–27.

Füglister, P.: Grundsätzliche Überlegungen zur rationalen Argumentation (Eine Arbeitsunterlage). In: Künzli, R. (Hrsg.): Curriculumentwicklung – Begründung und Legitimation. München: Kösel, 1975, 159–170.

Fuhr, R.: Das Werkstattseminar. Entwicklung und Erprobung eines didaktischen Modells zur Fortbildung. Göttingen: Universität, 1978.

Gage, N.L., Berliner, D.C.: Pädagogische Psychologie. Bd. 1: Grundlagen, Konzepte, Ergebnisse. Bd. 2: Lehrmethoden, Bewertung des Lernerfolgs. Weinheim/Basel: Beltz, 1996[5].

Garbers, A., Hicken, R., Kühtz, B., Ziegenspeck, J.: Projektunterricht in der Orientierungsstufe. In: Kaiser, A., Kaiser, F.-J. (Hrsg.): Projektstudium und Projektarbeit in der Schule. Bad Heilbrunn: Klinkhardt, 1977, 203–213.

Garfinkel, H.: Das Alltagswissen über soziale und innerhalb sozialer Strukturen. In: Arbeitsgruppe Bielefelder Soziologen (Hrsg.): Alltagswissen, Interaktion und gesellschaftliche Wirklichkeit. Bd. 1. Reinbek: Rowohlt, 1973, 189–262.

Gatzemeier, M.: Grundsätzliche Überlegungen zur rationalen Argumentation (mit Bezug auf den schulischen Unterricht). In: Künzli, R. (Hrsg.): Curriculumentwicklung – Begründung und Legitimation. München: Kösel, 1975, 147–158.

Gaudig, H. (Hrsg.): Freie Geistige Schularbeit in Theorie und Praxis. Breslau: Hirt, 1922.

Gaudig, H.: Die Schule der Selbsttätigkeit. Hrsg. von L. Müller, Bad Heilbrunn: Klinkhardt, 1969.

Geißler, G. (Hrsg.): Das Problem der Unterrichtsmethode in der pädagogischen Bewegung. Weinheim/Basel: Beltz, 1994[9].

Geist, M., Jungblut, G., Philipp, E.: Projektlernen – Eine Zauberformel? Ansätze zur Qualitätsverbesserung von Schule – Ergebnisse einer Schülerbefragung. Die Deutsche Schule 1986, 78, 306–316.

Glass, G.V., McGaw, B., Smith, M.L.: Meta-analysis in Social Research. Beverly Hills: Sage, 1981.

Götsch, K.: Offene Lernprozesse bewerten? Pädagogik 1990, 42, 6, 26–30.

Gordon, Th.: Lehrer-Schüler-Konferenz. Hamburg: Hoffmann & Campe. 1977.

Grawe, K. u.a.: Psychotherapie im Wandel. Von der Konfession zur Profession. Göttingen: Hogrefe, 1994.

Grell, J.: Techniken des Lehrerverhaltens. Weinheim/Basel: Beltz, 1989[12.]

Grupe, H.: Gesunde und kranke Landschaft. Hannover: Schroedel, 1964.

Gruschka, A., DiChio, V., Schlicht, H.-J., Peschka, A.: Forschungsprojekt: Doppelqualifizierender Bildungsgang Erzieher – allgemeine Hochschulreife/Fachhochschulreife. Evaluationsstudie. Bericht Nr. 2: Erläuterungen zum Forschungsdesign und ersten Arbeitsbericht. Münster: Wissenschaftliche Begleitung Kollegstufe Nordrhein-Westfalen, 1979.

Gumpertz, J.J.: Sprache, lokale Kultur und soziale Identität. Düsseldorf: Schwann, 1975.

Haase, O.: Gesamtunterricht, Training, Vorhaben – drei Elementarformen des Volksschulunterrichts. Die Volksschule 1932, 28, 727–733.

Hackl, B.: Projektunterricht in der Praxis. Utopien, Frustrationen, Lösungswege. Ein Arbeitsbericht. Innsbruck: Österreichischer Studienverlag, 1994.

Hage, K. u.a.: Das Methoden-Repertoire von Lehrern. Eine Untersuchung zum Unterrichtsalltag in der Sekundarstufe I. Opladen: Leske u. Budrich, 1985.

Hager, H., Munshower, S.S. (Eds.): Projects and Monuments in the Period of the Roman Baroque. University Park: Pennsylvania State University, 1984.

Hahne, K., Schäfer, U.: Geschichte des Projektunterrichts in Deutschland nach 1945. In: Bastian, J. u.a. (Hrsg.): Theorie des Projektunterrichts. Hamburg: Bergmann und Helbig, 1997, 89–107.

Hameyer, U.: Innovationsprozesse. Analysenmodell und Fallstudien zum sozialen Konflikt in der Curriculumrevision. Weinheim/Basel: Beltz, 1978.

Handschuh, F.: Bericht über eine Expedition. Frankfurt a.M.: Deutscher Volkshochschulverband, Pädagogische Arbeitsstelle, 1980.

Harlen, W.: Science 5–13: A Formative Evaluation. London: Macmillan, 1975.

Hattie, J. et al.: Adventure Education and Outward Bound. Out-of-Class Experiences that Make a Lasting Difference. Review of Educational Research 1997, 67, 43–87.

Hauge, T.E.: Open Plan Education and Teacher Qualification. In: Nissen, G., Teschner, W.-P., Takala, S., Haft, H. (Hrsg.): Curriculum Change Through Qualification and Requalification of Teachers. 2nd Scandinavian German Workshop on Curriculum Research and Development. Lisse: Swets & Zeitlinger, 1981, 135–150.

Heidorn, F.: Reformruine Projektunterricht. Über die Fragwürdigkeit eines didaktischen Modebegriffs. In: Kremer, A., Stäudel, L. (Hrsg.): Praktisches Lernen im naturwissenschaftlichen Unterricht. Marburg: Redaktionsgemeinschaft Soznat, 1987, 55–74.

Heinze-Prause, R., Heinze, Th.: Lehrer und Schüler erforschen ihr Verhalten bei Disziplinproblemen. In: Garlichs, A., Groddeck, N. (Hrsg.): Erfahrungsoffener Unterricht. Freiburg: Herder, 1978, 67–80.

Helfrich, H.-G.: Projektorientierter Sprachunterricht als fächerübergreifendes Prinzip – 6. Schuljahr.»Gesundheitsgefährdung durch Goldhamster«. In: Tymister, H.-J. (Hrsg.): Projektorientierter Deutschunterricht. Düsseldorf: Schwann, 1975, 93–106.

Hentig, H. von: Schule als Erfahrungsraum? Eine Übung im Konkretisieren einer pädagogischen Idee. Stuttgart: Klett, 1973.

Hentig, H. von: Systemzwang und Selbstbestimmung. Stuttgart: Klett, 1968.

Hiller, G.G.: Konstruktive Didaktik. Düsseldorf: Schwann, 1973.

Hiller, G.G.: Zur Konzeptualisierung eines die Naturwissenschaften integrierenden Curriculum Sekundarstufe I: Prämissen – Entwurf – Erläuterungen. In: Frey, K., Häußler, P. (Hrsg.): Integrierte Curriculum Naturwissenschaft: Theoretische Grundlagen und Ansätze. Weinheim/Basel: Beltz, 1973.

Hinrichs, W.: Das Vorhaben in Geschichte und Gegenwart. In: Twellmann, W. (Hrsg.): Handbuch Schule und Unterricht. Bd. 4,1. Düsseldorf: Schwann, 1981, 629–649.

Höhn, K.-R.: Schule und Alltag. Weinheim/Basel: Beltz, 1980.

Hofer, M.: Familienbeziehungen. Göttingen: Hogrefe, 1992.

Hofer, M.: Die Schülerpersönlichkeit im Urteil des Lehrers. Weinheim/Basel: Beltz, 1969.

Hoffmann, L., Kattmann, U., Lucht, H., Spada, H.: Materialien zum Unterrichtsversuch: Kernkraftwerke in der Einstellung von Jugendlichen. Kiel: Institut für Pädagogik der Naturwissenschaften, 1975.

Holmes, L.E.: The Kremlin and the Schoolhouse. Reforming Education in Soviet Russia, 1917–1931. Bloomington: Indiana University Press, 1991.

Horn, E.: Distribution of Opportunity for Participation among the Various Pupils in Class-Room Recitations. New York: Columbia University, Teachers College, 1914.

Huschke, P.: Wochenplan-Unterricht. Weinheim/Basel: Beltz, 1995.

Huth, M.: Welche Möglichkeiten bietet projektorientierter Unterricht für die Entfaltung der sprachlichen Fähigkeiten migranter SchülerInnen? Info DaF 1993, 20, 414–427.

Illich, I.: The Alternative to Schooling. In: Krause, H.-J., Neugebauer, E., Sislian, J.H., Wittern, J. (Hrsg.): Orientierungspunkte internationaler Erziehung. Hamburg: Stiftung Europa-Kolleg, 1973, 81–96.

Johnson, D., Johnson, R.: Learning Together and Alone. Englewood Cliffs: Prentice Hall, 1975.

Junker, H.: Konfliktberatung in der Schule. München: Kösel, 1976.

Kaiser, F.-J.: Entscheidungstraining. Bad Heilbrunn: Klinkhardt, 1976[2].

Kaiser, F.-J. (Hrsg.): Die Fallstudie. Theorie und Praxis der Fallstudiendidaktik. Bad Heilbrunn: Klinkhardt, 1983.

Kambartel, F.: Die Integration der Naturwissenschaften auf der Grundlage ihrer theorienbildenden Methoden I: Der methodische Aufbau der Naturwissenschaft und sein Zusammenhang mit der lebensweltlichen Praxis. In: Frey, K., Häußler, P. (Hrsg.): Integriertes Curriculum Naturwissenschaft: Theoretische Grundlagen und Ansätze. Weinheim/Basel: Beltz, 1973, 101–116.

Kamlah, W., Lorenzen, P.: Logische Propädeutik oder Vorschule des vernünftigen Redens. Mannheim/Wien/Zürich: Bibliographisches Institut, 1967.

Karsen, F.: Sinn und Gestalt der Arbeitsschule. In: Grimme, A. (Hrsg.): Wesen und Wege der Schulreform. Berlin: Weidemann, 1930, 100–119.

Katz, L.G., Chard, S.C.: Engaging Children's Minds: The Project Approach. Norwood: Ablex, 1989.

Kerschensteiner, G.: Die Schule der Zukunft eine Arbeitsschule. Festrede zur Pestalozzifeier am 12. Januar 1908 in der Peterskirche zu Zürich (1908). In: Kerschensteiner, G.: Ausgewählte pädagogische Schriften. Bd. 2: Texte zum pädagogischen Begriff der Arbeit und zur Arbeitsschule. Paderborn: Schöningh, 1968, 26–38.

Kilpatrick, W.H.: Foundations of Method. Informal Talks on Teaching. New York: Macmillan, 1925.

Kilpatrick, W.H.: The Project Method. Teachers College Record 1918, 19, 319–335. (Deutsch: Die Projekt-Methode. Die Anwendung des zweckvollen Handelns im pädagogischen Prozeß. In: Dewey, J., Kilpatrick, W.H.: Der Projekt-Plan – Grundlegung und Praxis. Weimar: Böhlau, 1935, 161–179).

Kissler, L.: Partizipation als Lernprozeß. Basisdemokratische Qualifizierung im Betrieb. Frankfurt a.M./New York: Campus, 1980.

Klafki, W.: Studien zur Bildungstheorie und Didaktik. Weinheim/Basel: Beltz, 1969[8/9].

Klare, Th., Krope, P.: Verständigung über Alltagsnormen. München/Wien/Baltimore: Urban & Schwarzenberg, 1977.

Klauer, K.-J. (Hrsg.): Handbuch der Pädagogischen Diagnostik. Düsseldorf: Schwann, 1978.

Klauer, K.-J.: Methodik der Lehrzieldefinition und Lehrstoffanalyse. Düsseldorf: Schwann, 1974.

Klink, J.-G.: Lehrerausbildung an der Universität Bremen. Eine Zwischenbilanz 1975. Bremer Lehrerzeitung 1975, 11, 219–223.

Klopfer, L.E.: History of Science Case (HOSC). Chicago: Science Research Association, 1964.

Knab, D.: Möglichkeiten und Grenzen eines Beitrags der Curriculum-Forschung zur Entwicklung von Bildungsplänen. In: Reform von Bildungsplänen. Frankfurt a.M./Berlin/Bonn: Diesterweg, 1969, 26–40.

Knapp, A.: Evaluation von Gruppenarbeit. Wiesbaden: Akademische Verlagsgesellschaft, 1978.

Knoll, M.: Abschied von einer Fiktion. Ellsworth Collings und das »Typhusprojekt«. Neue Sammlung 1992, 32, S. 571–587.

Knoll, M.: Europa – nicht Amerika. Zum Ursprung der Projektmethode in der Pädagogik, 1702–1875. Pädagogische Rundschau 1991, 45, 41–58.

Knoll, M.: John Dewey und die Projektmethode. Zur Aufklärung eines Mißverständnisses. Bildung und Erziehung 1992, 45, 89–108.

Knoll, M.: Lernen durch praktisches Problemlösen – Die Projektmethode in den USA, 1860–1915. Zeitschrift für Internationale Erziehungs- und Sozialwissenschaftliche Forschung 1991, 8, 103–127.

Knoll, M.: »Niemand weiß heute, was ein Projekt ist«. Die Projektmethode in den Vereinigten Staaten, 1910–1920. Vierteljahrsschrift für Wissenschaftliche Pädagogik 1991, 67, 45–63.

Knoll, M.: Die Projektmethode. Ihre Entstehung und Rezeption. Zum 75. Jahrestag des Aufsatzes von William H. Kilpatrick. Pädagogik und Schulalltag 1993, 48, 338–351.

Koerber, B.: Leistungsmessung bei der Projektarbeit im Informatikunterricht. Log in 1986, 6, 4, 20–23.

Koerber, B.: Möglichkeiten und Probleme eines projektorientierten Informatikunterrichts in der Sekundarstufe I. Paderborn: Forschungs- und Entwicklungszentrum für objektivierte Lehr- und Lernverfahren, 1978.

Komleitner, R.: Die Methode des Gruppenunterrichts und ihre Auswirkung auf die Schülerleistung. Wien: Verl. Notring, 1972.

Koskenniemi, M., Komulainen, E., Kasanen, P.: The DPA Project. In: Koskenniemi, M., Komulainen, E. (Eds.): Research in Teaching. Helsinki: Institute of Education, 1978, 1–74.

Kost, F.: Projektunterricht und »Kritische Didaktik«. In: Moser, H. (Hrsg.): Probleme der Unterrichtsmethodik. Kronberg: Athenäum-Verl., 1977, 133–162.

Krauth, G.: Leben, Arbeit und Projekt: eine konzeptionsgeschichtliche und vergleichende Studie über die gesellschaftliche, pädagogische und didaktische Bedeutung der Projektidee in reformpädagogischen Bewegungen. Frankfurt a.M./Bern/New York: Lang, 1985.

Kreft, J.: Entschultes Lernen durch Projekte? Zur Kritik der Projekt-Methode. Westermanns Pädagogische Beiträge 1974, 26, 680–694.

Kroeger, M.: Themenzentrierte Seelsorge. Stuttgart: Kohlhammer, 1976.

Krumm, V.: Wirtschaftslehreunterricht. Stuttgart: Klett, 1973.

Künzli, R.: Begründung und Rechtfertigung als Anspruch curricularer Planung. In: Künzli, R. (Hrsg.): Curriculumentwicklung – Begründung und Legitimation. München: Kösel, 1975, 9–25.

Kulik, J.A., Bangert, R.L., Williams, W.G.: Effects of Computer-Based Teaching on Secondary School Students. Journal of Educational Psychology 1983, 75, 19–26.

Langer, I., Schulz von Thun, F.: Messung komplexer Merkmale in Psychologie und Pädagogik. München: Reinhardt, 1974.

Lassahn, R.: Hermann Lietz – Leben und Werk, Schulreform durch Neugründung. In: Lietz, H.: Ausgewählte Pädagogische Schriften. Besorgt von R. Lassahn. Paderborn: Schöningh, 1970, 180–189.

Lazarowitz, R., Hertz-Lazarowitz, R., Baird, J.H.: Learning Science in a Cooperative Setting. Academic Achievement and Affective Outcomes. Journal of Research in Science Teaching 1994, 31, 1121–1131.

Leroy, G.: Projektorientierter Deutschunterricht durch Lehramtsanwärter? – 4. Schuljahr: »Fußballtore«. In: Tymister, H.J. (Hrsg.): Projektorientierter Deutschunterricht. Düsseldorf: Schwann, 1975, 79–92.

Leveton, E.: Mut zum Psychodrama. Hamburg: Isko, 1980.

Lind, G.: The History of Science Cases (HOSC): Nine Units of Instruction in the History of Science. European Journal of Science Education 1979, 1, 293–300.

Lind, G.: Sachbezogene Motivation im naturwissenschaftlichen Unterricht. Weinheim/Basel: Beltz, 1975.

Lister, I.: Entschulung und Freie Schulen: Herausforderung und Grenzen radikaler Reform. Bildung und Erziehung 1974, 27, 329–337.

Lucht-Wraage, H., Spada, H., Tegtmeier, A.: Signierungsanweisungen zum Situationstest »Kernkraftwerke in der Einstellung Jugendlicher« mit Beispielkatalog. Kiel: Institut für die Pädagogik der Naturwissenschaften, 1977 (vervielfältigt, unveröffentlicht).

Lüdtke, H.: Konflikte im Schulalltag. Entstehungsfaktoren und Lösungsmöglichkeiten. In: Krüger, H., Lüdtke, H. (Hrsg.): Konflikte im Lehrerberuf. Sankelmark: Akademie Sankelmark, 1973, 19–35.

Luhmann, N.: Funktionen und Folgen formaler Organisation. Berlin: Duncker und Humblot, 1976[3].

Lundgren, U.P.: Frame Factors and the Teaching Process. A Contribution to Curriculum Theory and Theory on Teaching. Stockholm: Almqvist & Wiksell, 1972.

Maaß, J.: Schule und Gesellschaft – Rahmenbedingungen für Projektunterricht im Schulalltag. Erziehung und Unterricht 1992, 142, 18–23.

Mager, R.F.: Lernziele und Programmierter Unterricht. Weinheim/Basel: Beltz, 1969[3].

Magnor, M.: Die Projektmethode: ein Ergebnis der philosophischen und erziehungstheoretischen Ansätze John Deweys und William Heard Kilpatricks. Osnabrück, Univ., Diss., 1976.

Makarenko, A.S.: Ein pädagogisches Poem. Der Weg ins Leben (1933–1935). In: Makarenko, A.: Ausgewählte Pädagogische Schriften. Besorgt von Horst E. Wittig. Paderborn: Schöningh, 1969[2].

Mayhew, K.C., Edwards, A.C.: The Dewey School. The Laboratory School of the University of Chicago 1896–1903. (1936). (Reprint:) New York: Atherton, 1966.

Menck, P.: Methode. In: Wulf, Chr. (Hrsg.): Wörterbuch der Erziehung. München/Zürich: Piper 1989[7], 412–416.

Mentzel, O., Stahl, H.: Mit Projekten den Unterricht verändern. Initiativen in den neuen Bundesländern. Grundschule 1991, 23, 6, 12–14.

Mertens, W.: Erziehung zur Konfliktfähigkeit. München: Ehrenwirth, 1974.

Meyer, E.: Gruppenunterricht. Grundlegung und Beispiel. Oberursel: Wunderlich, 1969[4].

Meyer, H.: UnterrichtsMethoden. I: Theorieband. Frankfurt a.M.: Scriptor, 1987.

Meyer, H.: UnterrichtsMethoden. II: Praxisband. Frankfurt a.M.: Scriptor, 1987.

Meyer, H.L.: Leitfaden zur Unterrichtsvorbereitung. Königstein: Scriptor, 1980.

Michaelis, H.-J.: Projektorientierter Unterricht – Möglichkeiten zur Öffnung der Schule. Westermanns Pädagogische Beiträge 1978, 30, 156–159.

Moore, O.K., Anderson, A.R.: Einige Prinzipien zur Gestaltung von Erziehungswelten selbstgesteuerten Lernens. In: Lehmann, H., Portele, G. (Hrsg.): Simulationsspiele in der Erziehung. Weinheim/Basel: Beltz, 1976, 29–73.

Müller, I.: Kooperation und Konflikt in der Curriculumreform an einem Beispiel aus Bayern. In: Frey, K. u.a. (Hrsg.): Curriculum-Handbuch. Bd. 3. München: Piper, 1975, 112–120.

Neber, H. (Hrsg.): Entdeckendes Lernen. Weinheim/Basel: Beltz, 1981[3].

Neff, G. (Hrsg.): Praxis des entdeckenden Lernens in der Grundschule. Kronberg: Scriptor, 1977.

Niemic, R.P., Walberg, H.J.: Computers and Achievement in the Elementary School. Journal of Educational Computing Research 1985, 1, 435–440.

Nohl, H.: Die Pädagogische Bewegung in Deutschland und ihre Theorie. Frankfurt a.M.: Schulte-Bulmke, 1935.

Nuhn, H.-E., Vaupel, D.: Projektlernen an nordhessischen Sekundarstufenschulen. Versuch einer Bestandsaufnahme. Pädagogik 1991, 43, 9, 42–45.

Nuhn, H.-E., Vaupel, D.: Projektlernen: institutionalisiert und verwässert? Pädagogik 1991, 43, 10, 42–46.

Nuhn, H.-E., Vaupel, D.: Projektwochenpraxis. Versuch einer Bestandsaufnahme. Oldenburg: Universität, Zentrum für pädagogische Berufspraxis, 1993.

Nuthall, G., Snook, I.: Modelle des Lehrens. In: Loser, F., Terhart, E. (Hrsg.): Theorien des Lehrens. Stuttgart: Klett, 1977, 50–97.

Odenbach, K.: Das Vorhaben. In: Odenbach, K.: Studien zur Didaktik der Gegenwart. Braunschweig: Westermann, 1966[3], S. 132–144.

Oelkers, J.: Reformpädagogik. Eine kritische Dogmengeschichte. Weinheim/München: Juventa-Verl., 1996[3].

Otto, B.: Die Zukunftsschule. Berlin: Scheffer, 1914.

Otto, G.: Das Projekt – Merkmale und Realisationsschwierigkeiten einer Lehr-Lern-Form. In: Frey, K., Blänsdorf, K. (Hrsg.): Integriertes Curriculum Naturwissenschaft der Sekundarstufe I: Projekte und Innovationsstrategien. Weinheim/Basel: Beltz, 1974, 568–587.

Pallasch, W.: Pädagogisches Gesprächstraining. Weinheim/München: Juventa-Verl., 1987.

Pérouse de Montclos, J.-M.: »Les Prix de Rome«. Concours de l'académie royale d'architecture au XVIIe siècle. Paris: Berger-Levrault, 1984.

Petersen, P.: Der Kleine Jena-Plan. (1927). Weinheim/Basel: Beltz, 1980[56/60].

Petersen, P. (Hrsg.): Der Projektplan – Grundlegung und Praxis. Siehe: Dewey, J., Kilpatrick, W.H.

Petri, G.: Idee, Realität und Entwicklungsmöglichkeiten des Projektlernens. Graz: Bundesministerium für Unterricht, Kunst und Sport, Zentrum für Schulversuche und Schulentwicklung, Abt. II, 1991.

Petzold, H.G., Brown, G.I.: Gestaltpädagogik. München. Pfeiffer, 1977.

Phenix, P.H.: Realms of Meaning. New York: McGraw-Hill, 1964.

Portmann, S., Schild, S.: Wohnen; Dokumentation eines Unterrichtsprojekts. Solothurn: Lehrerseminar, 1978 (15 S. und Videoband).

Postmann, N., Weingartner, Ch.: Fragen und Lernen. Die Schule als kritische Anstalt. Frankfurt a. M.: März-Verl., 1978.

Priesemann, G.: Zur Theorie der Unterrichtssprache. Düsseldorf: Schwann, 1971.

Radde, G.: Fritz Karsen. Ein Berliner Schulreformer der Weimarer Zeit. Berlin: Colloquium-Verl., 1973.

Ramseger, J.: Offener Unterricht in der Erprobung. Erfahrungen mit einem didaktischen Modell. München: Juventa-Verl., 1977.

Reichwein, A.: Schaffendes Schulvolk – Film in der Landschule. Die Tiefenseer Schulschriften. (1937–1938). Kommentierte Neuausg. Hrsg. v. W. Klafki u. a. Weinheim/Basel: Beltz 1993.

Reinert, G.-B. (Hrsg.): Praxis-Handbuch Unterricht. Bes. Kapitel XIII: G.-B. Reinert: Vorschläge für die inhaltliche Gestaltung von selbsterstelltem Unterricht. Reinbek: Rowohlt, 1980, 403–417.

Richards, Ch.R.: The Function of Handwork in the School – Courses of Study in Elementary School – Courses of Study in High School. Teachers College Record 1900, 1, 249–303.

Robinsohn, S.B.: Bildungsreform als Revision des Curriculum. Neuwied: Luchterhand, 1967.

Röhrs, H.: Bildungsreformen und Reformbestrebungen in den USA. Weinheim: Deutscher Studien-Verlag, 1996.

Röhrs, H.: Die Reformpädagogik. Ursprung und Verlauf unter internationalem Aspekt. Weinheim: Deutscher Studien-Verlag, 1997[5].

Rogers, C.R.: Die nicht-direktive Beratung. München: Kindler, 1972.

Rowe, M.B.: Teaching Science as Continuous Inquiry. New York: McGraw-Hill, 1973.

Rüsseler, H.: Der Aufbau von Arbeitsbeziehungen – Wege aus der Isolation. Westermanns Pädagogische Beiträge 1980, 32, 400–403.

Rumpf, H.: Projektlernen und etablierte Leitvorstellungen von Unterricht – Notizen zu einer notwendig um sich greifenden Unsicherheit. Erziehung und Unterricht 1973, 123, 436–445.

Rutter, M., Maughan, B., Mortimer, P., Ouston, J.: Fünfzehntausend Stunden. Schule und ihre Wirkung auf die Kinder. Weinheim/Basel: Beltz, 1980.

Schäfer, K.-H., Schaller, K.: Kritische Erziehungswissenschaft und kommunikative Didaktik. Heidelberg: Quelle & Meyer, 1971.

Schäfer, K.-H.: Die Laborschule der Universität von Chicago und die Interaktionsprädagogik John Deweys. In: Baumgart, F. (Hrsg.): Emendatio rerum humanarum. Frankfurt a.M./Bern/New York: Lang 1985, 217–237.

Scheibe, W.: John Dewey: Arbeitsschule und Projektplan. In: Scheibe, W.: Die Reformpädagogische Bewegung 1900–1932. Weinheim/Basel: Beltz, 1994[10], 196–199.

Schilmöller, R.: Lernen aus Erfahrung im Projektunterricht: Möglichkeiten und Vorzüge, Grenzen und Gefahren. Engagement 1996, 245–261.

Schilmöller, R.: Projektunterricht. Möglichkeiten und Grenzen entschulten Lernens in der Schule. In: Regenbrecht, A., Pöppel, K. G. (Hrsg.): Erfahrung und schulisches Lernen. Münster: Aschendorff, 1995, 166–212.

Schirlbauer, A.: Einige skeptische Fragen und Anmerkungen zum Konzept des Projektunterrichts. Vierteljahrsschrift für Wissenschaftliche Pädagogik 1986, 62, 252–266.

Schlotthaus, W.: Projektorientierter Deutschunterricht. Ein Vorschlag für die Orientierungsstufe. Westermanns Pädagogische Beiträge 1973, 25, 75–84.

Schmidt, H.B.: Die Fallmethode. Case Study Method. Essen: Girardet, 1958.

Schmidt, W.: Forschendes Lernen in der DDR? Zur Praxis und Zukunft außerunterrichtlicher Geschichtsprojekte. Deutsche Studien 1990, 28, 236–250.

Schröter, G.: Zensuren? Zensuren! Zensurgebung. Kastellaun: Henn, 1981[3].

Schümer, G., Weißenfels, M.: Projekte im Fachunterricht. Ergebnisse einer Umfrage unter Grund- und Sekundarschullehrern aus vier Bundesländern. Berlin: Max-Planck-Institut für Bildungsforschung, Forschungsbereich Schule und Unterricht, 1995.

Schulz von Thun, F.: Bedingungen, die das Arbeiten in Gruppen erschweren. Polykopiertes Typoskript o.J.

Schwäbisch, L., Siems, M.: Anleitung zum sozialen Lernen für Paare, Gruppen und Erzieher. Reinbek: Rowohlt, 1974.

Schwarzer, Chr., Schwarzer R. (Hrsg.): Diagnostik im Schulwesen. Braunschweig: Westermann, 1977.

Schwarzer, Chr.: Lehrerurteil und Schülerpersönlichkeit. München: Kösel, 1976.

Schweingruber, R.: Das Projekt in der Schule. Schulpraxis – Monatsschrift des Bernischen Lehrervereins 1972, 62, 73–116.

Semb, G.B., Ellis, J.A.: Knowledge Taught in School: What is Remembered? Review of Educational Research 1994, 64, 253–286.

Sharan, Sh. et al. (Eds.): Cooperation in Education. Provo: Brigham Young Univ. Press, 1980.

Sharan, Sh.: Cooperative Learning in Small Groups: Reasons and Methods and Effects on Achievement Attitudes and Ethnic Relations. Review of Educational Research 1980, 50, 241–271.

Stallings, J.: Implementation and Child Effects of Teaching Practices in Follow Through Classrooms. Chicago: Univ. of Chicago Press for the Society for Research in Child Development, 1975.

Stevenson, J.A.: The Project Method of Teaching. New York/London: Macmillan, 1921.

Stork, H.: Intentionen und Auswirkungen des Projekt-Unterrichts. Zur Didaktik der Physik und Chemie, 1972, 241–244.

Stubenrauch, H.: Projektorientiertes Lernen im Widerspruch des Systems. In: Geißler, W., Scholz, G., Schwelm, L. (Hrsg.): Projektorientierter Unterricht. Lernen gegen die Schule? Weinheim/Basel: Beltz, 1978[2], 9–15.

Suin de Boutemard, B.: Projektunterricht: Beispiel Religion. Düsseldorf: Patmos-Verl., 1973.

Suin de Boutemard, B.: Schule, Projektunterricht und soziale Handlungsperformanz. München: Fink, 1975.

Tausch, R., Tausch, A.-M.: Erziehungspsychologie. Göttingen: Hogrefe, 1970[5].

Taylor, L.J.: Project Work in ›A‹ Level Physics? London: Schools Council, 1969.

Terhart, E.: Lehr-Lern-Methoden. Eine Einführung in Probleme der methodischen Organisation von Lehren und Lernen. Weinheim/München: Juventa-Verl., 1989.

Toggweiler, J. u.a.: Projekt Lausen. Basel: Institut für Unterrichtsfragen und Lehrerfortbildung, 1978. (Unveröffentlichte Materialsammlung).

Tom Moehlen, E.: Arbeiten mit Ton in gemeinsam versorgter Werkstatt. In: Otto, V u.a.: Offenes Weiterlernen – Erwachsenenbildung im Selbstlernzentrum. Braunschweig: Westermann, 1979, 117–131.

Uhle, R.: Verstehen und Verständigung im Unterricht. Hermeneutische Interpretationen. München: Juventa, 1978.

Ulshöfer, R.: Kooperativer Unterricht. Bd. 1. Grundzüge der Didaktik. Stuttgart: Klett, 1971.

Vettiger, H., Kobel, F., Kummer, V.: Lernziel: Selbständigkeit. Arbeitstechniken für Schüler. Düsseldorf: Schwann, 1979.

Vopel, K., Kirsten, R.: Kommunikation und Kooperation. München: Pfeiffer, 1974.

Walberg, H.J.: Productive Teaching and Instruction: Assessing the Knowledge Base. Phi Delta Kappan 1990, 71, 470–478.

Walgenbach, W.: Ansätze zu einer Didaktik ästhetisch-wissenschaftlicher Praxis. Orientierung für die Theoretisierung eigenen Denkens und Handelns. Weinheim/Basel: Beltz, 1979.

Wang, M.C. et al.: Toward a Knowledge Base for School Learning. Review of Educational Research 1993, 63, 249–294.

Warnken, G.: Projektunterricht, eine Herausforderung an die ganze Schule. Die Realschule 1990, 98, 336–344.

Warnken, G., Klein-Nordhues, P.: Unbehagen an Projektwochen – von Gesamtschulen lernen. Die Deutsche Schule 1991, 83, 181–198.

Watzlawick, P.: Menschliche Kommunikation. Formen, Störungen, Paradoxien. Bern/Stuttgart/Wien: Huber, 1971.

Weinstein, C.S.: The Physical Environment of the School: A Review of the Research. Review of Educational Research 1979, 49, 577–610.

Weiss, J.H.: The Making of Technological Man. The Social Origins of French Engineering Education. Cambridge: MIT Press, 1982.

Weiß, K. unter Mitarbeit von Meyer, H., Klockow, H.: Betriebspraktikum einer Sonderschule für Lernbehinderte. Frankfurt a.M.: Diesterweg, 1970.

Wenzel, R.: Fernsehen und Wirklichkeit. In: Ide, H. (Hrsg.): Projekt Deutschunterricht. Stuttgart: Metzler, 1973, 1–27.

Wilhelm, Th.: Theorie der Schule, Stuttgart: Metzler, 1969[2].

Wilkening, F.: Unterrichtsverfahren im Lernbereich Arbeit und Technik. Ravensburg: Maier, 1977.

Wittenbruch, W.: Unterrichtsmethode als »Weg der Erziehung«. Erfahrungen und Überlegungen zur Unterrichtsmethode in den Schriften Adolf Reichweins. In: Huber, W., Krebs, A. (Hrsg.): Adolf Reichwein: 1898–1944. Paderborn: Schöningh 1981, 137–175.

Woerden, W.M. van: Het projectonderwijs onderzocht. Research on the project method of teaching. Een case-study naar het projectonderwijs in de Faculteit der Civiele Techniek van de Technische Universiteit Delft. Enschede, Universiteit Twente, Diss., 1991.

Wright, R.J.: The Affective and Cognitive Consequences of an Open Education Elementary School. American Educational Research Journal 1975, 12, 449–568.

Zimmer, G.: Selbstorganisation des Lernens. Kritik der modernen Arbeitserziehung. Frankfurt a.M./Bern/New York/Paris: Lang, 1987.

Zimmer, J. (Hrsg.): Curriculumentwicklung im Vorschulbereich. Bd. 1 und 2. München: Piper, 1976[2].